基于构建和谐税收征纳关系的企业税收政策应用研究

侯君邦　林树良　编　著

北京理工大学出版社
BEIJING INSTITUTE OF TECHNOLOGY PRESS

图书在版编目（CIP）数据

基于构建和谐税收征纳关系的企业税收政策应用研究/侯君邦，林树良编著．—北京：北京理工大学出版社，2012.10

ISBN 978-7-5640-6828-8

Ⅰ.①基…　Ⅱ.①侯…②林…　Ⅲ.①企业管理-税收管理-税收政策-研究-中国　Ⅳ.①F812.422

中国版本图书馆CIP数据核字（2012）第227083号

出版发行 / 北京理工大学出版社
社　　址 / 北京市海淀区中关村南大街5号
邮　　编 / 100081
电　　话 / (010) 68914775(办公室)　68944990(批销中心)　68911084(读者服务部)
网　　址 / http:// www.bitpress.com.cn
经　　销 / 全国各地新华书店
印　　刷 / 保定市中画美凯印刷有限公司
开　　本 / 710毫米×1000毫米　1/16
印　　张 / 19.75
字　　数 / 370千字
版　　次 / 2012年10月第1版　2012年10月第1次印刷
印　　数 / 1～2500册
定　　价 / 48.00元

责任编辑 / 葛仕钧
责任校对 / 周瑞红
责任印制 / 王美丽

前　言

本书为山东省软科学课题——基于构建和谐税收征纳关系的企业税收政策应用研究的主体研究成果。该课题的立项目的之一是通过税收政策的合理应用，构建税收征纳双方的和谐关系，进而促进和谐社会的建设与发展。

税收征纳关系是现代经济社会所普遍存在的一种社会经济关系，税收征纳双方的关系随着社会发展和文明进步而变得愈来愈和谐，税收政策的制定和运用对促进经济社会的和谐发展起着越来越显著的作用。

该课题的研究逻辑是围绕构建和谐税收征纳关系的税收政策应用研究这一总体目标，首先从理论上探讨了税收政策制定、执行与社会和谐的关系，明确社会和谐的基本特征与本质要求。在此基础上，阐述了税收政策与社会和谐的关系，明确提出税收征纳关系的和谐是社会和谐的重要组成部分，并就如何制定与执行税收政策，行业、企业如何合理、有效应用税收政策，促进社会的和谐发展进行阐述。基于潍坊地处黄河三角洲高效生态经济发展区、山东半岛蓝色经济区、胶东半岛高端产业聚集区的“三区”交汇地带，在产业税收政策研究方面，重点研究分析了高效农业、先进制造业的相关税收优惠政策及应用，为潍坊市乃至山东省农业及先进制造业的发展提供借鉴与参考。在区域税收政策研究方面，针对潍坊综合保税区的设立，在充分调研的基础上，主要对综合保税区的功能发挥及税收政策应用提出了对策。企业税收政策应用研究是该课题的研究重点，为增强课题应用的可操作性，研究过程中充分利用实证研究与规范分析相结合手段，从宏观、微观层面上探讨分析税收政策的科学运用，以及通过有效利用税收优惠政策促进产业、区域、企业健康持续发展。税收筹划是企业合理利用税收政策、促进企业健康发展的有效途径，一方面通过税收筹划策略的研究分析为企业提供借鉴，同时为税收征管部门依法征税、科学征税提供帮助，并借以指导企业依法纳税，从而建立起合理、合法、和谐的税收征纳关系。

课题研究成果是在现有研究成果基础上的继承与发展，并具有一定的创新性。相信本书对纳税人依法纳税、合理纳税，以及科学运用税收政策有所帮助，对征税机关依法征税、科学征税、科学制定和运用税收政策有所参考。

本课题及本书均由山东经贸职业学院、潍坊市财政局等有关单位和人员参与完成，主要成员包括：王金祥（潍坊市财政局）、侯君邦（山东经贸职业学院）、林树良（潍坊市财政局）、梁文涛（山东经贸职业学院）、王华锋（潍坊市财政局）、窦秉超（潍坊市综合保税区）、窦茂功（潍坊市财政局）、王瑜（山东经贸职业学院）、王志锋（潍坊市财政局）、丁凯（山东经贸职业学院）。另外，刘爱芳（潍坊商业学校）、刘凌燕（青岛啤酒潍坊有限公司）、丁卯卯（汇胜集团股份有限公司）、苏晓琳（上海富达宾馆管理有限公司）等同志在课题调研、著作编写等方面做了大量工作。

本课题自立项到结题得到了潍坊市科技局、潍坊综合保税区的大力支持，得到了山东经贸职业学院、潍坊市财政局领导的悉心指导与帮助，本书的出版得到了北京理工大学出版社的鼎力相助，课题负责人侯君邦代表全体课题组成员在此一并深表感谢！

本书可作为税务人员、企业办税人员的参考书，也可作为高等院校、税收机关、企事业单位财务人员教学、培训用书。

鉴于时间仓促，水平有限，书中疏漏之处在所难免，敬请读者指正并予包涵。

编写组

2012 年 9 月

目　录

第四篇　和谐企业税收政策应用研究

第五篇　税收政策应用风险研究

第一篇

税收政策与社会和谐关系研究

第一章
和谐税收征纳关系与企业税收政策应用的联系

第一节　和谐社会与和谐税收征纳关系

一、和谐及和谐社会

（一）和谐释义

和谐，其字面含义为融洽、调和。如：旋律和谐，气氛和谐等。和谐的社会意义则众说纷纭。从和谐理念上解读，中西方也不尽相同，西方的“和谐”理念主要代表性观点有：毕达哥拉斯认为，“整个宇宙就是一个和谐”。赫拉克利特则认为，和谐产生于对立的东西。文艺复兴后许多思想家都把“和谐”视为重要的哲学范畴。马克思则从社会和谐的意义上把握“和谐”理念，提出社会和谐。中国历史上的“和谐”理念主要有：孔子的“和而不同”、事物的对立统一，即具有差异性的不同事物的结合、统一、共存。政治和谐，一种社会政治安定状态。遵循事物发展客观规律，追求人与自然的和谐。总之，和谐是指对自然和人类社会变化、发展规律的认识，是人们所追求的美好事物和处事的价值观、方法论。

（二）和谐社会

和谐社会，是指一种社会状态。和谐的社会状态，有其内在的本质属性，也就是说社会主义和谐社会，具有十分丰富的科学内涵。2005 年 2 月，胡锦涛总书记在省、部级主要领导干部提高构建社会主义和谐社会能力专题研讨上明确指出：“我们所要建设的社会主义和谐社会，应该是民主法治、公平正义、诚信友爱、充满活力、安定有序、人与自然和谐相处的社会。”社会主义和谐社会的这些基本特征是相互联系、相互作用的，需要在构建社会主义和谐社会的进程中全面把握和体现。

1. 民主法治

社会主义和谐社会首先应是民主法治的社会。所谓民主法治，就是社会主义民主得到充分体现，依法治国的基本方略得到切实落实，社会各方面、各阶层的积极因素得到广泛调动。民主法治是构建社会主义和谐社会的重要保证，又是社会主义和谐社会的重要特征。这是因为民主法治是社会主义和谐社会的基本内涵，也是构建社会主义和谐社会的根本保障。只有发展社会主义民主法治，保证人民依法行使民主权利，才能使人民群众和各方面的积极性、主动性、创造性更好地发挥出来，才能促进党和人民群众以及执政党和参政党、中央和地方、各阶层之间、各民族之间等方面关系的和谐，从而实现整个社会的和谐。

2. 公平正义

社会主义和谐社会是公平正义的社会。所谓公平正义，就是社会各方面的利益关系得到妥善协调，人民内部矛盾和其他社会矛盾得到正确处理，社会公平和正义得到切实维护和实现。维护和实现社会公平和正义，涉及最广大人民的根本利益，是我们党坚持立党为公、执政为民的必然要求，也是我国社会主义制度的本质要求。只有切实维护和实现社会公平和正义，人们的心情才能舒畅，各方面的社会关系才能协调，人们的积极性、主动性、创造性才能充分发挥出来。只有实现公平正义，才能达到社会和谐。

3. 诚挚友爱

社会主义和谐社会是诚信友爱的社会。所谓诚信友爱，就是全社会互帮互助、诚实守信，全体人民平等友爱、融洽相处。社会是由人组成的，社会和谐取决于人与人之间的和谐，而诚信友爱是实现人际关系和谐的前提条件。没有诚信，就不会有友爱；没有友爱，人际关系就会紧张；没有人际关系的融洽与和谐，就不会有社会的和谐。

4. 充满活力

社会主义和谐社会是充满活力的社会。所谓充满活力，就是能够使一切有利于社会进步的创造愿望得到尊重，创造活动得到支持，创造才能得到发挥，创造成果得到肯定。也就是说，我们所要建立的和谐社会，不是死水一潭，而是要在发展中不断创造更高水平的和谐。因此，和谐社会必须充满活力。这是社会进步与发展的现实力量和动力源泉，是现代社会的重要标志。

5. 安定有序

社会主义和谐社会是安定有序的社会。所谓安定有序，就是社会组织机制健全，社会管理完善，社会秩序良好，人民群众安居乐业，社会保持安定团结。安定有序的社会主义和谐社会中的“安定”，是指社会发展的稳定、社会关系中的和睦和人们的心理平和。在我国社会急剧转型时期，正确处理改革、发展与稳定的关系，维护社会的安定团结，具有特殊重要的意义。但是，社会安定绝不是“万马齐喑”，而是活而不乱、活而有序。和谐社会应该是人与人之间、群体与群体之间、社会阶层与社会阶层之间，以及人与社会之间和谐相处，真正做到人人平等、和而不同、互惠互利。

6. 人与自然和谐相处

社会主义和谐社会是人与自然和谐相处的社会。所谓人与自然和谐相处，就是生产发展、生活富裕、生态良好。自然环境是人类生存的必备前提和条件。但自然界向人类提供的资源是不可再生的，人类需求的增长与自然界所能提供的各类资源必须相适应。也就是说，人与自然的和谐是社会和谐的基础条件，也是人自身发展的重要前提。社会的和谐、人的全面发展都必须在人与自然的协调与和谐中得以实现。大量事实表明，人与自然的关系不和谐，往往会影响人与人的关系、人与社会的关系。如果生态环境受到严重破坏、人们的生产生活环境恶化，如果资源能源供应高度紧张、经济发展与资源能源矛盾尖锐，人与人的和谐、人与社会的和谐是难以实现的。总之，和谐不仅仅是人与人、人与社会的和谐，也是人与自然的和谐。

二、和谐社会的本质

与社会主义的本质相对应，和谐社会主义的本质，就是和谐地解放生产力，和谐地发展生产力，和谐地消灭剥削，和谐地消除两极分化，最终和谐地达到共同富裕。

（一）和谐地解放生产力、和谐地发展生产力

1. 生产力的概念及其量度

生产力，或称社会生产力，是指劳动者与生产资料相结合在与自然界相和谐地过程中，生产物质资料的能力。在社会主义市场经济中，生产力就是生产者通过劳动创造价值的能力，而价值是劳动者生产出的价值与其生产所耗费的价值的差。这个差就是生产者所创造的增加值，对于一个企业来说，就是人均增加值；对于一个国家、一个地区来说，就是人均 GDP。因此，一个国家或一个地区生产力水平的高低是可以通过人均 GDP 来衡量的。在资源日益短缺、生态环境日益恶化的背景下，应考虑经济发展所产生的生态成本和使用不可再生资源所产生的资源成本。因此，GDP 减去生态成本和资源成本人均化所得到的人均绿化 GDP，就是衡量生产力水平的高低的科学量度。

生产力的发展是社会发展的基本动力，生产关系和上层建筑要适应生产力的发展，这是马克思主义唯物史观最基本的观点。因此，提高人均绿化 GDP 的能力就是社会发展的基本动力，和谐社会主义社会的生产关系和上层建筑应适应提高人均绿色 GDP 的发展。

2. 解放生产力与发展生产力的概念

解放生产力就是通过对现有经济体制、政治体制、文化体制以及社会体制的改革，去掉提高生产力的束缚，使生产力得到几何级数的快速提高。发展生产力就是在现有的经济、政治、文化以及社会体制下，生产力的提高，一般是线性的提高。

解放生产力是发展生产力的特殊情况，从其表象来看，其所带来的经济发展速度很快，但可控性也较差，容易引起各种问题；从内部机理来看，它是源于制度的变迁。

3. 和谐地解放生产力

和谐地解放生产力，就是和谐地通过经济、政治、文化、社会体制改革，使生产力得到快速、健康的几何级数的提高。和谐的经济、政治、文化以及社会体制的改革，就是在改革的过程中，系统各要素保持一种动态的和谐，并且改革的结果是经济社会迈上了更高的和谐发展平台，即经济步入了更高的发展阶段、政治更加文明、文化更加先进、社会更加繁荣、环境更加生态。

正确的经济、政治、文化、社会体制改革无疑会使生产力得到极大的提高，但改革必然会使一些人、一些部门的既得利益受损，这无疑会引起一些社会问题，因此应当通过和谐进行体制改革来解放生产力。即改革应该是一个和谐的过程，在改革的过程中，经济、政治、文化、生态能够协调一致地发展，共生共荣。

4. 和谐地发展生产力

和谐地发展生产力，就是依据科学发展观，在现有的经济、政治、文化、社会体制下，使生产力得到和谐发展。和谐发展生产力的具体体现，就是全面、协调、可持续地发展生产力，即实现城乡生产力、各地区生产力、经济与社会、人与自然生态、国内与国外的生产力的协调发展。

（二）和谐地消灭剥削

社会主义的本质要求，是解放生产力，发展生产力，消灭剥削，消除两极分化，最终达到共同富裕。因此，在社会主义的初级阶段，为了更好地发展社会主义生产力，存在一定程度的剥削现象是合理的。但是这并不意味着剥削就是社会主义的一个有机组成部分，消灭剥削仍是社会主义的本质要求。既然在社会主义初级阶段不能完全消灭剥削，但尽可能地减少剥削，或者和谐地消灭剥削就显得十分必要了。

和谐地消灭剥削，就是不要直接通过剥夺的方式将资本剥削的劳动的剩余价值归还给劳动者、归还给社会，而是为了保护社会主义生产力、保护社会主义企业的成长、保护社会主义经济的竞争力，通过和谐的方式将资本所剥削的劳动剩余价值归还给劳动者、归还给社会。

在信息社会，由于知识创造价值的能力越来越强，所以一定要正确区分资本的利润和资本剥削的劳动剩余价值的差异。在经济全球化以及人类步入信息社会的今天，资本的利润中其实还包含了一部分资本所有者作为脑力劳动——人力资本应获得的报酬，这一部分应该是资本所有者作为脑力劳动者应得的劳动报酬。除此之外，就是资本所剥削的劳动剩余价值。由于国家已征收了所得税，因此一部分剩余价值已归社会所有。还没有归还给社会的资本所剥削的劳动剩余价值可以作为资本所有者对社会的一种负债，允许资本所有者继续经营，继续扩大资本规模。但是终归还是要归还的，那就是在资本所有者去世后，给后代留下其应获得脑力劳动的报酬，剩余部分——也就是资本剥削的剩余价值就应通过遗产税的方式归还给劳动者、归还给社会。这样的处理方式就实现了在社会主义初级阶段仍旧可以消灭剥削，只不过是一种以和谐的方式。

（三）和谐地消除两极分化、实现共同富裕

1. 和谐地消除两极分化

两极分化就是在社会中，一方面穷人的人数很多；另一方面是富人的人数也很多，但介于穷人和富人之间的中等收入阶层（在资本主义社会被称为中产阶级）的人数却比较少，分布犹如一个朝鲜腰鼓，如图 1-1 所示。

两极分化的社会没有实现共同富裕，因此从本质上来说就不是社会主义。因此，在社会主义初级阶段大力发展生产力的同时，要保持社会主义的性质不变，就一定要消除两极分化。当然平均主义的大锅饭所导致的共同贫穷的社会也不是社会主义。

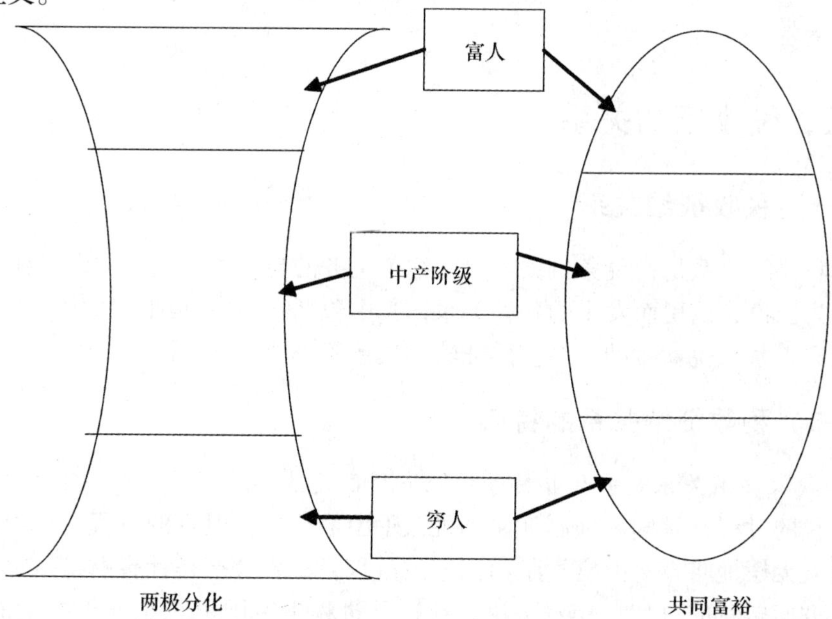

图 1-1 两极分化与共同富裕示意图

我国改革开放以来，虽然经济发展取得了举世瞩目的伟大成就，但两极分化的程度却不断加深，甚至已威胁到了国家的安定团结和稳定大局。因此，要实现和谐社会主义就要尽快和谐地消除两极分化。和谐地消除两极分化，就是要将当前的朝鲜腰鼓形的社会经济形态和谐地改变为立橄榄球形，如图1-1两极分化与共同富裕示意图。

2. 和谐地实现共同富裕

社会中的全部成员都一样的富裕，这也不是社会主义。因为，第一，一样的富裕就意味着全体成员具有相同的收入，但是由于不同的劳动者，其贡献肯定不同，因此都具有相同的收入就违背了社会主义按劳分配的原则，那肯定也不是社会主义；第二，都具有相同的收入，那就是平均主义的大锅饭。而大锅饭毫无疑问只能带来共同贫穷。

富裕的意思是经济宽裕，财务丰富充足；小康的意思是衣食无忧、安居乐业、生活宽裕。因此，在某种意义上富裕也可以理解为小康，这样，实现共同富裕就与全面建设社会主义小康社会具有了相同的内涵。

全面建设社会主义小康社会，就是和谐地实现共同富裕的过程。我们党提出要在21世纪头20年，集中力量，全面建设惠及十几亿人口的更高水平的小康社会。全面建设小康社会的目标是将目前低水平的、不全面的、发展很不平衡的小康社会，发展成为更高水平的、内容比较全面丰富、发展均衡的小康社会，它包括经济、政治、文化、社会和生态等多方面的内容。实现这个目标，将使经济更加发展、民主更加健全、科教更加进步、文化更加繁荣、社会更加和谐、人民生活更加殷实。

三、税收征纳关系

（一）税收征纳关系

税收征纳关系是指税务机关与负有纳税义务的自然人、法人或其他组织相互之间因为征税、纳税而发生的各种关系，其中包括在税收征纳过程中所发生的纳税人认定关系、税款缴纳关系、票证管理关系等。

（二）税收征纳关系的特点

1. 税收征纳关系是一种非对等的经济利益关系

征税的过程，是国家强制地从纳税人手中取得社会财富的过程，纳税的过程是纳税人无偿地将自身财富贡献给国家的过程，税收分配是社会财富从纳税人向国家单方面转移的过程。相对来讲，在这一过程中，国家总是处于主动的地位，不必偿还给纳税人应纳税款的等价经济利益；纳税人则处于被动的地位，无法要求国家对其因纳税而损失的经济利益进行补偿。这样，国家因征税而增加了经济利益，纳税人因纳税而减少了经济利益。这种经济利益的变化不是建立在等价交换的基础上，是不对等的，由此而引发的税收征纳关系也不可能是对等的经济利益关系。

2. 税收征纳关系是一种相对固定的法律关系

税法是规范国家和纳税人之间税收征纳关系的法律规范，国家征税必须以税法为依据，按照法律规定的标准，向发生应税行为的纳税人征收。纳税人需按照税法的规定履行纳税义务，缴纳税款。在税法中，国家要明确规定纳税人、征税对象、课税范围、计税依据、税率、纳税环节、纳税地点、纳税期限、税收优惠、违章处理等各项要素。税法一经确定，在一定时期内保持相对稳定，任何单位和个人都不能变更和变通税法，超越税法之外的征税行为和不按照税法规定的纳税行为都是违法行为，要受到法律的制裁和处罚。因此可以说，税收征纳关系是一种相对固定的法律关系。

3. 税收征纳关系实质上是一种权利义务关系

税收征纳关系是征纳税主体双方的关系，即国家和纳税人的关系。征纳关系的具体内容实际上是双方的权利、义务关系。作为征税主体的国家在拥有依法征税、依法管理和依法处罚的权利的同时，还应承担相应的义务，如向纳税人宣传税法、解释税法规定的义务，依法为纳税提供优质服务的义务，依法为符合条件的纳税人办理减、免、退税手续的义务和依法维护纳税人合法权益、保护纳税人经济利益的义务等。作为纳税主体的纳税人，除需要承担依法缴纳税款、依法向税务机关报送有关资料、依法接受税务机关的管理和稽查等义务外，还拥有相应的权利，如依法申请办理税务登记、取得税务票证、申请减免退税的权利，申请税务复议和提出税务诉讼的权利等。任何一个国家和任何一个时期的税收征纳关系，实际上都是建立在这种权利和义务关系的基础之上。如果没有征纳税主体双方的权利和义务规定，征纳关系也是很难存在的。只强调单方面的权利或义务是不现实的。

4. 税收征纳关系存在的基础是课税对象

课税对象的存在是税收征纳关系得以存在或变为现实的客观基础。因为如果没有课税对象的存在，国家征税就会因缺乏标的物而失去经济基础，税款的最终来源就是无保障的。另外，如果没有课税对象的存在，纳税人的存在也就失去了意义，因为其无法缴纳税款，也不知道根据什么计算应纳税款。因此，依法征税仅是指对发生应税行为、取得应税所得的纳税人按照税法的规定征收税款。依法纳税也是指发生了应税行为、取得了应税所得的纳税人按照税法规定缴纳税款，对没有发生应税行为，没有取得应税所得的单位和个人，税务机关是不征税的。这样，国家和不具有纳税义务的人实际上并没有发生税收征纳关系，税收征纳关系仅限于国家和发生纳税义务的纳税人，因课税对象的存在而存在的税收法律关系。

5. 税收征纳关系具体表现为税务机关和纳税人的关系

由于税务机关是国家的税收执法机关，代表国家行使征税权利，是事实上的征税主体，所以税收征纳关系具体表现为税务机关与纳税人的关系。在税收法律规定既定的情况下，税务机关的执法情况、征管模式和税务干部队伍素质等都会影响到税收征纳关系的状况。同样，征纳关系的协调，首先也应该是税务机关与纳税人之间的协调。

（三）和谐税收征纳关系的特征

社会主义市场经济体制的建立和发展，要求建立适应时代发展的，法制、规范、科学、和谐的税收征纳关系。税收征纳关系，从法律层面理解，就是税收征纳主体的权利义务关系。和谐的税收征纳关系，就是征纳主体在实现权利义务的过程中形成的低成本、高效率、双方融洽配合的征纳状态。即征纳双方符合和谐社会特征和要求，形成平等互利、规范秩序、高效便捷、互信友善的征纳关系。具体而言，构建和谐税收征纳关系主要包括依法治税、公平正义、科学管理、文明服务等四个方面。

1. 依法治税

依法治税是税收工作的灵魂，是新时期税收工作的核心。构建和谐税收征纳关系就要求把依法治税贯穿税收工作的始终，营造一个良好的税收法治环境。

2. 公平正义

既包括税负公平、执法公正，又包括用税合理、诚信至上等内容。通过统一企业所得税，优化流转税，保持区域、行业、企业间的税负公平，为企业平等竞争创造条件。准确理解税收法律的精神本质，并公正执行，杜绝关系税、人情税现象。科学地安排、使用好财税支出，把钱用到关系纳税人切身利益的公共物品或服务上，并自觉接受纳税人的监督。税务机关要做守法的典范，引导纳税人依法诚信纳税。征纳双方以诚实守信作为基本原则，共同构建政府与纳税人之间的诚信状态，共同维系和发展和谐征纳关系。

3. 科学管理

税务机关只有树立现代税收管理观念，依托信息技术手段，人机结合，实施科学化、精细化管理，才能更好地公平税负，降低税收成本，提高税收效率，以适应现代市场经济要求。

4. 文明服务

提供纳税服务是税务部门的法定义务，文明的纳税服务，能够帮助纳税人理解税法，引导纳税人遵守税法，提高税法的遵从度，在全社会形成诚信纳税的氛围，建立良好的征纳秩序；能够促进纳税人的自觉纳税意识和能力的逐步提高，有效提升税收管理的水平。同时，能够树立税务机关和税务干部的良好形象，进一步赢得纳税人信任，营造良好的税收征纳关系。

四、构建和谐税收征纳关系的意义

（一）构建和谐税收征纳关系是建设和谐社会的重要组成部分

人与人、人与社会、人与自然，安定有序、和谐发展的关系是和谐社会的本质要求，税收征纳关系双方当事人的权利与义务关系，历来是社会关系的重要组成部分，和谐征纳关系也就成了和谐社会的重要组成部分。税收是国家的财力基础和宏观调控的重要手段，通过税收参与社会收入分配，缓解分配不公，促进社会公平。通过落实税收优惠政策，扶持社会弱势群体，推进社会进步，促进社会和谐。和谐社会是一个动态的概念，是一个过程、一种目标与方向，是各种关系的综合反映。诚信融洽的税收征纳关系是构建和谐社会的重要物质和社会基础，直接关系到构建社会主义和谐社会的成效。

（二）构建和谐税收征纳关系是降低税收征收成本的有效途径

和谐征纳关系的构建，能大大提高纳税人学税法、懂税法、守税法的意识，有效降低纳税人的逃税心理，减少偷逃税现象，使依法纳税是每个公民的应尽义务的观念深入人心，变“要我纳税”为“我要纳税”，促进纳税人诚实申报，诚信纳税。这样税务机关依法治税的阻力减少了，也降低了税收征收成本。和谐征纳关系的构建，营造诚信纳税的良好社会氛围，税务机关就可以减少对“征、管、查”的人力物力投入，税收也会有大幅度的增收。这有助于推进税务机关进一步精简机构，减员增效，降低税收成本。

（三）构建和谐税收征纳关系是树立和落实科学发展观的必然要求

树立和落实科学发展观，必须正确处理税收与经济协调发展、税收与社会和谐发展、依法治税与优质服务共同发展、税收事业与税务人员全面发展等关系，这些关系处理得越好，税收征纳关系就越和谐。

（四）构建和谐税收征纳关系是税收事业发展的必由之路

树立科学的税收发展观，深化以重组税收业务、调整征管机构、优化人力资源配置、应用综合征管软件为主要内容的税收征管体制改革；加强和改进以基层为重点的建设；推行以能定级、以岗定责、岗能匹配、绩酬挂钩、动态管理为主要内容的基层单位税务人员能级管理；借鉴质量管理理念和方法，构建起科学的税收质量管理体系等，以推进税收征纳关系健康发展。

第二节　企业税收政策及应用

一、税收政策的含义及分类

税收政策是政府根据经济和社会发展的要求而确定的指导制定税收法令制度和开展税收工作的基本方针和基本准则。税收政策的核心问题是税收负担问题。

税收政策有税收总政策和税收具体政策之分：

税收总政策是根据国家在一定历史时期税收所发生的基本矛盾所确定的，是用以解决这些基本矛盾的指导原则，亦称“税制建立原则”。

税收具体政策是在税收总政策指导下，用解决税收工作中比较具体的矛盾的指导、原则。

税收总政策在一定历史时期内具有相对稳定性，税收的具体政策则要随经济形势和政治形势的变化而变化。税收总政策是建立各项税收制度的指针，而税收具体政策在每项税收制度中的表现不尽相同。税收总政策是指国家的税收政策，具体税收政策是指某一税种的政策。税收总政策及其指导下的具体政策，对于税制的总体布局和税种结构的建立，以及各种税的税率、税目、减免、课征环节等税制要素的确定都十分重要。税收总政策和税收具体政策如果不明确或不正确，就会使税制的建立和改革发生偏差和失误，对经济产生不良影响。

二、制定税收政策的原则

税收对经济的影响是广泛的。首先，税收收入是财政收入的重要来源，只有取得财政收入，才能给经济发展提供必要的公共商品，建立正常的生产关系，为社会经济发展创造良好的环境。其次，税收对社会生产、分配、交换和消费直接产生影响。理想的税收政策应该是既能满足国家的财政收入需要，又不对社会经济产生不良影响。制定正确的税收政策，必须考虑如下因素：

1. 税收政策的制定，既要保证财政收入，又要有利于促进经济发展

经济是基础，只有经济发展了，才可能有稳定充足的财源。制定税收政策的出发点应当有利于生产的发展，促进经济的繁荣。在生产发展、经济繁荣的条件下，从实际出发，考虑到国家整体财力的可能，以及纳税人的纳税能力和心理承受能力，确定一个适度合理的总体税收负担水平。既保证财政上的需要，又有利于经济的发展。既不能一味地强调“保税”，而不顾经济的发展和人民的生活水平的提高，也不能只追求一时的“经济发展”，而不注重社会公共事业的建设和经济的长远发展。

2. 税收政策的制定，要有利于建立社会主义市场经济体制

税收政策的制定，要有利于平等竞争环境的形成，就要坚持公平税负的原则；结合财政政策的实施，要有利于对经济宏观总量的调节；要有利于多种经济成分和多种经营方式的公平竞争和发展；还要有利于产业结构的优化。

3. 税收政策的制定，要在政企分开的基础上，有利于企业建立现代企业制度

做到产权清晰、权责明确、政企分开、管理科学，实现自主经营、自负盈亏、自我积累和自我发展，形成真正独立的经济实体，以便进入市场，在竞争中求生存和发展。

4. 税收政策的制定，要有利于调动中央和地方两个积极性，加强中央的宏观调控能力

要理顺中央与地方的分配关系，通过税收政策的制定，逐步提高税收收入占国民生产总值的比重，合理确定中央财政收入与地方财政收入的分配比例，以便调动中央与地方两个积极性，增强中央财政的宏观调控能力。

5. 税收政策的制定，要与其他经济政策协调配合

税收政策是整个国家经济政策的一个重要组成部分，但不是全部。税收政策的制定必须与其他经济政策相配套、相接，才能更好发挥其应有的功能。特别是在新旧体制转换的过程中，情况复杂、政出多门，更应该注意税收政策的制定和出台，要有步骤、有计划地选择，不可盲目行事。

6. 税收政策的制定，还必须考虑国际经济形势和国外税收政策的发展趋势

由于对外开放政策是我国的一项基本国策，税收政策作为一项重要的经济政策，必须根据国际政治、经济形势的变化，配合我国改革开放的需要，结合国际是税收政策调整的趋势，对我国的税收政策进行及时的修正，以有利于促进对外开放，有利于我国经济的发展。

三、应用税收政策的原则

在企业应用税收时必须遵循以下原则：

1. 要正确理解政策的科学内涵

税收来源于经济，经济发展的状况、速度、规模、方式决定了税收的发展状况、速度、规模和方式。税收也反作用于经济，税收反作用于经济的途径主要就是政策。因此，国家出台的各项税收政策最主要的目的就是促进经济发展。对于一项税收政策，只有把发展作为政策的第一要义，才能更好地理解政策内涵，把握政策目标，才能更好地执行政策，促进经济社会发展。用足用活税收政策，对于企业来讲首先是要加强学习，把各项税收政策的实质掌握好、领会透。

2. 要注重把握政策的目标

税收政策的功能具有多重性，包括组织收入、调控经济、促进公平、保障稳

定等。因此，对国家出台的每一项政策，我们不仅要理解学习，还要掌握国家或者区域经济的状况和政策出台的背景，把握经济社会发展趋势和政策的目标，把握科学发展观对税收政策的基本要求，做到统筹兼顾，不仅要执行好税收政策，以利于组织税收收入，还要利用政策来维护纳税人的利益，促进纳税人不断发展壮大，促进税收收入的稳定增长，促进地方经济全面协调可持续发展。

3. 要牢牢抓住政策的核心

科学发展观的核心是以人为本。无论是制定政策，还是执行政策，都必须坚持“以纳税人为本”这个核心，始终促进纳税人的发展。只有纳税人发展了，才有税收的发展，才能让发展的成果惠及最广大人民群众。要始终把“以纳税人为本”作为出发点和落脚点，统一政策执行，为纳税人创造公平的政策环境；规范税收减免管理，克服惜税思想，确保税收优惠落实到位；跟踪落实政策执行情况，确保政策执行不打折扣，不走样；深入企业了解政策执行情况，解决政策执行存在的问题，帮助企业加快发展。

4. 要依法进行政策的运用

依法治税是依法治国的有机组成部分，是我们税务部门的生命线，我们任何时候都要坚持这条生命线。由于税收政策是根据国家某一时期政治经济形势制定的，存在着相对的稳定性、滞后性，税务部门在执行政策过程中往往会遇到政策与实际脱节的情况，或者有些经济活动没有相应的政策规范。在这种情况下，更要首先坚持依法治税的原则，同时立足促进经济发展，准确地把握政策界限，创造性地灵活运用，为促进当地跨越式发展提供更多的政策支持。

第二章
税收政策的制定和执行与社会和谐的关系
——以企业所得税为例

第一节 税收政策的制定与社会和谐的关系

社会和谐关系的构建，应从税收政策的制定环节做起。下面以企业所得税的制定、修订为例，说明税收法规政策的制定与社会和谐的关系。

现行内资、外资两套企业所得税法律法规实施10多年来，由于我国社会经济情况发生了很大变化，而两套税法却没有针对新情况进行及时修订，已经不能完全适应当前的需要。大量税收优惠政策的存在使企业平均实际税负远低于法定名义税率，削弱了法定税率的意义，税收优惠政策目标过多且存在相互交叉，影响了政策效力的发挥。此外，近年来国际税制改革也十分频繁，为了适应经济全球化的要求，许多新税收政策内容也亟须补充到税法当中去。因此，为适应新形势的需要，有必要借鉴国际经验，统一内外资企业所得税，进一步完善我国企业所得税制度。

一、合并、修订内外资企业所得税的主要内容

按照十六届三中全会关于“统筹城乡发展、统筹区域发展、统筹经济社会发展、统筹人与自然和谐发展、统筹国内发展和对外开放”的战略要求，为促进区域经济的协调发展，统一内外资企业所得税，调整现行以趋于优惠为主的企业所得税优惠政策格局，以促进国民经济全面、协调、可持续发展。其具体内容分述如下：

（一）统一税法并适用于所有内、外资企业

首先是《中华人民共和国企业所得税法》（以下简称新“新企业所得税法”）将内资税法和外资税法进行整合，把两套不同的税法“合二为一”。新企业所得税法实施后，我国不同性质、不同类别的企业，包括国有企业、集体企业、民营企业、合资企业和外资企业均适用同一个税法。其次是统一了纳税人的认定标准。新企业所得税法以是否具有法人资格作为企业所得税人的认定标准，改变了

以往内资企业所得税以独立核算为条件判定纳税人标准的做法，使内资企业和外资企业纳税人的认定标准完全统一。按此认定标准，企业设有多个不具有法人资格的营业机构，可以实行汇总纳税，使总分公司之间实行盈亏互抵，减少应纳税额。

最后，是在纳税人范围的确定上，按照国际通行做法，将取得经营收入的单位和组织都纳入了征收范围。同时，为增强企业所得税与个人所得税的协调，避免重复征税，新企业所得税法明确了个人独资企业和合伙企业不作为企业所得税的纳税人。

（二）统一并适当降低企业所得税税率

新企业所得税法第四条规定，将企业所得税税率确定为25%。据有关资料，全世界159个实行企业所得税的国家（地区）平均税率为28.6%，我国周边18个国家（地区）的平均税率为26.7%。因此，新企业所得税法确定的25%税率，在国际上属于适中偏低的水平，从而有利于保持我国税制的竞争力，进一步促进和吸引外商投资。

（三）统一和规范税前扣除办法和标准

企业生产经营所发生的成本费用如何扣除，直接关系到企业实际税负的高低。在企业总收入确定的情况下，多扣除则所得会减少，相应缴税就少；少扣除则所得会增加，相应缴税就多。

现行内资企业和外资企业在成本费用扣除方面存在一定的差异，总体上是内资企业偏紧、外资企业偏松。如，内资企业所得税实行工资限额扣除制度，即每人每月工资税前扣除限额最高为2 000元，超过限额部分要计入企业应纳税所得额，而外资企业所得税则按实际发放工资的全额，作为费用在缴纳所得税前据实扣除。税前扣除办法的不一致，是造成内资企业和外资企业实际税负相差较大的原因之一。为此，新企业所得税法对企业实际发生的各项成本费用作出统一的扣除规定，包括工资支出、公益性捐赠支出等，实行一致的政策待遇，按照统一的扣除办法和标准来执行。

（四）统一税收优惠政策，建立“产业优惠为主、区域优惠为辅”的新税收优惠体系

税收优惠是税法的重要组成部分，自有税收以来就存在。税收优惠作为一般性税法条款的例外规定，通过减轻特定纳税人的税收负担，达到鼓励或支持的政策目的。新企业所得税法根据国民经济和社会发展的需要，对现行税收优惠政策进行适当调整，将现行企业所得税以区域优惠为主的格局，调整为以“产业优惠为主、区域优惠为辅”的新税收优惠格局。

税收优惠政策调整的原则是：促进技术创新和科技进步，鼓励基础设施建设，鼓励农业发展及环境保护与节能，支持安全生产，统筹区域发展，促进公益事业和照顾弱势群体等，有效地发挥税收优惠政策的导向作用，进一步促进国民经济全面、协调、可持续发展和社会全面进步，有利于构建和谐社会。

新企业所得税法符合国际惯例，符合公平税负原则，符合我国经济社会发展新形势的需要，符合规范税收征管要求，是促进我国税收制度进一步走向成熟的重要举措。

二、统一内、外资企业所得税对构建和谐社会的意义

（一）统一内、外资企业所得税，有利于为企业创造公平竞争的税收环境

公平竞争是市场经济的重要特征和客观要求，对各类企业实行统一的所得税制度，合理调整企业所得税负担和政策待遇水平，可以促进各类企业在同一税收制度平台上开展公平竞争。

（二）统一内、外资企业所得税，有利于促进经济增长方式的转变和产业结构的升级

统一内、外资企业所得税，实行鼓励节约资源能源、保护环境以及发展高新技术等以产业优惠为主的税收优惠政策，将有利于进一步发挥税收的调控作用，有利于引导我国经济增长方式向集约型转变，推动我国产业结构的优化升级。

（三）统一内、外资企业所得税，有利于促进区域经济的协调发展

统一内、外资企业所得税，将优惠重点由以区域优惠为主转向以产业优惠为主，同时对西部地区需要重点扶持的产业继续实行所得税优惠政策，有利于推动西部地区加快发展，逐步缩小东、中、西部地区差距。

（四）统一内、外资企业所得税，有利于提高我国利用外资的质量和水平

在国内资金比较充足、外贸出口稳步增长的情况下，统一内、外资企业所得税，调整优惠政策，可以积极引导外资的投资方向，在更高层次上促进国民经济的结构调整和经济增长方式的转变，提高我国利用外资的质量和水平。

（五）统一内、外资企业所得税，有利于推动我国税制的现代化建设

20 世纪 80 年代以来，国际上展开了以“降低税率、扩大税基、税收中性、严格征管”为主要特征的税制改革。在此背景下，我国对内外资企业适用统一的

企业所得税法，降低法定税率，调整税收优惠政策，不仅符合“宽税基、低税率”的国际税制改革潮流，而且使我国企业所得税制更为现代化，这对于促进我国企业提高自主创新能力，增强企业发展的后劲具有重要作用。

第二节 税收政策的执行与社会和谐的关系

税收政策执行是对税收法律法规的贯彻落实，是税收杠杆作用的具体发挥，依法治税是税收政策执行的基本要求。税收政策的执行应考虑到税收政策的连续性、公平性、可操作性。比如，对在企业所得税法颁布前设立的外资企业给予5年的过渡期，保障其现有的税收优惠利益；继续执行西部大开发地区的企业所得税优惠政策，以利于西部地区的扩大招商引资，促进西部的发展；适度降低企业所得税税率、扩大内资企业的税前费用扣除，降低内资企业的税收负担，有利于其平等地参与市场竞争等。可以说，新企业所得税法在立法过程中，有关部门协调了不同的甚至相互对立的价值追求和利益主张，使各方利益的代表充分表达和展示了权利主张，从而实现了各方利益的平衡与协调，进而真正实现了企业所得税立法的公平与正当，有利于提高生效后的新企业所得税法遵从度。

一、确立统一、规范和体系化的企业所得税制度

“两法”合并之后，原有的企业所得税法规都将得到清理，企业在缴纳企业所得税过程中所要适用的法规将大幅度减少，原有的矛盾和冲突规定将得到修正，法规的公平性和透明度将得以提高。由全国人民代表大会通过的新企业所得税法，提高了企业所得税法的效力位阶，其权威性和法律拘束力也将进一步提高，将更有利于企业在作出经营决策时预见其所可能承担的税收负担。

二、实现公平竞争与税负差异相协调的新企业所得税法

完善而健全的市场经济必然有平等的要求。解决目前内、外资企业税收待遇的不同、税负差异较大的问题，实现公平税负，是新企业所得税法的重要目标。在新企业所得税法中，以企业的经济收益能力进行平等的税收负担的分配，统一了内、外资企业使用的税率、税前扣除标准，乃至各种税收优惠措施，实行了内资企业与外资企业的无差别待遇，促进了平等竞争机会的形成，促进了统一、规范、公平竞争的市场环境的建立。

新企业所得税法进一步调整了税收优惠政策，实行“产业优惠为主、区域优惠为辅”的新税收优惠体系。税收优惠的主要内容包括：促进技术创新和科技进

步、鼓励基础设施建设、鼓励农业发展及环境保护与节能、支持安全生产、促进公益事业和照顾弱势群体，以及自然灾害专项减免税优惠政策等。调整后的税收优惠机制以部分税收利益为激励，引导国内外资金进入符合国家产业政策、区域发展正常的行业和区域中，有利于推动企业的技术进步和产业升级、优化国民经济结构。由此可见，新企业所得税法在实现企业公平税负的基础上，以适度的税收利益为诱导，实现对经济的宏观调控。可以说，这次企业所得税“两法”合并，是适应我国社会主义市场经济发展新阶段的一项重要制度创新，为更好地运用税收政策促进经济增长方式的转变、产业结构的升级和区域经济的协调发展提供了坚实的制度保障。

三、适应新形势发展的新企业所得税法

为适应当前经济形势的发展，将适应经济形势发展的、具有合理性的规范性文件内容补充到新企业所得税法中，将已不适应经济形势发展、存在矛盾与冲突的规定予以废除或修改。如为适应当前节约型经济建设的要求，对环保、节能节水、安全生产等专用设备给予一定比例的投资抵免；适应资本弱化不断推陈出新的避税措施，新企业所得税法中规定了反资本弱化的相关规则，采用了国际通行的预约定价安排，并制定了一般反避税条款作为对避税的一般防范性规定。新企业所得税法能够满足社会、经济的新形势发展，能够对税收征纳行为进行有效、及时地规范和调整。

四、更高水平上扩大对外开放的法律基础

从对外资企业的影响看，“两法”合并后，外资企业的总体税负不会有大的上升，不同情况的企业税负有升有降。比如，过去执行33%税率的企业税负下降较大；过去按15%税率纳税的企业，有些企税负有所提高，有些是高新技术企业，税负没有变化。统一内外资企业所得税，并不意味着我国利用外资的政策会有大的调整，不仅不会对利用外资造成大的不利影响，反而有利于提高利用外资的质量和水平。因为建立各类企业统一适用的科学、规范、公平的企业所得税制度，有利于为包括外国投资者在内的各类投资者提供更好的投资和发展环境；我国政治和社会稳定、经济平稳、发展较快，加入世贸组织过渡期结束后，国内市场更加开放，这些会增加对外资企业的吸引力；新的企业的所得税税率在国际上属于中偏低水平，也利于继续吸引外商投资。

新企业所得税法的颁布实施，无疑将是我国税收法治建设进程中的关键环节，是适应我国社会主义市场经济发展的重要制度，无论在实现内外资企业的平等税收负担方面还是在引导资金的流向、调整产业结构和实现区域均衡发展方面

都将产生重要的影响，必将积极促进企业平等竞争的税收法律环境的形成。

总之，改革企业所得税制度，要根据科学发展观和完善的社会主义市场经济体制的总体要求，按照“简税制、宽税基、低税率、严征管”的税制改革原则，借鉴国际经验，建立各类企业统一适用的科学、规范的企业所得税制度，为各类企业创造公平的市场竞争环境。

第二篇

和谐产业税收政策应用研究

第三章
现代产业税收政策应用研究

第一节　现代农业税收政策应用研究

一、现代农业

现代农业（Modern agriculture）相对于传统农业而言，是广泛应用现代科学技术、现代工业提供的生产资料和科学管理方法进行的社会化农业。在按农业生产力性质和水平划分的农业发展史上，属于农业的最新阶段。

其基本特征是一整套建立在现代自然科学基础上的农业科学技术的形成和推广，使农业生产技术由经验转向科学，如在植物学、动物学、遗传学、物理学、化学等学科发展的基础上，育种、栽培、饲养现代农业、土壤改良、植保畜保等农业科学技术迅速提高和广泛应用。现代机器体系的形成和农业机器的广泛应用，使农业由手工畜力农具生产转变为机器生产，如技术经济性能优良的拖拉机、耕耘机、联合收割机、农用汽车、农用飞机以及林、牧、渔业中的各种机器，成为农业的主要生产工具，使投入农业的能源显著增加，电子、原子能、激光、遥感技术以及人造卫星等也开始运用于农业；良好的、高效能的生态系统逐步形成。农业生产的社会化程度有很大提高，如农业企业规模的扩大，农业生产的地区分工、企业分工日益发达，“小而全”的自给自足生产被高度专业化、商品化的生产所代替，农业生产过程同加工、销售以及生产资料的制造和供应紧密结合，产生了农工商一体化。经济数学方法、电子计算机等现代科学技术在现代农业企业管理和宏观管理中的运用越来越广，管理方法显著改进。现代农业的产生和发展，大幅度地提高了农业劳动生产率、土地生产率和农产品商品率，使农业生产、农村面貌和农户行为发生了重大变化。

二、支持加快发展现代农业的税收优惠政策

现代农业发展可享受到的税收优惠政策主要有：

1. 增值税

①从 1998 年 1 月 1 日起，对农村电管站在收取电价时一并向用户收取的农村电网维护费（包括低压线路损耗和维护费以及电工经费）免征增值税。②从 2001 年 1 月 1 日起，对国家计划内安排进口的钾肥、复合肥免征进口环节增值税。③自 2001 年 8 月 1 日起，对单一大宗饲料、混合饲料、配合饲料、复合预混料、浓缩饲料免征增值税，详细内容见表 3 – 1。

2. 消费税

农用拖拉机、收割机和手扶拖拉机专用轮胎不征收消费税，详细内容见表 3 – 1。

3. 营业税

①农业机耕、排灌、病虫害防治、植保、农牧保险以及相关技术培训业务，家禽、牲畜、水生动物的配种和疾病防治免征营业税。②将土地使用权转让给农业生产者用于农业生产免征营业税。③对国际农业发展基金贷款利息收入免征营业税，详细内容见表 3 – 1。

4. 企业所得税

①企业从事下列项目的所得免征企业所得税：蔬菜、谷物、薯类、油料、豆类、棉花、麻类、糖料、水果、坚果的种植；农作物新品种的选育；中药材的种植；林木的培育和种植等。②企业从事下列项目的所得减半征收企业所得税：花卉、茶以及其他饮料作物和香料作物的种植；海水养殖、内陆养殖。③试点企业建设的冷藏和低温仓储、运输为主的农产品冷链系统，可以采用双倍余额递减法或年数总和法计提折旧，详细内容见表 3 – 1。

5. 个人所得税

①省级人民政府、国务院部委和中国人民解放军军以上单位，以及外国组织、国际组织颁布的科学、教育、技术、文化、卫生、体育、环境保护等方面的奖金免征个人所得税。②按照国务院规定发给的政府特殊津贴和国务院规定免纳个人所得税的补贴、津贴免征个人所得税（中国科学院院士津贴每人每月 200 元；中国科学院资深院士和中国工程院资深院士每人每年 1 万元的资深院士津贴），详细内容见表 3 – 1。

6. 房产税

①从 2000 年 10 月 1 日起，对政府部门和企事业单位、社会团体以及个人等社会力量投资兴办的福利性、非营利性的老年服务机构自用的房产免征房产税。②由国家财政部门拨付事业经费的单位自用的房产及企业办的各类学校、医院、托儿所、幼儿园自用的房产免征房产税，详细内容见表 3 – 1。

7. 城镇土地使用税

①直接用于农、林、牧、渔业的生产用地免缴土地使用税。②对林区的林地、运材道、防火道、防火设施用地免征土地使用税，详细内容见表 3 – 1。

8. 土地增值税

①对于合作建房，建成后按比例分房自用的，暂免征收土地增值税。②房产所有人、土地使用权所有人将房屋产权、土地使用权赠与直系亲属或承担直接赡养义务人的，房产所有人、土地使用权所有人通过中国境内非营利社会团体、国家机关将房屋产权、土地使用权赠与民政和其他社会福利、公益事业的，不征收土地增值税，详细内容见表 3－1。

9. 契税

对县级以上人民政府教育行政主管部门或劳动行政主管部门批准并核发《社会力量办学许可证》，由企业事业组织、社会团体及其他社会组织和公民个人利用非国家财政性教育经费面向社会举办的教育机构承受的土地、房屋权属用于教学的免征契税，详细内容见表 3－1。

10. 印花税

①农林作物，牧业畜类保险合同，免征印花税。②对货物运输等，办理一项业务，既开立合同，又开立单据的，只就合同贴花。所开立的各类单据，不再贴花。③财产所有人将财产赠给政府、社会福利单位所立的书据，免征印花税，详细内容见表 3－1。

11. 车船税

①非机动车船（不包括非机动驳船）、拖拉机、捕捞养殖渔船免征车船税。②省级人民政府可以根据当地实际情况，对城市、农村公共交通车船给予定期减税、免税，详细内容见表 3－1。

12. 车辆购置税

①自 2004 年 10 月 1 日起对农用三轮车免征车辆购置税。②对设有固定装置的非运输车辆免征车辆购置税，详细内容见表 3－1。

表 3－1　　现代农业的税收优惠政策汇总表

序号	优惠政策名称	法律法规名称、文号	优惠政策具体内容	税种	领域
1	对农村电网维护费免征增值税	《财政部 国家税务总局关于免征农村电网维护费增值税问题的通知》（财税字［1998］47号）	从 1998 年 1 月 1 日起，对农村电管站在收取电价时一并向用户收取的农村电网维护费（包括低压线路损耗和维护费以及电工经费）给予免征增值税的照顾	增值税	支持现代农业

续表

序号	优惠政策名称	法律法规名称、文号	优惠政策具体内容	税种	领域
2	对粮食收储国有企业销售粮食、储备食用油免征增值税	《财政部 国家税务总局关于粮食企业增值税征免问题的通知》（财税字［1999］198号）	①国有粮食购销企业必须按顺价原则销售粮食。对承担粮食收储任务的国有粮食购销企业销售的粮食免征增值税。②政府储备食用植物油的销售继续免征增值税	增值税	支持现代农业
3	对非豆粕的粕类饲料免征增值税	《财政部 国家税务总局关于豆粕等粕类产品征免增值税政策的通知》（财税［2001］30号）	①自2000年6月1日起，饲料产品分为征收增值税和免征增值税两类。②进口和国内生产的饲料，一律执行同样的征税或免税政策。③自2000年6月1日起，豆粕属于征收增值税的饲料产品，进口或国内生产豆粕，均按13%的税率征收增值税。其他粕类属于免税饲料产品免征增值税，已征收入库的税款作退库处理	增值税	支持现代农业
4	对钾肥、复合肥免征进口增值税	《财政部 国家税务总局关于国家计划内安排进口钾肥、复合肥免征进口增值税的通知》（财税［2001］76号）	经国务院批准，从2001年1月1日起，对国家计划内安排进口的钾肥、复合肥，继续执行免征进口环节增值税政策	增值税	支持现代农业
5	对饲料产品免征增值税	《财政部 国家税务总局关于饲料产品免征增值税问题的通知》（财税［2001］121号）	以下饲料产品免征增值税：①单一大宗饲料。②混合饲料。③配合饲料。④复合预混料。⑤浓缩饲料。以上规定自2001年8月1日起执行	增值税	支持现代农业

续表

序号	优惠政策名称	法律法规名称、文号	优惠政策具体内容	税种	领域
6	对饲用鱼油免征增值税	《国家税务总局关于饲用鱼油产品免征增值税的批复》（国税函［2003］1395号）	饲用鱼油是鱼粉生产过程中的副产品，自2003年1月1日起，免予征收增值税	增值税	支持现代农业
7	对化肥生产企业生产销售的钾肥实行先征后返	《财政部 国家税务总局关于钾肥增值税有关问题的通知》（财税［2004］197号）	自2004年12月1日起，对化肥生产企业生产销售的钾肥，由免征增值税改为实行先征后返	增值税	支持现代农业
8	对国内企业生产销售的尿素产品免征增值税	《财政部 国家税务总局关于暂免征收尿素产品增值税的通知》（财税［2005］87号）	对国内企业生产销售的尿素产品增值税由先征后返50%，调整为暂免征收增值税	增值税	支持现代农业
9	纳税人生产销售和批发、零售滴灌带和滴灌管产品免征增值税	《财政部 国家税务总局关于免征滴灌带和滴灌管产品增值税的通知》（财税［2007］83号）	自2007年7月1日起，纳税人生产销售和批发、零售滴灌带和滴灌管产品免征增值税	增值税	支持现代农业
10	对变性燃料乙醇定点生产企业生产调配用乙醇汽油的变性燃料乙醇，增值税实行先征后退	《财政部 国家税务总局关于变性燃料乙醇定点生产企业有关税收政策问题的通知》（财税［2005］174号）	对生产用于调配用乙醇汽油的变性燃料乙醇增值税实行先征后退	增值税	支持现代农业

续表

序号	优惠政策名称	法律法规名称、文号	优惠政策具体内容	税种	领域
11	对直接用于科研、科学试验和教学的进口仪器设备免征增值税	《中华人民共和国增值税暂行条例》(国务院第538号令)	下列项目免征增值税：直接用于科学研究、科学试验和教学的进口仪器、设备；除前款规定外，增值税的免税、减税项目由国务院规定。任何地区、部门均不得规定免税、减税项目	增值税	支持现代农业
12	对安置残疾人的单位实行限额即征即退增值税或减征营业税	《财政部 国家税务总局关于促进残疾人就业税收优惠政策的通知》(财税[2007] 92号)	从2007年7月1日起，对安置残疾人的单位，实行由税务机关按单位实际安置残疾人的人数，限额即征即退增值税或减征营业税的办法。实际安置的每位残疾人每年可退还的增值税或减征的营业税的具体限额由县级以上税务机关根据单位所在区县（含县级市、旗，下同）适用的经省（含自治区、直辖市、计划单列市，下同）级人民政府批准的最低工资标准的6倍确定，但最高不得超过每人每年3.5万元	增值税	支持现代农业
13	对外国政府、国际组织无偿援助的进口物资和设备免征增值税	《中华人民共和国增值税暂行条例》(国务院第538号令)	外国政府、国际组织无偿援助的进口物资和设备免征增值税	增值税	支持现代农业

续表

序号	优惠政策名称	法律法规名称、文号	优惠政策具体内容	税种	领域
14	对外国政府和国际组织无偿援助项目在国内采购的货物免征增值税	《财政部 国家税务总局 外经贸部关于外国政府和国际组织无偿援助项目在华采购物资免征增值税问题的通知》（财税［2002］2号）；《财政部 国家税务总局关于外国政府和国际组织无偿援助项目在华采购物资免征增值税的补充通知》（财税［2005］13号）	自2001年8月1日起，对外国政府和国际组织无偿援助项目在国内采购的货物免征增值税，同时允许销售免税货物的单位，将免税货物的进项税额在其他内销货物的销项税额中抵扣	增值税	支持现代农业
15	对来料加工、来件装配和补偿贸易所需进口的设备免征增值税	《中华人民共和国增值税暂行条例》（国务院第538号令）	下列项目免征增值税：来料加工、来件装配和补偿贸易所需进口的设备	增值税	支持现代农业
16	对制种企业销售种子免征增值税	《国家税务总局关于制种行业增值税有关问题的公告》（国家税务总局公告2010年第17号）	制种企业在下列生产经营模式下生产销售种子，属于农业生产者销售自产农业产品，应根据《中华人民共和国增值税暂行条例》有关规定免征增值税 1. 制种企业利用自有土地或承租土地，雇佣农户或雇工进行种子繁育，再经烘干、脱粒、风筛等深加工后销售种子。 2. 制种企业提供亲本种子委托农户繁育并从农户手中收回，再经烘干、脱粒、风筛等深加工后销售种子	增值税	支持现代农业

续表

序号	优惠政策名称	法律法规名称、文号	优惠政策具体内容	税种	领域
17	干姜、姜黄适用13%的增值税税率	《国家税务总局关于干姜 姜黄增值税适用税率问题的公告》(国家税务总局公告2010年第9号)	干姜、姜黄属于《财政部 国家税务总局关于印发〈农业产品征税范围注释〉的通知》(财税字［1995］52号)中农业产品的范围,根据《财政部 国家税务总局关于部分货物适用增值税低税率和简易办法征收增值税政策的通知》(财税［2009］9号)规定,其增值税适用税率为13%。 干姜是将生姜经清洗、刨皮、切片、烘烤、晾晒、熏硫等工序加工后制成的产品。姜黄包括生姜黄,以及将生姜黄经去泥、清洗、蒸煮、晾晒、烤干、打磨等工序加工后制成的产品	增值税	支持现代农业
18	对粕类产品征免增值税	《国家税务总局关于粕类产品征免增值税问题的通》(国税函［2010］75号)	豆粕属于征收增值税的饲料产品,除豆粕以外的其他粕类饲料产品,均免征增值税	增值税	支持现代农业
19	自2007年1月1日起,对进口的矿物质微量元素舔砖免征进口环节增值税	《财政部 国家税务总局关于矿物质微量元素舔砖免征进口环节增值税的通知》(财关税［2006］73号)	自2007年1月1日起,对进口的矿物质微量元素舔砖(税号ex38249090)免征进口环节增值税。矿物质微量元素舔砖是以四种以上微量元素、非营养性添加剂和载体为原料,经高压浓缩制成的块状预混物,供牛、羊等直接食用	增值税	支持现代农业

续表

序号	优惠政策名称	法律法规名称、文号	优惠政策具体内容	税种	领域
20	对农用拖拉机、收割机和手扶拖拉机专用轮胎不征收消费税	国家税务总局公告2010年第16号	农用拖拉机、收割机和手扶拖拉机专用轮胎不属于《中华人民共和国消费税暂行条例》（中华人民共和国国务院令第539号）规定的应征消费税的“汽车轮胎”范围，不征收消费税	消费税	支持现代农业
21	对农业机耕、排灌、病虫害防治、植保、农牧保险以及相关技术培训业务，家禽、牲畜、水生动物的配种和疾病防治免征营业税	《中华人民共和国营业税暂行条例》（国务院令第540号）	下列项目免征营业税：农业机耕、排灌、病虫害防治、植保、农牧保险以及相关技术培训业务，家禽、牲畜、水生动物的配种和疾病防治	营业税	支持现代农业
22	将土地使用权转让给农业生产者用于农业生产免征营业税	《关于对若干项目免征营业税的通知》（财税字［1994］002号）	将土地使用权转让给农业生产者用于农业生产，免征营业税	营业税	支持现代农业
23	对国际农业发展基金贷款利息收入免征营业税	《财政部 国家税务总局关于对国际农发基金贷款回收利息税收问题的批复》（财税字［1995］108号）	对国际农业发展基金贷款利息收入，应按《国际农业发展基金适用于贷款协议和担保协议的通则》规定，免征营业税和其他税收	营业税	支持现代农业
24	对国有粮食企业保管政府储备粮油取得的财政性补贴收入免征营业税	《财政部 国家税务总局关于对国有粮食企业取得的储备粮油财政性补贴收入免征营业税问题的通知》（财税字［1996］68号）	经国务院批准，决定对国有粮食企业保管政府储备粮油取得的财政性补贴收入免征营业税	营业税	支持现代农业

续表

序号	优惠政策名称	法律法规名称、文号	优惠政策具体内容	税种	领域
25	对世行贷款粮食流通项目免征建筑安装工程营业税和项目服务收入营业税	《关于世行贷款粮食流通项目建筑安装工程和服务收入免征营业税的通知》（财税字［1998］87号）	对世行贷款粮食流通项目，免征建筑安装工程营业税和项目服务收入营业税	营业税	支持现代农业
26	对单位和个人"四技"收入免征营业税	《财政部国家税务总局关于贯彻落实〈中共中央、国务院关于加强技术创新，发展高科技，实现产业化的决定〉有关税收问题的通知》（财税字［1999］273号）	对单位和个人从事技术转让、技术开发业务和与之相关的技术咨询、技术服务业务收入，经省级税务机关批准，免征营业税	营业税	支持现代农业
27	对非营利性科研机构"四技"收入免征营业税	《财政部国家税务总局关于非营利性科研机构税收政策的通知》（财税［2001］5号）、《国务院办公厅转发科技部等部门关于非营利性科研机构管理的若干意见（试行）的通知》（国办发［2000］78号）	非营利性科研机构从事技术开发、技术转让业务和与之相关的技术咨询、技术服务所得的收入，按有关规定免征营业税和企业所得税	营业税	支持现代农业
28	对企业、行政事业单位按房改成本价、标准价出售住房的收入免征营业税	《财政部 国家税务总局关于调整房地产市场若干税收政策的通知》（财税字［1999］210号）	从1999年8月1日起，对企业、行政事业单位按房改成本价、标准价出售住房的收入，免征营业税	营业税	支持现代农业

续表

序号	优惠政策名称	法律法规名称、文号	优惠政策具体内容	税种	领域
29	对中国扶贫基金会小额信贷试点项目实行税收优惠政策	《财政部 国家税务总局关于中国扶贫基金会小额信贷试点项目税收政策的通知》（财税［2010］35号）	自2009年1月1日至2013年12月31日，中和农信项目管理有限公司和中国扶贫基金会举办的农户自立服务社（中心）从事农户小额贷款取得的利息收入，免征营业税。中和农信项目管理有限公司和中国扶贫基金会举办的农户自立服务社（中心）应对符合条件的农户小额贷款利息收入进行单独核算，不能单独核算的不得　适用本通知规定的优惠政策	营业税	支持现代农业
30	对农村金融的税收优惠政策	《财政部 国家税务总局关于农村金融有关税收政策的通知》（财税［2010］4号）	自2009年1月1日至2013年12月31日，对金融机构农户小额贷款的利息收入，免征营业税。自2009年1月1日至2011年12月31日，对农村信用社、村镇银行、农村资金互助社、由银行业机构全资发起设立的贷款公司、法人机构所在地在县（含县级市、区、旗）及县以下地区的农村合作银行和农村商业银行的金融保险业收入减按3%的税率征收营业税	营业税	支持现代农业

续表

序号	优惠政策名称	法律法规名称、文号	优惠政策具体内容	税种	领域
31	对企业从事农业生产经营等8项活动取得的收入免征企业所得税	《中华人民共和国企业所得税法》（中华人民共和国主席令第63号）、《实施条例》（中华人民共和国国务院令第512号）	企业从事下列项目的所得，免征企业所得税： 1. 蔬菜、谷物、薯类、油料、豆类、棉花、麻类、糖料、水果、坚果的种植； 2. 农作物新品种的选育； 3. 中药材的种植； 4. 林木的培育和种植； 5. 牲畜、家禽的饲养； 6. 林产品的采集； 7. 灌溉、农产品初加工、兽医、农技推广农机作业和维修等农、林、牧、渔服务业项目； 8. 远洋捕捞。企业从事国家限制和禁止发展的项目，不得享受本条规定的企业所得税优惠	企业所得税	支持现代农业
32	对企业从事花卉种植、海水养殖等2项活动取得的收入减半征收企业所得税	《中华人民共和国企业所得税法》（中华人民共和国主席令第63号）、《实施条例》（中华人民共和国国务院令第512号）	企业从事下列项目的所得，减半征收企业所得税： 1. 花卉、茶以及其他饮料作物和香料作物的种植； 2. 海水养殖、内陆养殖。企业从事国家限制和禁止发展的项目，不得享受本条规定的企业所得税优惠	企业所得税	支持现代农业
33	对一个纳税年度内，居民企业技术转让所得不超过500万元的部分免征企业所得税；超过500万元的部分减半征收企业所得税	《中华人民共和国企业所得税法》（中华人民共和国主席令第63号）、《实施条例》（中华人民共和国国务院令第512号）	一个纳税年度内，居民企业技术转让所得不超过500万元的部分，免征企业所得税；超过500万元的部分，减半征收企业所得税	企业所得税	支持现代农业

续表

序号	优惠政策名称	法律法规名称、文号	优惠政策具体内容	税种	领域
34	对企业的“三新”研发费用允许加计50%扣除费用或者摊销成本	《中华人民共和国企业所得税法》(中华人民共和国主席令第63号)、《实施条例》(中华人民共和国国务院令第512号)	企业为开发新技术、新产品、新工艺发生的研究开发费用，未形成无形资产计入当期损益的，在按照规定据实扣除的基础上，按照研究开发费用的50%加计扣除；形成无形资产的，按照无形资产成本的150%摊销	企业所得税	支持现代农业
35	对企业的固定资产由于技术进步等原因确需加速折旧的，可以缩短折旧年限或者采取加速折旧的方法	《中华人民共和国企业所得税法》(中华人民共和国主席令第六十三号)、《实施条例》(中华人民共和国国务院令第512号)	企业的固定资产由于技术进步等原因，确需加速折旧的，可以缩短折旧年限或者采取加速折旧的方法	企业所得税	支持现代农业
36	对符合条件的高新技术企业减按15%的税率征收企业所得税	《中华人民共和国企业所得税法》(中华人民共和国主席令第六十三号)、《实施条例》(中华人民共和国国务院令第512号)	拥有核心自主知识产权，产品属于《国家重点支持的高新技术领域》范围，并且符合高新技术企业认定管理办法的国家需要重点扶持的高新技术企业，减按15%的税率征收企业所得税	企业所得税	支持现代农业
37	对创业投资企业采取股权投资方式投资于未上市的中小高新技术企业2年以上的，可以按照其投资额的70%在股权持有满2年的当年抵扣该创业投资企业的应纳税所得额	《中华人民共和国企业所得税法》(中华人民共和国主席令第六十三号)、《实施条例》(中华人民共和国国务院令第512号)	创业投资企业采取股权投资方式投资于未上市的中小高新技术企业2年以上的，可以按照其投资额的70%在股权持有满2年的当年抵扣该创业投资企业的应纳税所得额；当年不足抵扣的，可以在以后纳税年度结转抵扣	企业所得税	支持现代农业

续表

序号	优惠政策名称	法律法规名称、文号	优惠政策具体内容	税种	领域
38	对在国务院确定的国家高新技术产业开发区设立的被认定为高新技术企业的中外合资经营企业给予企业所得税优惠过渡措施	《国务院关于实施企业所得税过渡优惠政策的通知》（国发［2007］39号），《中华人民共和国外商投资企业和外国企业所得税法实施细则》第七十五条第一款第（六）项	在国务院确定的国家高新技术产业开发区设立的被认定为高新技术企业的中外合资经营企业，经营期在十年以上的，经企业申请，当地税务机关批准，从开始获利的年度起，第一年和第二年免征企业所得税。自2008年1月1日起，原享受企业所得税“两免三减半”“五免五减半”等定期减免税优惠的企业，新税法施行后继续按原税收法律、行政法规及相关文件规定的优惠办法及年限享受至期满为止，但因未获利而尚未享受税收优惠的，其优惠期限从2008年度起计算。享受上述过渡优惠政策的企业，是指2007年3月16日以前经工商等登记管理机关登记设立的企业	企业所得税	支持现代农业

续表

序号	优惠政策名称	法律法规名称、文号	优惠政策具体内容	税种	领域
39	对国家高新技术产业开发区内新创办的高新技术企业，给予企业所得税优惠过渡措施	《国务院关于实施企业所得税过渡优惠政策的通知》（国发［2007］39号）、《国务院关于实施〈国家中长期科学和技术发展规划纲要（2006—2020年）〉若干配套政策的通知》（国发［2006］6号）	国家高新技术产业开发区内新创办的高新技术企业经严格认定后，自获利年度起两年内免征所得税。自2008年1月1日起，原享受企业所得税“两免三减半”“五免五减半”等定期减免税优惠的企业，新税法施行后继续按原税收法律、行政法规及相关文件规定的优惠办法及年限享受至期满为止，但因未获利而尚未享受税收优惠的，其优惠期限从2008年度起计算。享受上述过渡优惠政策的企业，是指2007年3月16日以前经工商等登记管理机关登记设立的企业	企业所得税	支持现代农业
40	对企事业单位购进的符合固定资产和无形资产确认条件的软件，允许缩短其折旧或摊销年限	《财政部国家税务总局关于企业所得税若干优惠政策的通知》（财税［2008］1号）	企事业单位购进软件，凡符合固定资产或无形资产确认条件的，可以按照固定资产或无形资产进行核算，经主管税务机关核准，其折旧或摊销年限可以适当缩短，最短可为2年	企业所得税	支持现代农业

续表

序号	优惠政策名称	法律法规名称、文号	优惠政策具体内容	税种	领域
41	对原按15%的税率征收企业所得税的外商投资企业和外国企业，自2008年1月1日起，在新税法施行后5年内逐步过渡到法定税率	《国务院关于实施企业所得税过渡优惠政策的通知》（国发［2007］39号），《中华人民共和国外商投资企业和外国企业所得税法》第七条第一款（中华人民共和国主席令第45号）	设在经济特区的外商投资企业、在经济特区设立机构、场所从事生产、经营的外国企业和设在经济技术开发区的生产性外商投资企业，原来按15%的税率征收企业所得税的企业。自2008年1月1日起，在新税法施行后5年内逐步过渡到法定税率。其中，2008年按18%税率执行，2009年按20%税率执行，2010年按22%税率执行，2011年按24%税率执行，2012年按25%税率执行	企业所得税	支持现代农业
42	对原享受企业所得税“两免三减半”“五免五减半”等定期减免税优惠的企业予以过渡优惠	《国务院关于实施企业所得税过渡优惠政策的通知》（国发［2007］39号），《中华人民共和国外商投资企业和外国企业所得税法》第八条第一款	对生产性外商投资企业，经营期在十年以上的，从开始获利的年度起，第一年和第二年免征企业所得税，第三年至第五年减半征收企业所得税，自2008年1月1日起，原享受企业所得税“两免三减半”“五免五减半”等定期减免税优惠的企业，新税法施行后继续按原税收法律、行政法规及相关文件规定的优惠办法及年限享受至期满为止，但因未获利而尚未享受税收优惠的，其优惠期限从2008年度起计算。享受上述过渡优惠政策的企业，是指2007年3月16日以前经工商等登记管理机关登记设立的企业	企业所得税	支持现代农业

续表

序号	优惠政策名称	法律法规名称、文号	优惠政策具体内容	税种	领域
43	对企业公益性捐赠允许在企业所得税税前扣除	《财政部国家税务总局关于公益性捐赠税前扣除有关问题的通知》（财税［2008］160号）	企业通过公益性社会团体或者县级以上人民政府及其部门，用于公益事业的捐赠支出，在年度利润总额12%以内的部分，准予在计算应纳税所得额时扣除	企业所得税	支持现代农业
44	对企业购置并实际使用符合条件的环境保护、节能节水、安全生产专用设备的，允许按投资额的10%抵免	《中华人民共和国企业所得税法》（中华人民共和国主席令第63号）、《实施条例》（中华人民共和国国务院令第512号）	企业购置并实际使用《环境保护专用设备企业所得税优惠目录》《节能节水专用设备企业所得税优惠目录》和《安全生产专用设备企业所得税优惠目录》规定的环境保护、节能节水、安全生产等专用设备的，该专用设备的投资额的10%可以从企业当年的应纳税额中抵免；当年不足抵免的，可以在以后5个纳税年度结转抵免	企业所得税	支持现代农业
45	对资源综合利用产品取得的收入减按90%计入收入总额	《中华人民共和国企业所得税法》（中华人民共和国主席令第63号）、《实施条例》（中华人民共和国国务院令第512号）	企业以《资源综合利用企业所得税优惠目录》规定的资源作为主要原材料，生产国家非限制和禁止并符合国家和行业相关标准的产品取得的收入，减按90%计入收入总额	企业所得税	支持现代农业

续表

序号	优惠政策名称	法律法规名称、文号	优惠政策具体内容	税种	领域
46	对企业从事符合条件的环境保护、节能节水项目取得的收入应纳所得税额实行“三免三减半”	《中华人民共和国企业所得税法》（中华人民共和国主席令第63号）、《实施条例》（中华人民共和国国务院令第512号）	企业从事国务院财政、税务主管部门同国务院有关部门制订的环境保护、节能节水项目清单规定的符合条件的环境保护、节能节水项目的所得，自项目取得第一笔生产经营收入所属纳税年度起，第一年至第三年免征企业所得税，第四年至第六年减半征收企业所得税	企业所得税	支持现代农业
47	对投资者从证券投资基金分配中取得的收入暂不征收企业所得税	《财政部国家税务总局关于企业所得税若干优惠政策的通知》（财税［2008］1号）	对投资者从证券投资基金分配中取得的收入，暂不征收企业所得税	企业所得税	支持现代农业
48	对符合条件的小型微利企业减按20%的税率征收企业所得税	《中华人民共和国企业所得税法》（中华人民共和国主席令第六十三号）、《实施条例》（中华人民共和国国务院令第512号）	从事国家非限制和禁止行业，并符合下列条件的小型微利企业减按20%的税率征收企业所得税。 1. 工业企业，年度应纳税所得额不超过30万元，从业人数不超过100人，资产总额不超过3 000万元； 2. 其他企业，年度应纳税所得额不超过30万元，从业人数不超过80人，资产总额不超过1000万元。	企业所得税	支持现代农业

续表

序号	优惠政策名称	法律法规名称、文号	优惠政策具体内容	税种	领域
49	对企业安置符合条件的残疾人员允许按所支付工资额加计100%扣除	《中华人民共和国企业所得税法》（中华人民共和国主席令第63号）、《实施条例》（中华人民共和国国务院令第512号）	企业安置符合《中华人民共和国残疾人保障法》规定范围的残疾人员，在支付给残疾职工工资据实扣除的基础上，按照支付给残疾职工工资的100%加计扣除。企业安置国家鼓励安置的其他就业人员所支付的工资的加计扣除办法，由国务院另行规定	企业所得税	支持现代农业
50	对企业捐赠住房作为廉租房源的减免企业所得税	《财政部 国家税务总局关于廉租住房经济适用房和住房租赁有关税收政策的通知》（财税［2008］24号）	企事业单位、社会团体以及其他组织于2008年1月1日前捐赠住房作为廉租住房的，按《中华人民共和国企业所得税暂行条例》（中华人民共和国国务院令第137号）、《中华人民共和国外商投资企业和外国企业所得税法》有关公益性捐赠政策执行；2008年1月1日后捐赠的，按《中华人民共和国企业所得税法》有关公益性捐赠政策执行	企业所得税	支持现代农业
51	对企业直接投资于其他企业取得的投资收益免征企业所得税	《中华人民共和国企业所得税法》（中华人民共和国主席令第六十三号）、《实施条例》（中华人民共和国国务院令第512号）	居民企业直接投资于其他居民企业取得的投资收益（不包括连续持有居民企业公开发行并上市流通的股票不足12个月取得的投资收益）免征企业所得税	企业所得税	支持现代农业

续表

序号	优惠政策名称	法律法规名称、文号	优惠政策具体内容	税种	领域
52	对在中国境内设立机构场所的非居民企业取得的权益性投资免征企业所得税	《中华人民共和国企业所得税法》（中华人民共和国主席令第63号）、《实施条例》（中华人民共和国国务院令第512号）	在中国境内设立机构、场所的非居民企业直接投资于居民企业，从居民企业取得与该机构、场所有实际联系的股息、红利等权益性投资收益（不包括连续持有居民企业公开发行并上市流通的股票不足12个月取得的投资收益）免征企业所得税	企业所得税	支持现代农业
53	对2008年1月1日外商投资企业形成的累积未分配利润分配时免征企业所得税	《财政部 国家税务总局关于企业所得税若干优惠政策的通知》（财税［2008］1号）	2008年1月1日之前外商投资企业形成的累积未分配利润，在2008年以后分配给外国投资者的，免征企业所得税；2008年及以后年度外商投资企业新增利润分配给外国投资者的，依法缴纳企业所得税	企业所得税	支持现代农业
54	对国债利息收入免征企业所得税	《中华人民共和国企业所得税法》（中华人民共和国主席令第六十三号）、《实施条例》（中华人民共和国国务院令第512号）	企业持有国务院财政部门发行的国债取得的利息收入免征企业所得税	企业所得税	支持现代农业

续表

序号	优惠政策名称	法律法规名称、文号	优惠政策具体内容	税种	领域
55	对中国扶贫基金会小额信贷试点项目税收优惠政策	《财政部 国家税务总局关于中国扶贫基金会小额信贷试点项目税收政策的通知》（财税［2010］35号）	自2009年1月1日至2013年12月31日，中和农信项目管理有限公司和中国扶贫基金会举办的农户自立服务社（中心）从事农户小额贷款取得的利息收入，在计算应纳税所得额时，按90%计入收入总额。中和农信项目管理有限公司和中国扶贫基金会举办的农户自立服务社（中心）应对符合条件的农户小额贷款利息收入进行单独核算，不能单独核算的不得适用本通知规定的优惠政策	企业所得税	支持现代农业
56	对农村金融的税收优惠政策	《财政部 国家税务总局关于农村金融有关税收政策的通知》（财税［2010］4号）	自2009年1月1日至2013年12月31日，对金融机构农户小额贷款的利息收入在计算应纳税所得额时，按90%计入收入总额。对保险公司为种植业、养殖业提供保险业务取得的保费收入，在计算应纳税所得额时，按90%比例减计收入	企业所得税	支持现代农业

续表

序号	优惠政策名称	法律法规名称、文号	优惠政策具体内容	税种	领域
57	对“公司+农户”模式享受减免企业所得税优惠政策	《国家税务总局关于“公司+农户”经营模式企业所得税优惠问题的公告》（国家税务总局公告2010年第2号）	对以“公司+农户”经营模式从事农、林、牧、渔业项目生产的企业，可以按照《中华人民共和国企业所得税法实施条例》第八十六条的有关规定，享受减免企业所得税优惠政策	企业所得税	支持现代农业
58	企业重组业务企业所得税优惠政策	《国家税务总局关于发布〈企业重组业务企业所得税管理办法〉的公告》（国家税务总局公告2010年第4号）	企业合并或分立，合并各方企业或分立企业涉及享受税法第五十七条规定中就企业整体（即全部生产经营所得）享受的税收优惠过渡政策尚未期满的，仅就存续企业未享受完的税收优惠，按照通知第九条的规定执行；注销的被合并或被分立企业未享受完的税收优惠，不再由存续企业承继；合并或分立而新设的企业不得再承继或重新享受上述优惠。合并或分立各方企业按照税法的税收优惠规定和税收优惠过渡政策中就企业有关生产经营项目的所得享受的税收优惠承继问题，按照实施条例第八十九条规定执行	企业所得税	

续表

序号	优惠政策名称	法律法规名称、文号	优惠政策具体内容	税种	领域
59	企业股权投资损失可在计算企业应纳税所得额时一次性扣除	《国家税务总局关于企业股权投资损失所得税处理问题的公告》（国家税务总局公告2010年第6号）	企业对外进行权益性（以下简称股权）投资所发生的损失，在经确认的损失发生年度，作为企业损失在计算企业应纳税所得额时一次性扣除	企业所得税	
60	对个人或个体户从事种植业、养殖业、饲养业、捕捞业取得的“四业”所得暂不征收个人所得税	《财政部 国家税务总局关于农村税费改革试点地区有关个人所得税问题的通知》（财税［2004］30号）	农村税费改革试点期间，取消农业特产税、减征或免征农业税后，对个人或个体户从事种植业、养殖业、饲养业、捕捞业，且经营项目属于农业税（包括农业特产税）、牧业税征税范围的，其取得的“四业”所得暂不征收个人所得税	个人所得税	支持现代农业
61	对教育等方面的奖金免征个人所得税	《中华人民共和国个人所得税法》（中华人民共和国主席令第85号）	省级人民政府、国务院部委和中国人民解放军军以上单位，以及外国组织、国际组织颁布的科学、教育、技术、文化、卫生、体育、环境保护等方面的奖金免征个人所得税	个人所得税	支持现代农业

续表

序号	优惠政策名称	法律法规名称、文号	优惠政策具体内容	税种	领域
62	对按照国家统一规定发给的补贴、津贴免征个人所得税	《中华人民共和国个人所得税法》（中华人民共和国主席令第85号）、《实施条例》、（国税发［1994］1118号）（国发［1998］8号）（财税字［1998］118号）	按照国务院规定发给的政府特殊津贴和国务院规定免纳个人所得税的补贴、津贴免征个人所得税。目前国务院规定免纳个人所得税的补贴、津贴只有： 1. 中国科学院院士津贴每人每月200元； 2. 中国科学院资深院士和中国工程院资深院士每人每年1万元的资深院士津贴	个人所得税	支持现代农业
63	个人通过非营利性的社会团体和国家机关的公益、救济性捐赠，在缴纳个人所得税前准予全额扣除	《财政部 国家税务总局关于对青少年活动场所、电子游戏厅有关所得税和营业税政策问题的通知》（财税［2000］21号）（财税［2000］30号）（财税［2000］97号）（财税［2001］103号）（财税［2001］9号）	个人通过非营利性的社会团体和国家机关对公益性青少年活动场所（其中包括新建）、红十字事业、福利性、非营利性的老年服务机构、农村义务教育、慈善机构、基金会的公益、救济性捐赠，在缴纳个人所得税前准予全额扣除	个人所得税	支持现代农业
64	对安家费、退职费、退休工资、离休工资、离休生活补助费免征个人所得税	《中华人民共和国个人所得税法》（中华人民共和国主席令第85号）	按照国家统一规定发给干部、职工的安家费、退职费、退休工资、离休工资、离休生活补助费免征个人所得税	个人所得税	支持现代农业

续表

序号	优惠政策名称	法律法规名称、文号	优惠政策具体内容	税种	领域
65	对高级专家离休退休期间的工资、薪金所得免征个人所得税	《关于个人所得税若干政策问题的通知》（财税字［1994］20号）	对按国发［1983］141号《国务院关于高级专家离休退休若干问题的暂行规定》和国办发［1991］40号《国务院办公厅关于杰出高级专家暂缓离退休审批问题的通知》精神，达到离休、退休年龄，但确因工作需要，适当延长离休退休年龄的高级专家（指享受国家发放的政府特殊津贴的专家、学者），其在延长离休退休期间的工资、薪金所得，视同退休工资、离休工资免征个人所得税	个人所得税	支持现代农业
66	托儿补助费、独生子女费免征个人所得税。	《国家税务总局关于印发〈征收个人所得税若干问题的规定的通知〉》（国税发［1994］89号）	托儿补助费、独生子女费免征个人所得税	个人所得税	支持现代农业
67	对缴付和领取基本养老保险费、基本医疗保险费、失业保险费、住房公积金免征个人所得税	《财政部 国家税务总局关于基本养老保险费基本医疗保险费失业保险费住房公积金有关个人所得税政策的通知》（财税［2006］10号）	企事业单位按照国家或省（自治区、直辖市）人民政府规定的缴费比例或办法实际缴付的基本养老保险费、基本医疗保险费和失业保险费，免征个人所得税；个人按照国家或省（自治区、直辖市）人民政府规定的缴费比例或办法实际	个人所得税	支持现代农业

续表

序号	优惠政策名称	法律法规名称、文号	优惠政策具体内容	税种	领域
67	对缴付和领取基本养老保险费、基本医疗保险费、失业保险费、住房公积金免征个人所得税	《财政部 国家税务总局关于基本养老保险费基本医疗保险费失业保险费住房公积金有关个人所得税政策的通知》（财税［2006］10号）	缴付的基本养老保险费、基本医疗保险费和失业保险费，允许在个人应纳税所得额中扣除。单位和个人分别在不超过职工本人上一年度月平均工资12%的幅度内，其实际缴存的住房公积金，允许在个人应纳税所得额中扣除。个人实际领（支）取原提存的基本养老保险金、基本医疗保险金、失业保险金和住房公积金时，免征个人所得税	个人所得税	支持现代农业
68	对住房制度改革期间，职工购房取得的差价收益，免征个人所得税	《财政部 国家税务总局关于单位低价向职工售房有关个人所得税问题的通知》（财税［2007］13号）	根据住房制度改革政策的有关规定，国家机关、企事业单位及其他组织（以下简称单位）在住房制度改革期间，按照所在地县级以上人民政府规定的房改成本价格向职工出售公有住房，职工因支付的房改成本价格低于房屋建造成本价格或市场价格而取得的差价收益，免征个人所得税	个人所得税	支持现代农业
69	对生育妇女取得的生育津贴等各项津贴免征个人所得税	《财政部 国家税务总局关于生育津贴和生育医疗费有关个人所得税政策的通知》（财税［2008］8号）	生育妇女按照县级以上人民政府根据国家有关规定制定的生育保险办法，取得的生育津贴、生育医疗费或其他属于生育保险性质的津贴、补贴免征个人所得税	个人所得税	支持现代农业

续表

序号	优惠政策名称	法律法规名称、文号	优惠政策具体内容	税种	领域
70	对福利费、抚恤金、救济金免征个人所得税	《中华人民共和国个人所得税法》（中华人民共和国主席令第85号）；《实施条例》	下列各项个人所得，免纳个人所得税：福利费、抚恤金、救济金。根据国家有关规定，从企业、事业单位、国家机关、社会团体提留的福利费或者工会经费中支付给个人的生活补助费和国家民政部门支付给个人的生活困难补助费免征个人所得税	个人所得税	支持现代农业
71	对按规定报销的差旅费津贴、误餐补助免征个人所得税	《国家税务总局关于印发〈征收个人所得税若干问题的规定的通知〉》（国税发［1994］89号）	按规定报销的差旅费津贴、误餐补助免征个人所得税	个人所得税	支持现代农业
72	对个人与用人单位解除劳动关系取得的一次性补偿收入免征个人所得税	《财政部 国家税务总局关于个人与用人单位解除劳动关系取得的一次性补偿收入征免个人所得税问题的通知》（财税［2001］157号）	1. 个人因与用人单位解除劳动关系而取得的一次性补偿收入（包括用人单位发放的经济补偿金、生活补助费和其他补助费用），其收入在当地上年职工平均工资3倍数额以内的部分，免征个人所得税；超过的部分按照《国家税务总局关于个人因解除劳动合同取得经济补偿金征收个人所得税问题的通知》（国税发［1999］178号）的有关规定，计算征收个人所得税。	个人所得税	支持现代农业

续表

序号	优惠政策名称	法律法规名称、文号	优惠政策具体内容	税种	领域
72	对个人与用人单位解除劳动关系取得的一次性补偿收入免征个人所得税	《财政部 国家税务总局关于个人与用人单位解除劳动关系取得的一次性补偿收入征免个人所得税问题的通知》(财税［2001］157号)	2. 个人领取一次性补偿收入时按照国家和地方政府规定的比例实际缴纳的住房公积金、医疗保险费、基本养老保险费、失业保险费，可以在计征其一次性补偿收入的个人所得税时予以扣除。 3. 企业依照国家有关法律规定宣告破产，企业职工从该破产企业取得的一次性安置费收入，免征个人所得税	个人所得税	支持现代农业
73	对国有企业职工取得的一次性安置费收入免征个人所得税	《关于个人与用人单位解除劳动关系取得的一次性经济补偿金征收个人所得税政策问题》(财税［2001］157号)、《国家税务总局关于国有企业职工因解除劳动合同取得一次性补偿收入免征个人所得税问题的通知》(国税发［2000］77号)、《关于个人因解除劳动合同取得经济补偿金征收个人所得税问题的通知》(国税发［1999］178号)	对国有企业职工，因企业依照《中华人民共和国企业破产法（试行)》宣告破产，从破产企业取得的一次性安置费收入免征个人所得税	个人所得税	支持现代农业

续表

序号	优惠政策名称	法律法规名称、文号	优惠政策具体内容	税种	领域
74	对个人按《廉租住房保障办法》规定取得的廉租住房货币补贴免征个人所得税	《财政部 国家税务总局关于廉租住房经济适用房和住房租赁有关税收政策的通知》(财税[2008]24号)	对个人按《廉租住房保障办法》规定取得的廉租住房货币补贴免征个人所得税；对于所在单位以廉租住房名义发放的不符合规定的补贴，应征收个人所得税	个人所得税	支持现代农业
75	对个人取得的转增股本数额，不作为个人所得，不征收个人所得税	《国家税务总局关于股份制企业转增股本和派发红股征免个人所得税的通知》(国税发[1997]198号)	股份制企业用资本公积金转增股本不属于股息、红利性质的分配，对个人取得的转增股本数额，不作为个人所得，不征收个人所得税	个人所得税	支持现代农业
76	对外籍个人的特定所得免征个人所得税	《关于个人所得税若干政策问题的通知》(财税字[1994]20号)、《国家税务总局关于外籍个人取得的探亲费免征个人所得税有关执行标准问题的通知》(国税函[2001]336号)	下列所得，暂免征收个人所得税： 1. 外籍个人以非现金形式或实报实销形式取得的住房补贴、伙食补贴、搬迁费、洗衣费。 2. 外籍个人按合理标准取得的境内、外出差补贴。 3. 外籍个人取得的探亲费、语言训练费、子女教育费等，经当地税务机关审核批准为合理的部分	个人所得税	支持现代农业

续表

序号	优惠政策名称	法律法规名称、文号	优惠政策具体内容	税种	领域
77	对福利性、非营利性的老年服务机构免征房产税	《财政部 国家税务总局关于对老年服务机构有关税收政策问题的通知》（财税［2000］97号）	从2000年10月1日起，对政府部门和企事业单位、社会团体以及个人等社会力量投资兴办的福利性、非营利性的老年服务机构，包括老年社会福利院、敬老院、养老院、老年服务中心、老年公寓、老年护理院、康复中心、托老所等，其自用的房产，免征房产税	房产税	支持现代农业
78	对医院等单位免征房产税	《财政部 国家税务总局关于房产税若干具体问题的解释和暂行规定》（财税地字［1986］第8号）	1. 由国家财政部门拨付事业经费的单位自用的房产及企业办的各类学校、医院、托儿所、幼儿园自用的房产，免征房产税； 2. 由国家财政部门拨付事业经费的单位，其经费来源实行自收自支后，从事业单位经费实行自收自支的年度起，免征房产税3年	房产税	支持现代农业
79	对按政府规定价格出租的公有住房和廉租住房免征房产税	《财政部 国家税务总局关于调整住房租赁市场税收政策的通知》（财税［2000］125号）	从2001年1月1日起，对按政府规定价格出租的公有住房和廉租住房，包括企业和自收自支事业单位向职工出租的单位自有住房；房管部门向居民出租的公有住房；落实私房政策中带户发还产权并以政府规定租金标准向居民出租的私有住房等，暂免征房产税	房产税	支持现代农业

续表

序号	优惠政策名称	法律法规名称、文号	优惠政策具体内容	税种	领域
80	对企事业单位、社会团体以及其他组织按市场价格向个人出租用于居住的住房，减按4%征收房产税	《财政部 国家税务总局关于廉租住房经济适用房和住房租赁有关税收政策的通知》（财税［2008］24号）	对企事业单位、社会团体以及其他组织按市场价格向个人出租用于居住的住房，减按4%征收房产税	房产税	支持现代农业
81	对毁损不堪的房屋和危险房屋在停止使用后免征房产税	《财政部 国家税务总局关于房产税若干具体问题的解释和暂行规定》（财税地字［1986］第8号）	经鉴定，对毁损不堪居住的房屋和危险房屋，在停止使用后，免征房产税	房产税	支持现代农业
82	对直接用于农、林、牧、渔业的生产用地免征城镇土地使用税	《中华人民共和国城镇土地使用税暂行条例（2006年修订）》（中华人民共和国国务院令第483号）	下列土地免缴土地使用税：直接用于农、林、牧、渔业的生产用地	城镇土地使用税	支持现代农业
83	对林业系统用地免征城镇土地使用税	《国家税务局关于林业系统征免土地使用税问题的通知》（国税函发［1991］1404号）	对林区的林地、运材道、防火道、防火设施用地，免征土地使用税。林业系统的森林公园、自然保护区，可比照公园免征土地使用税	城镇土地使用税	支持现代农业

续表

序号	优惠政策名称	法律法规名称、文号	优惠政策具体内容	税种	领域
84	对企业符合条件的交通、安全、荒地等用地免征城镇土地使用税	《国家税务局关于印发〈关于土地使用税若干具体问题的补充规定〉的通知》（国税地字［1989］140号）	对企业的铁路专用线、公路用地，在厂区以外与社会用地段未加隔离的，免征土地使用税。对于各类危险品仓库、厂房所需的防火、防爆、防毒等安全防范用地，可由各省、自治区、直辖市税务局确定，暂免征收土地使用税；对企业范围内的荒山、林地、湖泊等占地，尚未利用的，经各省、自治区、直辖市税务局审批，可暂免征收土地使用税；对企业厂区（包括生产、办公及生活区）以内的绿化用地，应照章征收土地使用税，厂区以外的公共绿化用地和向社会开放的公园用地，暂免征收土地使用税	城镇土地使用税	支持现代农业
85	对开山填海整治的土地和改造的废弃土地免征城镇土地使用税5年至10年	《中华人民共和国城镇土地使用税暂行条例（2006年修订）》（中华人民共和国国务院令第483号）	下列土地免缴土地使用税：经批准开山填海整治的土地和改造的废弃土地，从使用的月份起免缴土地使用税5年至10年；由财政部另行规定免税的能源、交通、水利设施用地和其他用地。其他需要定期减免的，由省、自治区、直辖市税务机关审核后，报国家税务局批准	城镇土地使用税	支持现代农业

续表

序号	优惠政策名称	法律法规名称、文号	优惠政策具体内容	税种	领域
86	对福利性、非营利性的老年服务机构免征城镇土地使用税	《财政部 国家税务总局关于对老年服务机构有关税收政策问题的通知》（财税［2000］97号）	从2000年10月1日起，对政府部门和企事业单位、社会团体以及个人等社会力量投资兴办的福利性、非营利性的老年服务机构，暂免征收企业所得税，以及老年服务机构自用房产、土地、车船的房产税、城镇土地使用税、车船使用税	城镇土地使用税	支持现代农业
87	企业办的学校、医院免征城镇土地使用税	《国家税务局关于土地使用税若干具体问题的解释和暂行规定》（国税地字［1988］15号）	1. 企业办的学校、医院，其用地能与企业其他用地明确区分的，可比照财政拨付事业经费的单位自用的土地，免征土地使用税。 2. 集体和个人举办的各类学校、医院用地，其土地使用税的征免，由各省级地税局确定	城镇土地使用税	支持现代农业
88	各类学校、托儿所、幼儿园自用的土地，免征城镇土地使用税	《财政部 国家税务总局关于教育税收政策的通知》（财税［2004］39号）	对国家拨付事业经费和企业办的各类学校、托儿所、幼儿园自用的房产、土地，免征房产税、城镇土地使用税	城镇土地使用税	支持现代农业

续表

序号	优惠政策名称	法律法规名称、文号	优惠政策具体内容	税种	领域
89	对于合作建房，建成后按比例自用的暂免征收土地增值税	《财政部 国家税务总局关于土地增值税一些具体问题规定的通知》（财税字［1995］48号）	对于一方出地，一方出资金，双方合作建房，建成后按比例分房自用的，暂免征收土地增值税；建成后转让的，应征收土地增值税	土地增值税	支持现代农业
90	对房产所有人、土地使用权所有人将房屋产权、土地使用权赠与直系亲属或承担直接赡养义务人或者通过中国境内非营利社会团体、国家机关赠与民政和其他社会福利、公益事业的，不征收土地增值税	《财政部 国家税务总局关于土地增值税一些具体问题规定的通知》（财税字［1995］48号）	房产所有人、土地使用权所有人将房屋产权、土地使用权赠与直系亲属或承担直接赡养义务人的，房产所有人、土地使用权所有人通过中国境内非营利社会团体、国家机关将房屋产权、土地使用权赠与民政和其他社会福利、公益事业的，不征收土地增值税	土地增值税	支持现代农业
91	对提供廉租房、经济适用房房源且增值额未超过20%的免征土地增值税	《财政部 国家税务总局关于廉租住房经济适用房和住房租赁有关税收政策的通知》（财税［2008］24号）	企事业单位、社会团体以及其他组织转让旧房作为廉租住房、经济适用房房源且增值额未超过扣除项目金额20%的，免征土地增值税	土地增值税	支持现代农业

续表

序号	优惠政策名称	法律法规名称、文号	优惠政策具体内容	税种	领域
92	对在企业兼并中被兼并企业将房地产转让到兼并企业中的，暂免征收土地增值税	《财政部 国家税务总局关于土地增值税一些具体问题规定的通知》（财税字［1995］48号）	在企业兼并中，对被兼并企业将房地产转让到兼并企业中的，暂免征收土地增值税	土地增值税	支持现代农业
93	对于以房地产进行投资联营的暂免征收土地增值税	《财政部 国家税务总局关于土地增值税一些具体问题规定的通知》（财税字［1995］48号）、《关于土地增值税若干问题的通知》（财税［2006］21号）	对于以房地产进行投资、联营的，投资、联营的一方以土地（房地产）作价入股进行投资或作为联营条件，将房地产转让到所投资、联营的企业中时，暂免征收土地增值税	土地增值税	支持现代农业
94	对公共租赁住房建设和运营有关税收优惠政策	《财政部 国家税务总局关于支持公共租赁住房建设和运营有关税收优惠政策的通知》（财税［2010］88号）	对企事业单位、社会团体以及其他组织转让旧房作为公租房房源，且增值额未超过扣除项目金额20%的，免征土地增值税	土地增值税	支持现代农业
95	对利用非国家财政性教育经费面向社会举办的教育机构，其承受的土地、房屋权属用于教学的，免征契税	《财政部 国家税务总局关于社会力量办学契税政策问题的通知》（财税［2001］156号）	对县级以上人民政府教育行政主管部门或劳动行政主管部门批准并核发《社会力量办学许可证》，由企业事业组织、社会团体及其他社会组织和公民个人利用非国家财政性教育经费面向社会举办的教育机构承受的土地、房屋权属用于教学的，比照《中华人民共和国契税暂例》第六条第一款的规定，免征契税	契税	支持现代农业

续表

序号	优惠政策名称	法律法规名称、文号	优惠政策具体内容	税种	领域
96	企业改制重组后承受的原企业土地、房屋权属免征契税	《财政部 国家税务总局关于企业改制重组若干契税政策的通知》（财税［2008］175号）	1. 企业公司制改造：非公司制企业，按照《中华人民共和国公司法》的规定，整体改建为有限责任公司（含国有独资公司）或股份有限公司，或者有限责任公司整体改建为股份有限公司的，对改建后的公司承受原企业土地、房屋权属，免征契税。上述所称整体改建是指不改变原企业的投资主体，并承继原企业权利、义务的行为。非公司制国有独资企业或国有独资有限责任公司，以其部分资产与他人组建新公司，且该国有独资企业（公司）在新设公司中所占股份超过50%的，对新设公司承受该国有独资企业（公司）的土地、房屋权属，免征契税。国有控股公司以部分资产投资组建新公司，且该国有控股公司占新公司股份85%以上的，对新公司承受该国有控股公司土地、房屋权属免征契税。上述所称国有控股公司，是指国家出资额占有限责任公司资本总额50%以上，或国有股份占股份有限公司股本总额50%以上的国有控股公司。		

续表

序号	优惠政策名称	法律法规名称、文号	优惠政策具体内容	税种	领域
			2. 企业股权转让：在股权转让中，单位、个人承受企业股权，企业土地、房屋权属不发生转移，不征收契税。 3. 企业合并：两个或两个以上的企业，依据法律规定、合同约定，合并改建为一个企业，且原投资主体存续的，对其合并后的企业承受原合并各方的土地、房屋权属，免征契税。 4. 企业分立：企业依照法律规定、合同约定分设为两个或两个以上投资主体相同的企业，对派生方、新设方承受原企业土地、房屋权属，不征收契税。 5. 企业出售：国有、集体企业出售，被出售企业法人予以注销，并且买受人按照《劳动法》等国家有关法律法规政策妥善安置原企业全部职工，其中与原企业30%以上职工签订服务年限不少于三年的劳动用工合同的，对其承受所购企业的土地、房屋权属，减半征收契税；与原企业全部职工签订服务年限不少于三年的劳动用工合同的，免征契税。		

续表

序号	优惠政策名称	法律法规名称、文号	优惠政策具体内容	税种	领域
			6. 企业注销、破产：企业依照有关法律、法规的规定实施注销、破产后，债权人（包括注销、破产企业职工）承受注销、破产企业土地、房屋权属以抵偿债务的，免征契税；对非债权人承受注销、破产企业土地、房屋权属，凡按照《劳动法》等国家有关法律法规政策妥善安置原企业全部职工，其中与原企业30%以上职工签订服务年限不少于三年的劳动用工合同的，对其承受所购企业的土地、房屋权属，减半征收契税；与原企业全部职工签订服务年限不少于三年的劳动用工合同的，免征契税。 7. 其他：经国务院批准实施债权转股权的企业，对债权转股权后新设立的公司承受原企业的土地、房屋权属，免征契税。政府主管部门对国有资产进行行政性调整和划转过程中发生的土地、房屋权属转移，不征收契税。企业改制重组过程中，同一投资主体内部所属企业之间土地、房屋权属的无偿划转，包括母公司与其全资子公司之间，同一公司所		

续表

序号	优惠政策名称	法律法规名称、文号	优惠政策具体内容	税种	领域
			属全资子公司之间，同一自然人与其设立的个人独资企业、一人有限公司之间土地、房屋权属的无偿划转，不征收契税。 本通知执行期限为2009年1月1日至2011年12月31日	契税	支持现代农业
97	对农林作物，牧业畜类保险合同，免征印花税	《关于对保险公司征收印花税有关问题的通知》（国税地字［1988］37号）	农林作物，牧业畜类保险合同，免征印花税	印花税	支持现代农业
98	对货物运输既书立合同又开立单据的只就合同贴花，单据不再贴花	《关于印花税若干具体问题的规定》（国税地字［1988］25号）	对货物运输等，办理一项业务，既书立合同，又开立单据的，只就合同贴花。所开立的各类单据，不再贴花	印花税	支持现代农业
99	对财产所有人将财产赠给政府、社会福利单位所立收据，免征印花税	《中华人民共和国印花税暂行条例》（国务院令第11号）	财产所有人将财产赠给政府、社会福利单位所立的书据，免征印花税	印花税	支持现代农业

续表

序号	优惠政策名称	法律法规名称、文号	优惠政策具体内容	税种	领域
100	对财产所有人将财产赠给学校免征印花税	《中华人民共和国印花税暂行条例》（国务院令第11号）《财政部 国家税务总局关于教育税收政策的通知》（财税［2004］39号）	财产所有人将财产赠给学校所立的书据，免征印花税	印花税	支持现代农业
101	对书报刊订购凭证免征印花税	《国家税务总局关于图书 报刊等征订凭证征免印花税问题的通知》（国税地字［1989］142号）	书、报、刊发行单位之间，发行单位与订阅单位或个人之间而书立的凭证，免征印花税	印花税	支持现代农业
102	对借款展期合同暂免征收印花税	《关于印花税若干具体问题的解释和规定的通知》（国税发［1991］155号）	对办理借款展期业务使用借款展期合同或其他凭证，按规定仅载明延期还款事项的，可暂免征印花税	印花税	支持现代农业
103	对“拨改贷”贷款合同暂免征收印花税	《关于印花税若干具体问题的解释和规定的通知》（国税发［1991］155号）	对财政部门的拨款改贷款签订的借款合同，凡直接与使用单位签订的，暂免征印花税	印花税	支持现代农业
104	对申购和赎回开放式基金暂免征收印花税	《财政部 国家税务总局关于开放式证券投资基金有关税收问题的通知》（财税［2002］128号）	投资申购和赎回开放式证券投资基金单位，暂不征收印花税	印花税	支持现代农业

续表

序号	优惠政策名称	法律法规名称、文号	优惠政策具体内容	税种	领域
105	对投资者（包括个人和机构）买卖封闭式证券投资基金免征印花税	《财政部 国家税务总局关于对买卖封闭式证券投资基金继续予以免征印花税的通知》（财税［2004］173号）	从2003年1月1日起，继续对投资者（包括个人和机构）买卖封闭式证券投资基金免征印花税	印花税	支持现代农业
106	对股权分置改革过程中因非流通股股东向流通股股东支付对价而发生的股权转让，暂免征收印花税	《财政部 国家税务总局关于股权分置试点改革有关税收政策问题的通知》（财税［2005］103号）	股权分置改革过程中因非流通股股东向流通股股东支付对价而发生的股权转让，暂免征收印花税	印花税	支持现代农业
107	对国有股权无偿转让暂免征收证券交易印花税	《国家税务总局关于上市公司国有股权无偿转让征收证券（股票）交易印花税问题的通知》（国税发［1999］124号）	对国务院和省级人民政府批准进行政企脱钩、对企业进行改组和改变管理体制、变更企业隶属关系，以及国有企业改制、盘活国有资产，而发生的国有股权无偿转让划转行为，暂不征收证券交易印花税；对上市公司国有股权无偿转让，需要免征证券交易印花税的，须由企业提出申请，报国家税务总局审批	印花税	支持现代农业

续表

序号	优惠政策名称	法律法规名称、文号	优惠政策具体内容	税种	领域
108	对于企业改制过程中资金账簿、各类应税合同符合规定的免征印花税	《财政部 国家税务总局关于企业改制过程中有关印花税政策的通知》（财税［2003］183号）	经县级以上人民政府及企业主管部门批准改制的企业，在改制过程中涉及的印花税： 1. 关于资金账簿的印花税：①实行公司制改造的企业在改制过程中成立的新企业（重新办理法人登记的），其新启用的资金账簿记载的资金或因企业建立资本纽带关系而增加的资金，凡原已贴花的部分可不再贴花。②以合并或分立方式成立的新企业新启用的资金账簿记载的资金，凡原已贴花的部分可不再贴花。 2. 关于各类应税合同的印花税：企业改制前签订但尚未履行完的各类应税合同后需要变更执行主体的，对仅改变执行主体，其余条款未作变动且改制前已贴花的，不再贴花。 3. 订立的产权转移书据免予贴花	印花税	支持现代农业
109	对农用车船免征车船税	《中华人民共和国车船税暂行条例》（中华人民共和国国务院令第482号）	下列车船免征车船税： 1. 非机动车船（不包括非机动驳船）； 2. 拖拉机； 3. 捕捞、养殖渔船	车船税	支持现代农业

续表

序号	优惠政策名称	法律法规名称、文号	优惠政策具体内容	税种	领域
110	对城市、农村公共交通车船给予定期减、免车船税	《中华人民共和国车船税暂行条例》（中华人民共和国国务院令第482号）	省、自治区、直辖市人民政府可以根据当地实际情况，对城市、农村公共交通车船给予定期减税、免税	车船税	支持现代农业
111	对农用三轮车免征车辆购置税	《财政部 国家税务总局关于农用三轮车免征车辆购置税的通知》（财税［2004］66号）	自2004年10月1日起对农用三轮车免征车辆购置税。农用三轮车是指：柴油发动机，功率不大于7.4kW，载重量不大于500kg，最高车速不大于40km/h的三个车轮的机动车	车辆购置税	支持现代农业
112	对设有固定装置的非运输车辆免征车辆购置税	《中华人民共和国车辆购置税暂行条例》（中华人民共和国国务院令294号）	对设有固定装置的非运输车辆免税；有国务院规定予以免税或者减税的其他情形的按照规定减税或者免税	车辆购置税	支持现代农业

三、农业税收政策应用与行业发展

随着市场经济体制改革的逐步深化和完善，税收政策导向对经济增长的影响越来越大，利用税收优惠政策促进农业发展责无旁贷。

1. 农业具有公共产品的性质

农业具有良好的外部社会效应性。我国农业是典型的小农生产，和国外农业农场制的生产方式明显不同。国外，尤其是发达国家由于地广人稀、产业化水平高等特点，农业具有明显的商业化生产性质。我国农村人口比例大，土地资源稀缺，农产品商品化率低，土地不仅仅只是生产资料，已成为农业生产者生存保障的基础，因而农业承担了一定的社会职能。长期以来，我国工农业“剪刀差”一直存在，农业始终扮演着为工业和城市集聚资本的角色。因此，我国农业具有相当的公共产品的性质，国家应从税收政策等方面给予优惠和支持。

2. 税收优惠影响农业技术进步

加快农业发展，最根本是要促进农业科学技术的发展。税收优惠政策对农业技术进步具有促进作用，主要表现在以下两个方面：一是利用税收优惠政策支持农业企业研究开发费用供给。为支持农业技术开发工作，可以将企业用于研究开发的支出看作是企业的一种投资，实行“费用扣除”和“所得税抵免”的双重优惠。二是税收优惠政策可以有效地促进企业承担更大的风险。常见的激励企业承担风险的税收措施有：资本性损失可抵免所得税，允许损失转期，降低资本利得税的税率并对投资于科技开发领域的资金给予特殊的税收优惠待遇等。

3. 税收优惠政策影响农业结构调整

中国农村资源短缺，如何将有限的资源，尤其是短缺的资本资源用于农村经济发展的薄弱部门和对经济增长有整体推动作用的主导产业，如何决定向哪些部门投资，哪些项目应当优先发展，政府部门可根据国家产业政策目标，利用税收优惠政策进行引导。税收优惠政策以其主动、灵活、直接、刚性的调节方式，成为政府调节产业结构和优化资源配置的重要手段。一方面对于制约经济发展的瓶颈产业可给予税收优惠政策倾斜，促使其优先发展；另一方面，可根据产业发展规律和经济发展长远目标，选择主导产业和支柱产业，利用税收优惠政策重点扶植，以推动产业结构的升级。从理论上分析，税收调节产业结构的机制有二：一是实行差别税率或通过税率变动来影响相对价格结构，相对价格结构的变动影响投资结构，进而引起产业结构的变化；二是通过税收优惠的激励措施调节税后投资收益，进而影响投资结构和技术状况来达到调节产业结构的目的。以农副食品加工业为例，2010 年至今，该行业税收总额呈下降趋势，获利水平明显上升。如图3－1，图 3－2 所示。

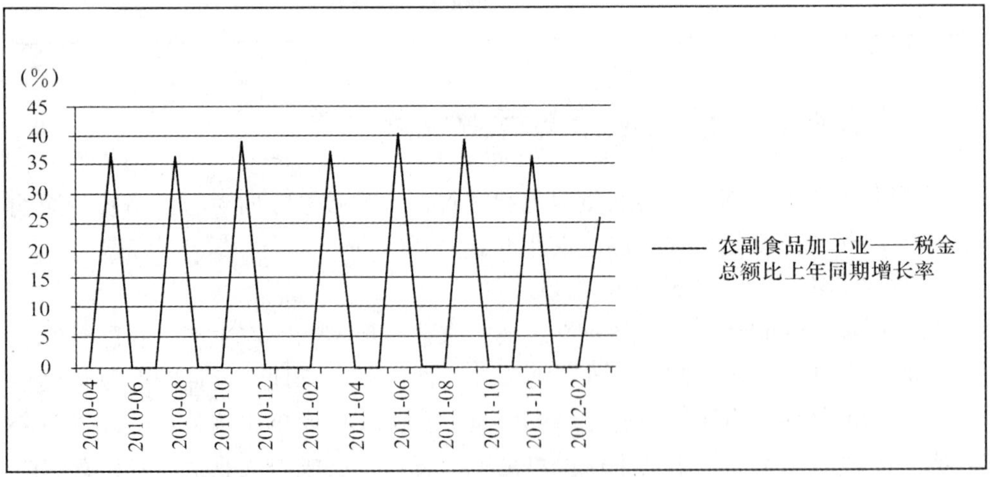

资料来源：中经宏观数据库。

图 3－1 近三年农副食品加工业税金同期增长率

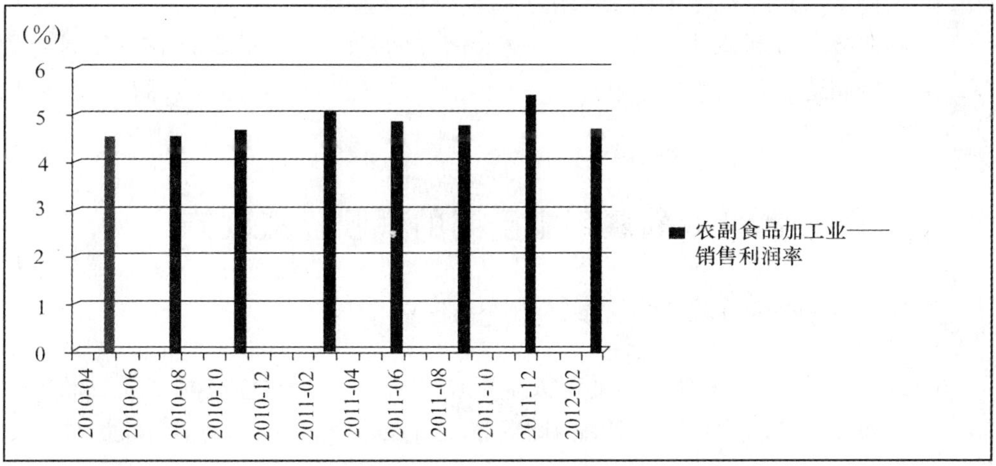

资料来源：中经宏观数据库。

图 3－2　近三年农副食品加工业销售利润率

第二节　先进制造业税收政策应用研究

一、先进制造业

先进制造业是相对于传统制造业而言，指制造业不断吸收电子信息、计算机、机械、材料以及现代管理技术等方面的高新技术成果，并将这些先进制造技术综合应用于制造业产品的研发设计、生产制造、在线检测、营销服务和管理的全过程，实现优质、高效、低耗、清洁、灵活生产，即实现信息化、自动化、智能化、柔性化、生态化生产，取得很好的经济社会和市场效果的制造业总称。

①微电子、计算机、信息、生物、新材料、航空航天、环保等高新技术产业广泛应用先进制造工艺，包括先进常规工艺与装备、精密与超精密加工技术、纳米加工技术、特种加工技术、成形工艺和材料改性等先进制造技术和工艺。

②机械装备工业、汽车工业、造船工业、化工、轻纺等传统产业广泛采用先进制造技术，特别是用信息技术进行改造，给传统制造业带来了重大变革，生产技术不断更新，设计方法、加工工艺、加工装备、测量监控、质量保证和企业经营管理等生产全过程都渗透着高新技术，CAD、NC 和柔性制造技术在制造业中已得到了广泛的应用，使其发生了质的飞跃，产生了一批新的制造技术和制造生产模式。

③在高新技术的带动与冲击下，装备工业走向机电一体化、人机一体化、一机多能、检测集成一体化，出现机器人化机床、虚拟轴车床、高速模块化机床等

新型加工机床，数控机床走向智能化、智能化加工单元。

④制造技术不断向高加工化和高技术化方向发展，给制造业带来深刻的变革，未来的制造业将进入融柔性化、智能化、敏捷化、精益化、全球化和人性化于一体的崭新时代。

二、先进制造业发展可享受到的税收优惠政策

先进制造业发展可享受到的税收优惠政策主要有：

1. 增值税

①自2007年7月1日起，纳税人生产销售和批发、零售滴灌带和滴灌管产品免征增值税。②对生产用于调配用乙醇汽油的变性燃料乙醇增值税实行先征后退，详细内容见表3-2。

2. 消费税

①农用拖拉机、收割机和手扶拖拉机专用轮胎不征收消费税。②从2009年1月1日起，对成品油生产企业在生产成品油过程中，作为燃料、动力及原料消耗掉的自产成品油，免征消费税，详细内容见表3-2。

3. 营业税

①将土地使用权转让给农业生产者用于农业生产的免征营业税。②对单位和个人从事技术转让、技术开发业务和与之相关的技术咨询、技术服务业务收入，经省级税务机关批准，免征营业税，详细内容见表3-2。

4. 关税

①对符合规定条件的国内企业为生产国家支持发展的大型环保和资源综合利用设备、应急柴油发电机组、机场行李自动分拣系统、重型模锻液压机，而确有必要进口部分关键零部件、原材料，免征关税和进口环节增值税。②对承担民口科技重大专项项目（课题）的企业和大专院校、科研院所等事业单位（以下简称项目承担单位）使用中央财政拨款、地方财政资金、单位自筹资金以及其他渠道获得的资金进口项目（课题）所需国内不能生产的关键设备（含软件工具及技术）、零部件、原材料，免征进口关税和进口环节增值税，详细内容见表3-2。

5. 企业所得税

①集成电路设计企业视同软件企业享受有关企业所得税政策。②集成电路生产企业的生产性设备，经主管税务机关核准，其折旧年限可以适当缩短，最短可为3年，详细内容见表3-2。

6. 个人所得税

①省级人民政府、国务院部委和中国人民解放军军以上单位，以及外国组织、国际组织颁布的科学、教育、技术、文化、卫生、体育、环境保护等方面的奖金免征个人所得税。②按照国务院规定发给的政府特殊津贴和国务院规定免纳

个人所得税的补贴、津贴免征个人所得税（中国科学院院士津贴每人每月 200 元；中国科学院资深院士和中国工程院资深院士每人每年 1 万元的资深院士津贴），详细内容见表 3-2。

7. 城市维护建设税

黄金交易所会员单位通过黄金交易所销售标准黄金，未发生实物交割的免征增值税；发生实物交割的，由税务机关按照实际成交价格代开增值税专用发票，并实行增值税即征即退的政策，同时免征城市维护建设税、教育费附加，详细内容见表 3-2。

8. 资源税

①开采原油过程中用于加热、修井的原油等减征或者免征资源税。②纳税人开采或者生产应税产品过程中，因意外事故或者自然灾害等原因遭受重大损失的，由省级人民政府酌情决定减免资源税，详细内容见表 3-2。

9. 房产税

①对企事业单位、社会团体以及其他组织按市场价格向个人出租用于居住的住房，减按 4% 征收房产税。②经鉴定，对毁损不堪居住的房屋和危险房屋，在停止使用后，免征房产税，详细内容见表 3-2。

10. 城镇土地使用税

①对石油、天然气生产建设的下列用地暂免征土地使用税：石油地质勘探、钻井、井下作业、油田地面工程等施工临时用地；各种采油（气）井、注水井、水源井用地等；②对矿山企业的采矿场、排土场、尾矿库、炸药库的安全区、采区运矿及运岩公路、尾矿输送管道及回水系统用地，免征土地使用税；对矿山企业采掘地下矿造成的塌陷地以及荒山占地，在未利用之前，暂免征收土地使用税，详细内容见表 3-2。

11. 土地增值税

①对于一方出地，一方出资金，双方合作建房，建成后按比例分房自用的，暂免征收土地增值税。②房产所有人、土地使用权所有人将房屋产权、土地使用权赠与直系亲属或承担直接赡养义务人的，房产所有人、土地使用权所有人通过中国境内非营利社会团体、国家机关将房屋产权、土地使用权赠与民政和其他社会福利、公益事业的，不征收土地增值税，详细内容见表 3-2。

12. 契税

对县级以上人民政府教育行政主管部门或劳动行政主管部门批准并核发《社会力量办学许可证》，由企业事业组织、社会团体及其他社会组织和公民个人利用非国家财政性教育经费面向社会举办的教育机构承受的土地、房屋权属用于教学的免征契税，详细内容见表 3-2。

13. 印花税

①对货物运输等，办理一项业务，既书立合同，又开立单据的，只就合同贴

花。所开立的各类单据，不再贴花。②财产所有人将财产赠给政府、社会福利单位所立的书据，免征印花税，详细内容见表3-2。

14. 车辆购置税

①自2004年10月1日起对农用三轮车免征车辆购置税。②对设有固定装置的非运输车辆免税，详细内容见表3-2。

表3-2　　先进制造业的税收优惠政策汇总表

序号	优惠政策名称	法律法规名称、文号	优惠政策具体内容	税种	领域
1	对钾肥、复合肥免征进口增值税	《财政部 国家税务总局关于国家计划内安排进口钾肥、复合肥免征进口增值税的通知》（财税［2001］76号）	经国务院批准，从2001年1月1日起，对国家计划内安排进口的钾肥、复合肥，继续执行免征进口环节增值税政策	增值税	支持先进制造业
2	对化肥生产企业生产销售的钾肥实行先征后返	《财政部 国家税务总局关于钾肥增值税有关问题的通知》（财税［2004］197号）	自2004年12月1日起，对化肥生产企业生产销售的钾肥，由免征增值税改为实行先征后返	增值税	支持先进制造业
3	对国内企业生产销售的尿素产品免征增值税	《财政部国家税务总局关于暂免征收尿素产品增值税的通知》（财税［2005］87号）	对国内企业生产销售的尿素产品增值税由先征后返50%调整为暂免征收增值税	增值税	支持先进制造业
4	纳税人生产销售和批发、零售滴灌带和滴灌管产品免征增值税	《财政部 国家税务总局关于免征滴灌带和滴灌管产品增值税的通知》（财税［2007］83号）	自2007年7月1日起，纳税人生产销售和批发、零售滴灌带和滴灌管产品免征增值税	增值税	支持先进制造业

续表

序号	优惠政策名称	法律法规名称、文号	优惠政策具体内容	税种	领域
5	再生水等资源综合利用产品免征增值税	《财政部 国家税务总局关于部分资源综合利用及其他产品增值税政策问题的通知》(财税［2008］156号)	对销售下列自产货物实行免征增值税政策：再生水、以废旧轮胎为全部生产原料生产的胶粉、翻新轮胎、生产原料中掺兑废渣比例不低于30%的特定建材产品	增值税	支持先进制造业
6	对变性燃料乙醇定点生产企业生产用于调配用乙醇汽油的变性燃料乙醇增值税实行先征后退	《财政部 国家税务总局关于变性燃料乙醇定点生产企业有关税收政策问题的通知》(财税［2005］174号)	对生产用于调配用乙醇汽油的变性燃料乙醇增值税实行先征后退	增值税	支持先进制造业
7	对煤层气抽采企业的增值税一般纳税人抽采销售煤层气实行增值税先征后退	《财政部 国家税务总局关于加快煤层气抽采有关税收政策的通知》(财税［2007］16号)	对煤层气抽采企业的增值税一般纳税人抽采销售煤层气实行增值税先征后退政策。先征后退税款由企业专项用于煤层气技术的研究和扩大再生产，不征收企业所得税	增值税	支持先进制造业
8	对直接用于科学研究、科学试验和教学的进口仪器、设备免征增值税	《中华人民共和国增值税暂行条例》(中华人民共和国国务院第538号令)	下列项目免征增值税：直接用于科学研究、科学试验和教学的进口仪器、设备；除前款规定外，增值税的免税、减税项目由国务院规定。任何地区、部门均不得规定免税、减税项目	增值税	支持先进制造业

续表

序号	优惠政策名称	法律法规名称、文号	优惠政策具体内容	税种	领域
9	对安置残疾人的单位实行限额即征即退增值税或减征营业税	《财政部 国家税务总局关于促进残疾人就业税收优惠政策的通知》（财税［2007］92号）	从2007年7月1日起，对安置残疾人的单位，实行由税务机关按单位实际安置残疾人的人数，限额即征即退增值税或减征营业税的办法。实际安置的每位残疾人每年可退还的增值税或减征的营业税的具体限额由县级以上税务机关根据单位所在区县（含县级市、区，下同）适用的经省（含自治区、直辖市、计划单列市，下同）级人民政府批准的最低工资标准的6倍确定，但最高不得超过每人每年3.5万元	增值税	支持先进制造业
10	对外国政府、国际组织无偿援助的进口物资和设备免征增值税	《中华人民共和国增值税暂行条例》（中华人民共和国国务院第538号令）	外国政府、国际组织无偿援助的进口物资和设备免征增值税	增值税	支持先进制造业
11	对外国政府和国际组织无偿援助项目在国内采购的货物免征增值税	《财政部 国家税务总局 外经贸部关于外国政府和国际组织无偿援助项目在华采购物资免征增值税问题的通知》（财税［2002］2号）；《财政部 国家税务总局关于外国政府和国际组织无偿援助项目在华采购物资免征增值税的补充通知》（财税［2005］13号）	自2001年8月1日起，对外国政府和国际组织无偿援助项目在国内采购的货物免征增值税，同时允许销售免税货物的单位，将免税货物的进项税额在其他内销货物的销项税额中抵扣	增值税	支持先进制造业

续表

序号	优惠政策名称	法律法规名称、文号	优惠政策具体内容	税种	领域
12	对来料加工、来件装配和补偿贸易所需进口的设备免征增值税	《中华人民共和国增值税暂行条例》（中华人民共和国国务院令第538号）	下列项目免征增值税：来料加工、来件装配和补偿贸易所需进口的设备	增值税	支持先进制造业
13	对污水处理劳务免征增值税。	《财政部 国家税务总局关于部分资源综合利用及其他产品增值税政策问题的通知》（财税［2008］156号））	对污水处理劳务免征增值税。污水处理是指将污水加工处理后符合GB 18918—2002有关规定的水质标准的业务	增值税	支持先进制造业
14	以工业废气为原料生产的高纯度二氧化碳产品等部分资源综合利用产品增值税即征即退。	《财政部 国家税务总局关于部分资源综合利用及其他产品增值税政策问题的通知》（财税［2008］156号）	对销售下列自产货物实行增值税即征即退的政策：以工业废气为原料生产的高纯度二氧化碳产品、以垃圾为燃料生产的电力或者热力、煤炭开采过程中伴生的舍弃物油母页岩为原料生产的页岩油、以废旧沥青混凝土为原料生产的再生沥青混凝土、采用旋窑法工艺生产并且生产原料中掺兑废渣比例不低于30%的水泥（包括水泥熟料）	增值税	支持先进制造业

续表

序号	优惠政策名称	法律法规名称、文号	优惠政策具体内容	税种	领域
15	部分资源综合利用产品增值税即征即退50%	《财政部 国家税务总局关于部分资源综合利用及其他产品增值税政策问题的通知》（财税［2008］156号）	销售下列自产货物实现的增值税实行即征即退50%的政策：以退役军用发射药为原料生产的涂料硝化棉粉、对燃煤发电厂及各类工业企业产生的烟气、高硫天然气进行脱硫生产的副产品、以废弃酒糟和酿酒底锅水为原料生产的蒸汽、活性炭、白碳黑、乳酸、乳酸钙、沼气；以煤矸石、煤泥、石煤、油母页岩为燃料生产的电力和热力。煤矸石、煤泥、石煤、油母页岩用量占发电燃料的比重不低于60%；利用风力生产的电力；部分新型墙体材料产品	增值税	支持先进制造业
16	黄金生产和经营单位销售黄金和黄金矿砂免征增值税	《财政部 国家税务总局关于黄金税收政策问题的通知》（财税［2002］142号）	①黄金生产和经营单位销售黄金（不包括标准黄金）和黄金矿砂（含伴生金），免征增值税；进口黄金（含标准黄金）和黄金矿砂免征进口环节增值税。②黄金交易所会员单位通过黄金交易所销售标准黄金，未发生实物交割的，免征增值税；发生实物交割的，由税务机关按照实际成交价格代开增值税专用发票，并实行增值税即征即退政策	增值税	支持先进制造业

续表

序号	优惠政策名称	法律法规名称、文号	优惠政策具体内容	税种	领域
17	对进口铂金和国内生产企业自产自销的铂金实行增值税即征即退政策	《财政部 国家税务总局关于铂金及其制品税收政策的通知》(财税［2003］86号)	对中博世金科贸有限责任公司通过上海黄金交易所销售的进口铂金，以上海黄金交易所开具的《上海黄金交易所发票》（结算联）为依据，实行增值税即征即退政策。国内生产企业自产自销的铂金也实行增值税即征即退政策	增值税	支持先进制造业
18	对上海期货交易所会员和客户通过上海期货交易所销售标准黄金免征增值税	《财政部 国家税务总局关于黄金期货交易有关税收政策的通知》（财税［2008］10号）	上海期货交易所会员和客户通过上海期货交易所销售标准黄金，发生实物交割但未出库的，免征增值税；发生实物交割已出库的，由税务机关按照实际交割价格代开增值税专用发票，并实行增值税即征即退政策	增值税	支持先进制造业
19	对科技重大专项进口设备、零部件、原材料免征进口关税和进口环节增值税	《财政部 科技部 国家发展和改革委员会 海关总署 国家税务总局关于科技重大专项进口税收政策的通知》（财关税［2010］28号）	1. 自2010年7月15日起，对承担《国家中长期科学和技术发展规划纲要(2006—2020年)》中民口科技重大专项项目（课题）的企业和大专院校、科研院所等事业单位（以下简称项目承担单位）使用中央财政拨款、地方财政资金、单位自筹资金以及其他渠道获得的资金进口项目（课题）所需国内不能生产的关键设备（含软件工具及技术）、零部件、原材料，免征进口关税和进口环节增值税。	增值税	支持先进制造业

续表

序号	优惠政策名称	法律法规名称、文号	优惠政策具体内容	税种	领域
			2. 项目承担单位在2010年7月15日至2011年12月31日期间进口物资申请享受免税政策的，应在2010年9月1日前向科技重大专项项目牵头组织单位提交申请文件，具体申请程序和要求见《暂行规定》，逾期不予受理。符合条件的项目承担单位自2010年7月15日起享受进口免税政策，可凭牵头组织单位出具的已受理申请的证明文件，向海关申请凭税款担保办理有关进口物资先予放行手续		
20	对符合规定条件的关键零部件、原料免征关税和进口环节增值税	《财政部 工业和信息化部 海关总署 国家税务总局关于调整大型环保及资源综合利用设备等重大技术装备进口税收政策的通知》（财关税［2010］50号）	自2010年6月1日起，对符合规定条件的国内企业为生产国家支持发展的大型环保和资源综合利用设备、应急柴油发电机组、机场行李自动分拣系统、重型模锻液压机而确有必要进口部分关键零部件、原材料，免征关税和进口环节增值税	增值税	支持先进制造业

续表

序号	优惠政策名称	法律法规名称、文号	优惠政策具体内容	税种	领域
21	对进口镍矿砂、钴矿砂、锑矿砂及其精矿中所含的黄金价值部分免征进口环节增值税，非黄金价值部分照章征收进口环节增值税	《海关总署关于进口镍矿砂、钴矿砂、锑矿砂及它们的精矿享受黄金伴生矿税收优惠政策的公告》（海关总署公告［2007］60号）；《关于进口铅矿砂及其精矿享受黄金伴生矿税收优惠政策事宜》（海关总署公告［2007］14号）	自2007年12月1日起，进口镍矿砂、钴矿砂、锑矿砂及其精矿享受黄金伴生矿税收优惠政策，即进口上述货物中所含的黄金价值部分免征进口环节增值税，非黄金价值部分照章征收进口环节增值税。自2007年4月1日起，进口铅矿砂及其精矿享受黄金伴生矿税收优惠政策	增值税	
22	对进口粗铜含金部分免征进口环节增值税	《财政部 国家税务总局关于免征进口粗铜含金部分进口环节增值税的通知》（财关税［2009］60号）	自2009年11月1日起，对进口粗铜（税则号列：EX74020000，货品名称：未精炼铜）中所含的黄金价值部分免征进口环节增值税	增值税	支持先进制造业
23	对农用拖拉机、收割机和手扶拖拉机专用轮胎不征收消费税	国家税务总局公告2010年第16号	农用拖拉机、收割机和手扶拖拉机专用轮胎不属于《中华人民共和国消费税暂行条例》（中华人民共和国国务院令第539号）规定的应征消费税的“汽车轮胎”范围，不征收消费税	消费税	支持先进制造业
24	对绝缘油类产品不征收消费税	《国家税务总局关于绝缘油类产品不征收消费税问题的公告》（国家税务总局公告2010年第12号）	变压器油、导热类油等绝缘油类产品不属于《财政部 国家税务总局关于提高成品油消费税税率的通知》（财税［2008］167号）规定的应征消费税的“润滑油”，不征收消费税	消费税	支持先进制造业

续表

序号	优惠政策名称	法律法规名称、文号	优惠政策具体内容	税种	领域
25	对成品油生产企业生产自用油免征消费税	《财政部 国家税务总局关于对成品油生产企业生产自用油免征消费税的通知》（财税［2010］98号）	从2009年1月1日起，对成品油生产企业在生产成品油过程中，作为燃料、动力及原料消耗掉的自产成品油，免征消费税。对用于其他用途或直接对外销售的成品油照章征收消费税	消费税	支持先进制造业
26	将土地使用权转让给农业生产者用于农业生产，免征营业税	《关于对若干项目免征营业税的通知》（财税字［1994］002号）	将土地使用权转让给农业生产者用于农业生产，免征营业税	营业税	支持先进制造业
27	对单位和个人"四技"收入免征营业税	《财政部 国家税务总局关于贯彻落实〈中共中央、国务院关于加强技术创新，发展高科技，实现产业化的决定〉有关税收问题的通知》（财税字［1999］273号）	对单位和个人从事技术转让、技术开发业务和与之相关的技术咨询、技术服务业务收入，经省级税务机关批准，免征营业税	营业税	支持先进制造业
28	对非营利机构"四技"收入免征营业税	《财政部 国家税务总局关于非营利性科研机构税收政策的通知》（财税［2001］5号）、《国务院办公厅转发科技部等部门关于非营利性科研机构管理的若干意见（试行）的通知》（国办发［2000］78号）	非营利性科研机构从事技术开发、技术转让业务和与之相关的技术咨询、技术服务所得的收入，按有关规定免征营业税和企业所得税	营业税	支持先进制造业

续表

序号	优惠政策名称	法律法规名称、文号	优惠政策具体内容	税种	领域
29	对企业、行政事业单位按房改成本价、标准价出售住房的收入免征营业税	《财政部 国家税务总局关于调整房地产市场若干税收政策的通知》（财税字［1999］210号）	从1999年8月1日起，对企业、行政事业单位按房改成本价、标准价出售住房的收入，免征营业税	营业税	支持先进制造业
30	对符合规定条件的国内企业为生产国家支持发展的大型环保和资源综合利用设备、应急柴油发电机组、机场行李自动分拣系统、重型模锻液压机而确有必要进口部分关键零部件、原材料，免征关税和进口环节增值税	《财政部 工业和信息化部 海关总署 国家税务总局关于调整大型环保及资源综合利用设备等重大技术装备进口税收政策的通知》（财关税［2010］50号）	自2010年6月1日起，对符合规定条件的国内企业为生产国家支持发展的大型环保和资源综合利用设备、应急柴油发电机组、机场行李自动分拣系统、重型模锻液压机（见附件1）而确有必要进口部分关键零部件、原材料（见附件2），免征关税和进口环节增值税	关税	支持先进制造业
31	对承担民口科技重大专项项目（课题）的企业和大专院校、科研院所等事业单位（以下简称项目承担单位）使用中央财政拨款、地方财政资金、单位自筹资金以及其他渠道获得的资	《财政部 科技部 国家发展和改革委 海关总署 国家税务总局关于科技重大专项进口税收政策的通知》（财关税［2010］28号）	自2010年7月15日起，对承担《国家中长期科学和技术发展规划纲要（2006—2020年）》中民口科技重大专项项目（课题）的企业和大专院校、科研院所等事业单位（以下简称项目承担单位）使用中央财政拨款、地方财政资金、单位自筹资金以及其他渠道获得的资金进口项目（课题）所需国内不	关税及进口增值税	支持先进制造业

续表

序号	优惠政策名称	法律法规名称、文号	优惠政策具体内容	税种	领域
	金进口项目（课题）所需国内不能生产的关键设备（含软件工具及技术）、零部件、原材料，免征进口关税和进口环节增值税		能生产的关键设备（含软件工具及技术）、零部件、原材料，免征进口关税和进口环节增值税		
32	对外资研发中心进口科技开发用品免征进口税收，对内外资研发机构采购国产设备全额退还增值税	《财政部 海关总署 国家税务总局关于研发机构采购设备税收政策的通知》（财税［2009］115号）	对外资研发中心进口科技开发用品免征进口税收，对内外资研发机构采购国产设备全额退还增值税	关税	支持先进制造业
33	对国内企业为生产国家支持发展的重大技术装备和产品而确有必要进口的关键零部件及原材料，免征进口关税和进口环节增值税。同时，取消相应整机和成套设备的进口免税政策	《财政部 国家发展和改革委员会 工业和信息化部 海关总署 国家税务总局 国家能源局关于调整重大技术装备进口税收政策的通知》（财关税［2009］55号）	自2009年7月1日起，对国内企业为生产国家支持发展的重大技术装备和产品而确有必要进口的关键零部件及原材料，免征进口关税和进口环节增值税。同时，取消相应整机和成套设备的进口免税政策	关税	支持先进制造业

续表

序号	优惠政策名称	法律法规名称、文号	优惠政策具体内容	税种	领域
34	对国内企业为开发、制造大型全断面隧道掘进机而进口的部分关键零部件所缴纳的进口关税和进口环节增值税实行先征后退	《海关总署关于公布对国内企业为开发、制造大型全断面隧道掘进机而进口的部分关键零部件所缴纳的进口关税和进口环节增值税实行先征后退有关问题的公告》（海关总署公告［2007］54号）	自2007年1月1日起（以海关接受企业申报的日期为准），对国内企业为开发、制造大型全断面隧道掘进机而进口的部分关键零部件所缴纳的进口关税和进口环节增值税实行先征后退	关税	支持先进制造业
35	境内设立的集成电路线宽小于0.8μm的集成电路生产企业进口国内无法生产的自用生产性原材料、消耗品，免征进口关税和进口环节增值税	《财政部 海关总署 国家税务总局信息产业部关于线宽小于0.8μm（含）集成电路企业进口自用生产性原材料消耗品享受税收优惠政策的通知》（财关税［2004］45号）	在中国境内设立的集成电路线宽小于0.8μm的集成电路生产企业进口国内无法生产的自用生产性原材料、消耗品，免征进口关税和进口环节增值税	关税	支持先进制造业
36	对在中国境内设立的投资额超过80亿元或集成电路线宽小于0.25μm的集成电路生产企业进口规定的净化室专用建筑材料、配套系统和集成电路生产设备零、配件，免征关税和进口环节增值税	《财政部关于部分集成电路生产企业进口净化室专用建筑材料等物资税收政策问题的通知》（财税［2002］152号）	自2001年1月1日起，对在中国境内设立的投资额超过80亿元或集成电路线宽小于0.25μm的集成电路生产企业进口本通知附件所列净化室专用建筑材料、配套系统和集成电路生产设备零、配件，免征关税和进口环节增值税	关税	支持先进制造业

续表

序号	优惠政策名称	法律法规名称、文号	优惠政策具体内容	税种	领域
37	对集成电路企业可以视同软件产业享受企业所得税优惠政策	《财政部 国家税务总局关于企业所得税若干优惠政策的通知》（财税［2008］1号）	集成电路设计企业视同软件企业，享受上述软件企业的有关企业所得税政策	企业所得税	支持先进制造业
38	对集成电路生产企业的生产型设备允许缩短其折旧年限，最短可为3年	《财政部 国家税务总局关于企业所得税若干优惠政策的通知》(财税［2008］1号)	集成电路生产企业的生产性设备，经主管税务机关核准，其折旧年限可以适当缩短，最短可为3年	企业所得税	支持先进制造业
39	对符合条件的集成电路生产企业，减按15%的税率征收企业所得税	《财政部 国家税务总局关于企业所得税若干优惠政策的通知》（财税［2008］1号）	投资额超过80亿元人民币或集成电路线宽小于0.25μm的集成电路生产企业，可以减按15%的税率缴纳企业所得税。其中，经营期在15年以上的，从开始获利的年度起，第一年至第五年免征企业所得税，第六年至第十年减半征收企业所得税	企业所得税	支持先进制造业
40	对符合条件的集成电路生产企业，企业所得税“两免三减半”	《财政部 国家税务总局关于企业所得税若干优惠政策的通知》（财税［2008］1号）	对符合条件的集成电路生产企业，减按15%的税率征收企业所得税	企业所得税	支持先进制造业
41	对一个纳税年度内，居民企业技术转让所得不超过500万元的部分免征企业所得税；超过500万元的部分减半征收企业所得税。	《中华人民共和国企业所得税法》（中华人民共和国主席令第63号）、《实施条例》（中华人民共和国国务院令第512号）	一个纳税年度内，居民企业技术转让所得不超过500万元的部分，免征企业所得税；超过500万元的部分，减半征收企业所得税	企业所得税	支持先进制造业

续表

序号	优惠政策名称	法律法规名称、文号	优惠政策具体内容	税种	领域
42	对企业的“三新”研发费用允许加计50%扣除费用或者摊销成本	《中华人民共和国企业所得税法》（中华人民共和国主席令第六十三号）、《实施条例》（中华人民共和国国务院令第512号）	企业为开发新技术、新产品、新工艺发生的研究开发费用，未形成无形资产计入当期损益的，在按照规定据实扣除的基础上，按照研究开发费用的50%加计扣除；形成无形资产的，按照无形资产成本的150%摊销	企业所得税	支持先进制造业
43	对企业的固定资产由于技术进步等原因确需加速折旧的，可以缩短折旧年限或者采取加速折旧的方法	《中华人民共和国企业所得税法》（中华人民共和国主席令第六十三号）、《实施条例》（中华人民共和国国务院令第512号）	企业的固定资产由于技术进步等原因，确需加速折旧的，可以缩短折旧年限或者采取加速折旧的方法	企业所得税	支持先进制造业
44	对符合条件的高新技术企业减按15%的税率征收企业所得税	《中华人民共和国企业所得税法》（中华人民共和国主席令第六十三号）、《实施条例》（中华人民共和国国务院令第512号）	拥有核心自主知识产权，产品属于《国家重点支持的高新技术领域》范围，并且符合高新技术企业认定管理办法的国家需要重点扶持的高新技术企业，减按15%的税率征收企业所得税	企业所得税	支持先进制造业
45	对创业投资企业采取股权投资方式投资于未上市的中小高新技术企业2年以上的，可以按照其投资额的70%在股权持有满2年的当年抵扣该创业投资企业的应纳税所得额	《中华人民共和国企业所得税法》（中华人民共和国主席令第六十三号）、《实施条例》（中华人民共和国国务院令第512号）	创业投资企业采取股权投资方式投资于未上市的中小高新技术企业2年以上的，可以按照其投资额的70%在股权持有满2年的当年抵扣该创业投资企业的应纳税所得额；当年不足抵扣的，可以在以后纳税年度结转抵扣	企业所得税	支持先进制造业

续表

序号	优惠政策名称	法律法规名称、文号	优惠政策具体内容	税种	领域
46	对在国务院确定的国家高新技术产业开发区设立的被认定为高新技术企业的中外合资经营企业给予企业所得税优惠过渡措施	《国务院关于实施企业所得税过渡优惠政策的通知》（国发［2007］39号）、《中华人民共和国外商投资企业和外国企业所得税法实施细则》第七十五条第一款第（六）项	在国务院确定的国家高新技术产业开发区设立的被认定为高新技术企业的中外合资经营企业，经营期在十年以上的，经企业申请，当地税务机关批准，从开始获利的年度起，第一年和第二年免征企业所得税。自2008年1月1日起，原享受企业所得税“两免三减半”“五免五减半”等定期减免税优惠的企业，新税法施行后继续按原税收法律、行政法规及相关文件规定的优惠办法及年限享受至期满为止，但因未获利而尚未享受税收优惠的，其优惠期限从2008年度起计算。享受上述过渡优惠政策的企业，是指2007年3月16日以前经工商等登记管理机关登记设立的企业	企业所得税	支持先进制造业
47	对国家高新技术产业开发区内新创办的高新技术企业，给予企业所得税优惠过渡措施	《国务院关于实施企业所得税过渡优惠政策的通知》（国发[2007]39号）、《国务院关于实施（国家中长期科学和技术发展规划纲要（2006—2020年）若干配套政策的通知）》（国发［2006］6号）	国家高新技术产业开发区内新创办的高新技术企业经严格认定后，自获利年度起两年内免征所得税。自2008年1月1日起，原享受企业所得税“两免三减半”“五免五减半”等定期减免税优惠的企业，新税法施行后继续按原税收	企业所得税	支持先进制造业

续表

序号	优惠政策名称	法律法规名称、文号	优惠政策具体内容	税种	领域
			法律、行政法规及相关文件规定的优惠办法及年限享受至期满为止，但因未获利而尚未享受税收优惠的，其优惠期限从2008年度起计算。享受上述过渡优惠政策的企业，是指2007年3月16日以前经工商等登记管理机关登记设立的企业		
48	对企事业单位购进的符合固定资产和无形资产确认条件的软件，允许缩短其折旧或摊销年限	《财政部 国家税务总局关于企业所得税若干优惠政策的通知》（财税［2008］1号）	企事业单位购进软件，凡符合固定资产或无形资产确认条件的，可以按照固定资产或无形资产进行核算，经主管税务机关核准，其折旧或摊销年限可以适当缩短，最短可为2年	企业所得税	支持先进制造业
49	对原按15%的税率征收企业所得税的外商投资企业和外国企业，自2008年1月1日起，在新税法施行后5年内逐步过渡到法定税率	《国务院关于实施企业所得税过渡优惠政策的通知》（国发［2007］39号），《中华人民共和国外商投资企业和外国企业所得税法》第七条第一款（主席令第四十五号）	设在经济特区的外商投资企业、在经济特区设立机构、场所从事生产、经营的外国企业和设在经济技术开发区的生产性外商投资企业，原来按15%的税率征收企业所得税的企业。自2008年1月1日起，在新税法施行后5年内逐步过渡到法定税率。其中，2008年按18%税率执行，2009年按20%税率执行，2010年按22%税率执行，2011年按24%税率执行，2012年按25%税率执行	企业所得税	支持先进制造业

续表

序号	优惠政策名称	法律法规名称、文号	优惠政策具体内容	税种	领域
50	对原享受企业所得税“两免三减半”“五免五减半”等定期减免税优惠的企业予以过渡优惠	《国务院关于实施企业所得税过渡优惠政策的通知》（国发［2007］39号），《中华人民共和国外商投资企业和外国企业所得税法》第八条第一款	对生产性外商投资企业，经营期在十年以上的，从开始获利的年度起，第一年和第二年免征企业所得税，第三年至第五年减半征收企业所得税，自2008年1月1日起，原享受企业所得税“两免三减半”“五免五减半”等定期减免税优惠的企业，新税法施行后继续按原税收法律、行政法规及相关文件规定的优惠办法及年限享受至期满为止，但因未获利而尚未享受税收优惠的，其优惠期限从2008年度起计算。享受上述过渡优惠政策的企业，是指2007年3月16日以前经工商等登记管理机关登记设立的企业	企业所得税	支持先进制造业
51	对企业的公益性捐赠允许在企业所得税税前扣除	《财政部 国家税务总局关于公益性捐赠税前扣除有关问题的通知》（财税［2008］160号）	企业通过公益性社会团体或者县级以上人民政府及其部门，用于公益事业的捐赠支出，在年度利润总额12%以内的部分，准予在计算应纳税所得额时扣除	企业所得税	支持先进制造业

续表

序号	优惠政策名称	法律法规名称、文号	优惠政策具体内容	税种	领域
52	对企业购置并实际使用符合条件的环境保护、节能节水、安全生产专用设备的，允许按投资额的10%抵免	《中华人民共和国企业所得税法》（中华人民共和国主席令第六十三号）、《实施条例》（中华人民共和国国务院令第512号）	企业购置并实际使用《环境保护专用设备企业所得税优惠目录》《节能节水专用设备企业所得税优惠目录》和《安全生产专用设备企业所得税优惠目录》规定的环境保护、节能节水、安全生产等专用设备的，该专用设备的投资额的10%可以从企业当年的应纳税额中抵免；当年不足抵免的，可以在以后5个纳税年度结转抵免	企业所得税	支持先进制造业
53	对资源综合利用产品取得的收入减按90%计入收入总额	《中华人民共和国企业所得税法》（中华人民共和国主席令第六十三号）、《实施条例》（中华人民共和国国务院令第512号）	企业以《资源综合利用企业所得税优惠目录》规定的资源作为主要原材料，生产国家非限制和禁止并符合国家和行业相关标准的产品取得的收入，减按90%计入收入总额	企业所得税	支持先进制造业
54	对企业从事符合条件的环境保护、节能节水项目取得的收入应纳所得税额实行"三免三减半"	《中华人民共和国企业所得税法》（中华人民共和国主席令第六十三号）、《实施条例》（中华人民共和国国务院令第512号）	企业从事国务院财政、税务主管部门同国务院有关部门制订的环境保护、节能节水项目清单规定的符合条件的环境保护、节能节水项目的所得，自项目取得第一笔生产经营收入所属纳税年度起，第一年至第三年免征企业所得税，第四年至第六年减半征收企业所得税	企业所得税	支持先进制造业

续表

序号	优惠政策名称	法律法规名称、文号	优惠政策具体内容	税种	领域
55	对煤层气抽采企业实行先征后退的增值税，不征收企业所得税	《财政部 国家税务总局关于加快煤层气抽采有关税收政策的通知》（财税［2007］16号）	对煤层气抽采企业的增值税一般纳税人抽采销售煤层气实行增值税先征后退政策。先征后退税款由企业专项用于煤层气技术的研究和扩大再生产，不征收企业所得税	企业所得税	支持先进制造业
56	对独立核算的煤层气抽采企业购进的专用设备，统一采取双倍余额递减法或年数总和法实行加速折旧	《财政部 国家税务总局关于加快煤层气抽采有关税收政策的通知》（财税［2007］16号）	对独立核算的煤层气抽采企业购进的煤层气抽采泵、钻机、煤层气监测装置、煤层气发电机组、钻井、录井、测井等专用设备，统一采取双倍余额递减法或年数总和法实行加速折旧，具体加速折旧方法可以由企业自行决定，但一经确定，以后年度不得随意调整	企业所得税	支持先进制造业
57	对投资者从证券投资基金分配中取得的收入暂不征收企业所得税	《财政部 国家税务总局关于企业所得税若干优惠政策的通知》（财税［2008］1号）	对投资者从证券投资基金分配中取得的收入，暂不征收企业所得税	企业所得税	支持先进制造业
58	对符合条件的小型微利企业减按20%的税率征收企业所得税	《中华人民共和国企业所得税法》（中华人民共和国主席令第六十三号）、《实施条例》（中华人民共和国国务院令第512号）	从事国家非限制和禁止行业，并符合下列条件的小型微利企业减按20%的税率征收企业所得税。 1. 工业企业，年度应纳税所得额不超过30万元，从业人数不超过100人，资产总额不超过3 000万元； 2. 其他企业，年度应纳税所得额不超过30万元，从业人数不超过80人，资产总额不超过1 000万元	企业所得税	支持先进制造业

续表

序号	优惠政策名称	法律法规名称、文号	优惠政策具体内容	税种	领域
59	对企业安置符合条件的残疾人员允许按所支付工资额加计100%扣除	《中华人民共和国企业所得税法》（中华人民共和国主席令第六十三号）、《实施条例》（中华人民共和国国务院令第512号）	企业安置符合《中华人民共和国残疾人保障法》规定范围的残疾人员，在支付给残疾职工工资据实扣除的基础上，按照支付给残疾职工工资的100%加计扣除。企业安置国家鼓励安置的其他就业人员所支付的工资的加计扣除办法，由国务院另行规定	企业所得税	支持先进制造业
60	对企业捐赠住房作为廉租房源的减免企业所得税	《财政部 国家税务总局关于廉租住房经济适用房和住房租赁有关税收政策的通知》（财税［2008］24号）	企事业单位、社会团体以及其他组织于2008年1月1日前捐赠住房作为廉租住房的，按《中华人民共和国企业所得税暂行条例》（国务院令第137号）、《中华人民共和国外商投资企业和外国企业所得税法》有关公益性捐赠政策执行；2008年1月1日后捐赠的，按《中华人民共和国企业所得税法》有关公益性捐赠政策执行	企业所得税	支持先进制造业
61	对企业直接投资于其他企业取得的投资收益免征企业所得税	《中华人民共和国企业所得税法》（中华人民共和国主席令第六十三号）、《实施条例》（中华人民共和国国务院令第512号）	居民企业直接投资于其他居民企业取得的投资收益（不包括连续持有居民企业公开发行并上市流通的股票不足12个月取得的投资收益）免征企业所得税	企业所得税	支持先进制造业

续表

序号	优惠政策名称	法律法规名称、文号	优惠政策具体内容	税种	领域
62	对在中国境内设立机构场所的非居民企业取得的权益性投资免征企业所得税	《中华人民共和国企业所得税法》（中华人民共和国主席令第六十三号）、《实施条例》（中华人民共和国国务院令第512号）	在中国境内设立机构、场所的非居民企业直接投资于居民企业，从居民企业取得与该机构、场所有实际联系的股、息、红利等权益性投资收益（不包括连续持有居民企业公开发行并上市流通的股票不足12个月取得的投资收益）免征企业所得税	企业所得税	支持先进制造业
63	对2008年1月1日外商投资企业形成的累积未分配利润分配时免征企业所得税	《财政部 国家税务总局关于企业所得税若干优惠政策的通知》(财税［2008］1号)	2008年1月1日之前外商投资企业形成的累积未分配利润，在2008年以后分配给外国投资者的，免征企业所得税；2008年及以后年度外商投资企业新增利润分配给外国投资者的，依法缴纳企业所得税	企业所得税	支持先进制造业
64	对国债利息收入免征企业所得税	《中华人民共和国企业所得税法》（中华人民共和国主席令第六十三号）、《实施条例》（中华人民共和国国务院令第512号）	企业持有国务院财政部门发行的国债取得的利息收入免征企业所得税	企业所得税	支持先进制造业

续表

序号	优惠政策名称	法律法规名称、文号	优惠政策具体内容	税种	领域
65	企业重组业务企业所得税优惠政策	《国家税务总局关于发布〈企业重组业务企业所得税管理办法〉的公告》（国家税务总局公告2010年第4号）	企业合并或分立，合并各方企业或分立企业涉及享受《税法》第五十七条规定中就企业整体（即全部生产经营所得）享受的税收优惠过渡政策尚未期满的，仅就存续企业未享受完的税收优惠，按照《通知》第九条的规定执行；注销的被合并或被分立企业未享受完的税收优惠，不再由存续企业承继；合并或分立而新设的企业不得再承继或重新享受上述优惠。合并或分立各方企业按照《税法》的税收优惠规定和税收优惠过渡政策中就企业有关生产经营项目的所得享受的税收优惠承继问题，按照《实施条例》第八十九条规定执行	企业所得税	支持先进制造业
66	企业股权投资损失可在计算企业应纳税所得额时一次性扣除	《国家税务总局关于企业股权投资损失所得税处理问题的公告》（国家税务总局公告2010年第6号）	企业对外进行权益性（以下简称股权）投资所发生的损失，在经确认的损失发生年度，作为企业损失在计算企业应纳税所得额时一次性扣除	企业所得税	支持先进制造业
67	对科学、技术等方面的奖金免征个人所得税	《中华人民共和国个人所得税法》（中华人民共和国主席令第85号）	省级人民政府、国务院部委和中国人民解放军军以上单位，以及外国组织、国际组织颁布的科学、教育、技术、文化、卫生、体育、环境保护等方面的奖金，免征个人所得税按	个人所得税	支持先进制造业

续表

序号	优惠政策名称	法律法规名称、文号	优惠政策具体内容	税种	领域
68	对按照国家统一规定发给的补贴、津贴免征个人所得税	《中华人民共和国个人所得税法》（中华人民共和国主席令第八十五号）、《实施条例》（国税发［1994］1118号）（国发［1998］8号）、（财税字［1998］118号）	照国务院规定发给的政府特殊津贴和国务院规定免纳个人所得税的补贴、津贴免征个人所得税。目前国务院规定免纳个人所得税的补贴、津贴只有： 1. 中国科学院院士津贴每人每月200元； 2. 中国科学院资深院士和中国工程院资深院士每人每年1万元的资深院士津贴	个人所得税	支持先进制造业
69	个人通过非营利性的社会团体和国家机关的公益、救济性捐赠，在缴纳个人所得税前准予全额扣除	《财政部 国家税务总局关于对青少年活动场所、电子游戏厅有关所得税和营业税政策问题的通知》（财税［2000］21号）（财税［2000］30号）（财税［2000］97号）（财税［2001］103号）（财税［2001］9号）	个人通过非营利性的社会团体和国家机关对公益性青少年活动场所（其中包括新建）、红十字事业、福利性、非营利性的老年服务机构、农村义务教育、慈善机构、基金会的公益、救济性捐赠，在缴纳个人所得税前准予全额扣除	个人所得税	支持先进制造业
70	对安家费、退职费、退休工资、离休工资、离休生活补助费免征个人所得税	《中华人民共和国个人所得税法》（中华人民共和国主席令第八十五号）	按照国家统一规定发给干部、职工的安家费、退职费、退休工资、离休工资、离休生活补助费免征个人所得税	个人所得税	支持先进制造业

续表

序号	优惠政策名称	法律法规名称、文号	优惠政策具体内容	税种	领域
71	对高级专家离休退休期间的工资、薪金所得免征个人所得税	《关于个人所得税若干政策问题的通知》（财税字［1994］20号）	对按国发［1983］141号《国务院关于高级专家离休退休若干问题的暂行规定》和国办发［1991］40号《国务院办公厅关于杰出高级专家暂缓离退休审批问题的通知》精神，达到离休、退休年龄，但确因工作需要，适当延长离休退休年龄的高级专家（指享受国家发放的政府特殊津贴的专家、学者），其在延长离休退休期间的工资、薪金所得，视同退休工资、离休工资免征个人所得税	个人所得税	支持先进制造业
72	托儿补助费、独生子女费免征个人所得税。	《国家税务总局关于印发〈征收个人所得税若干问题的规定的通知〉》（国税发［1994］89号）	托儿补助费、独生子女费免征个人所得税	个人所得税	支持先进制造业
73	对缴付和领取基本养老保险费基本医疗保险费失业保险费住房公积金免征个人所得税	《财政部 国家税务总局关于基本养老保险费基本医疗保险费失业保险费住房公积金有关个人所得税政策的通知》（财税［2006］10号）	企事业单位按照国家或省（自治区、直辖市）人民政府规定的缴费比例或办法实际缴付的基本养老保险费、基本医疗保险费和失业保险费，免征个人所得税；个人按照国家或省（自治区、直辖市）人民政府规定的缴费比例或办法实际缴付的基本养老保险费、基本医疗保险费和失业保险费，允许在个人应纳税所得额中扣除。单位	个人所得税	支持先进制造业

续表

序号	优惠政策名称	法律法规名称、文号	优惠政策具体内容	税种	领域
			和个人分别在不超过职工本人上一年度月平均工资12%的幅度内，其实际缴存的住房公积金，允许在个人应纳税所得额中扣除。个人实际领（支）取原提存的基本养老保险金、基本医疗保险金、失业保险金和住房公积金时，免征个人所得税		
74	对住房制度改革期间，职工购房取得的差价收益，免征个人所得税	《财政部 国家税务总局关于单位低价向职工售房有关个人所得税问题的通知》（财税[2007]13号）	根据住房制度改革政策的有关规定，国家机关、企事业单位及其他组织（以下简称单位）在住房制度改革期间，按照所在地县级以上人民政府规定的房改成本价格向职工出售公有住房，职工因支付的房改成本价格低于房屋建造成本价格或市场价格而取得的差价收益，免征个人所得税	个人所得税	支持先进制造业
75	对生育妇女取得的生育津贴等各项津贴免征个人所得税	《财政部 国家税务总局关于生育津贴和生育医疗费有关个人所得税政策的通知》（财税[2008]8号）	生育妇女按照县级以上人民政府根据国家有关规定制定的生育保险办法，取得的生育津贴、生育医疗费或其他属于生育保险性质的津贴、补贴免征个人所得税	个人所得税	支持先进制造业

续表

序号	优惠政策名称	法律法规名称、文号	优惠政策具体内容	税种	领域
76	对福利费、抚恤金、救济金免征个人所得税	《中华人民共和国个人所得税法》（中华人民共和国主席令第85号）；《实施条例》	下列各项个人所得，免纳个人所得税：福利费、抚恤金、救济金。根据国家有关规定，从企业、事业单位、国家机关、社会团体提留的福利费或者工会经费中支付给个人的生活补助费和国家民政部门支付给个人的生活困难补助费免征个人所得税	个人所得税	支持先进制造业
77	对按规定报销的差旅费津贴、误餐补助免征个人所得税	《国家税务总局关于印发〈征收个人所得税若干问题的规定的通知〉》（国税发［1994］89号）	按规定报销的差旅费津贴、误餐补助免征个人所得税	个人所得税	支持先进制造业
78	对个人与用人单位解除劳动关系取得的一次性补偿收入免征个人所得税	《财政部 国家税务总局关于个人与用人单位解除劳动关系取得的一次性补偿收入征免个人所得税问题的通知》（财税［2001］157号）	1. 个人因与用人单位解除劳动关系而取得的一次性补偿收入（包括用人单位发放的经济补偿金、生活补助费和其他补助费用），其收入在当地上年职工平均工资3倍数额以内的部分，免征个人所得税；超过的部分按照《国家税务总局关于个人因解除劳动合同取得经济补偿金征收个人所得税问题的通知》（国税发［1999］178号）的有关规定，计算征收个人所得税。 2. 个人领取一次性补偿收入时按照国家和地方政府规定的比例实际缴纳	个人所得税	支持先进制造业

续表

序号	优惠政策名称	法律法规名称、文号	优惠政策具体内容	税种	领域
			的住房公积金、医疗保险费、基本养老保险费、失业保险费，可以在计征其一次性补偿收入的个人所得税时予以扣除。 3. 企业依照国家有关法律规定宣告破产，企业职工从该破产企业取得的一次性安置费收入，免征个人所得税		
79	对国有企业职工取得的一次性安置费收入免征个人所得税	《关于个人与用人单位解除劳动关系取得的一次性经济补偿金征收个人所得税政策问题》（财税［2001］157 号）、《国家税务总局关于国有企业职工因解除劳动合同取得一次性补偿收入免征个人所得税问题的通知》（国税发［2000］77 号）、《关于个人因解除劳动合同取得经济补偿金征收个人所得税问题的通知》（国税发［1999］178 号）	对国有企业职工，因企业依照《中华人民共和国企业破产法（试行）》宣告破产，从破产企业取得的一次性安置费收入免征个人所得税	个人所得税	支持先进制造业
80	对个人按《廉租住房保障办法》规定取得的廉租住房货币补贴免征个人所得税	《财政部 国家税务总局关于廉租住房经济适用房和住房租赁有关税收政策的通知》（财税［2008］24 号）	对个人按《廉租住房保障办法》规定取得的廉租住房货币补贴免征个人所得税；对于所在单位以廉租住房名义发放的不符合规定的补贴，应征收个人所得税	个人所得税	支持先进制造业

续表

序号	优惠政策名称	法律法规名称、文号	优惠政策具体内容	税种	领域
81	对个人取得的转增股本数额，不作为个人所得，不征收个人所得税	《国家税务总局关于股份制企业转增股本和派发红股征免个人所得税的通知》（国税发［1997］198号）	股份制企业用资本公积金转增股本不属于股息、红利性质的分配，对个人取得的转增股本数额，不作为个人所得，不征收个人所得税	个人所得税	支持先进制造业
82	对外籍个人的特定所得免征个人所得税	《关于个人所得税若干政策问题的通知》（财税字［1994］20号）、《国家税务总局关于外籍个人取得的探亲费免征个人所得税有关执行标准问题的通知》（国税函［2001］336号）	下列所得，暂免征收个人所得税： 1. 外籍个人以非现金形式或实报实销形式取得的住房补贴、伙食补贴、搬迁费、洗衣费。 2. 外籍个人按合理标准取得的境内、外出差补贴。 3. 外籍个人取得的探亲费、语言训练费、子女教育费等，经当地税务机关审核批准为合理的部分	个人所得税	支持先进制造业
83	黄金交易所会员单位通过黄金交易所销售标准黄金免征城市维护建设税	《财政部 国家税务总局关于黄金税收政策问题的通知》（财税［2002］142号）	黄金交易所会员单位通过黄金交易所销售标准黄金（持有黄金交易所开具的《黄金交易结算凭证》），未发生实物交割的，免征增值税；发生实物交割的，由税务机关按照实际成交价格代开增值税专用发票，并实行增值税即征即退的政策，同时免征城市维护建设税、教育费附加	城市维护建设税	支持先进制造业

续表

序号	优惠政策名称	法律法规名称、文号	优惠政策具体内容	税种	领域
84	开采原油过程中用于加热、修井的原油，免征资源税	《中华人民共和国资源税暂行条例》（国务院令第139号）	有下列情形之一的，减征或者免征资源税： 1. 开采原油过程中用于加热、修井的原油免税	资源税	支持先进制造业
85	意外事故或者自然灾害等原因遭受重大损失的，可以减免资源税	《中华人民共和国资源税暂行条例》（国务院令第139号）	有下列情形之一的，减征或者免征资源税： 1. 纳税人开采或者生产应税产品过程中，因意外事故或者自然灾害等原因遭受重大损失的，由省、自治区、直辖市人民政府酌情决定减税或者免税。 2. 国务院规定的其他减税、免税项目	资源税	支持先进制造业
86	对冶金矿山铁矿石资源税减按60%征税	《财政部 国家税务总局关于调整铂矿石等品目资源税政策的通知》（财税［2005］168号）	调整对冶金矿山铁矿石资源税减征政策，暂按规定税额标准的60%征收	资源税	支持先进制造业
87	对尾矿再利用的，不再计征资源税	《财政部 国家税务总局关于调整岩金矿资源税有关政策的通知》（财税［2006］69号）	原矿已缴纳过资源税，选冶后形成的尾矿进行再利用的，只要纳税人能够在统计、核算上清楚地反映，并在堆放等具体操作上能够同应税原矿明确区隔开，不再计征资源税	资源税	支持先进制造业
88	对地面抽采煤层气暂不征收资源税	《财政部 国家税务总局关于加快煤层气抽采有关税收政策的通知》（财税［2007］16号）	对地面抽采煤层气暂不征收资源税	资源税	支持先进制造业

续表

序号	优惠政策名称	法律法规名称、文号	优惠政策具体内容	税种	领域
89	对福利性、非营利性的老年服务机构免征房产税	《财政部 国家税务总局关于对老年服务机构有关税收政策问题的通知》（财税［2000］97号）	从2000年10月1日起，对政府部门和企事业单位、社会团体以及个人等社会力量投资兴办的福利性、非营利性的老年服务机构，包括老年社会福利院、敬老院、养老院、老年服务中心、老年公寓、老年护理院、康复中心、托老所等，其自用的房产，免征房产税	房产税	支持先进制造业
90	对医院等单位免征房产税	《财政部 国家税务总局关于房产税若干具体问题的解释和暂行规定》（财税地字［1986］第8号）	1. 由国家财政部门拨付事业经费的单位自用的房产及企业办的各类学校、医院、托儿所、幼儿园自用的房产，免征房产税； 2. 由国家财政部门拨付事业经费的单位，其经费来源实行自收自支后，从事业单位经费实行自收自支的年度起，免征房产税3年	房产税	支持先进制造业
91	对按政府规定价格出租的公有住房和廉租住房免征房产税	《财政部 国家税务总局关于调整住房租赁市场税收政策的通知》（财税［2000］125号）	从2001年1月1日起，对按政府规定价格出租的公有住房和廉租住房，包括企业和自收自支事业单位向职工出租的单位自有住房；房管部门向居民出租的公有住房；落实私房政策中带户发还产权并以政府规定租金标准向居民出租的私有住房等，暂免征房产税	房产税	支持先进制造业

续表

序号	优惠政策名称	法律法规名称、文号	优惠政策具体内容	税种	领域
92	对企事业单位、社会团体以及其他组织按市场价格向个人出租用于居住的住房，减按4%征收房产税	《财政部 国家税务总局关于廉租住房经济适用房和住房租赁有关税收政策的通知》（财税［2008］24号）	对企事业单位、社会团体以及其他组织按市场价格向个人出租用于居住的住房，减按4%征收房产税	房产税	支持先进制造业
93	对毁损不堪的房屋和危险房屋在停止使用后免征房产税	《财政部 国家税务总局关于房产税若干具体问题的解释和暂行规定》（财税地字［1986］第8号）	经鉴定，对毁损不堪居住的房屋和危险房屋，在停止使用后，免征房产税	房产税	支持先进制造业
94	对石油、天然气生产建设的用地免征城镇土地使用税	《国家税务局关于对中国石油天然气总公司所属单位用地征免土地使用税问题的规定》（国税地字［1989］88号）	一、对石油、天然气生产建设的下列用地，暂免征土地使用税： 1. 石油地质勘探、钻井、井下作业、油田地面工程等施工临时用地； 2. 各种采油（气）井、注水井、水源井用地； 3. 油田内办公、生活区以外的公路、铁路专用线及输油（气、水）管道用地； 4. 石油长输管道用地； 5. 通信、输变电线路用地。 对工矿区内的下列油、气生产、生活用地，暂免征土地使用税： 1. 与各种采油（气）井相配套的场面设施用地，包括油气采集、计量、接转、储运、装卸、综合处理等各种站的用地；	城镇土地使用税	支持先进制造业

续表

序号	优惠政策名称	法律法规名称、文号	优惠政策具体内容	税种	领域
			二、与注水油（气）井相配套的地面设施用地，包括配水、取水、转水及供气、配气、压气、气举等各种站的用地； 三、供（配）电、供排水、消防、防洪排涝、防风、防沙等设施用地； 四、职工家属居住的简易房屋等用地		
95	对矿山企业免征城镇土地使用税	《国家税务局关于对矿山企业征免土地使用税问题的通知》（国税地字［1989］122号）	对矿山企业的采矿场、排土场、尾矿库、炸药库的安全区、采区运矿及运岩公路、尾矿输送管道及回水系统用地，免征土地使用税；对矿山企业采掘地下矿造成的塌陷地以及荒山占地，在未利用之前，暂免征收土地使用税	城镇土地使用税	支持先进制造业
96	对企业符合条件的交通、安全、荒地等用地免征城镇土地使用税	《国家税务局关于印发〈关于土地使用税若干具体问题的补充规定〉的通知》（国税地字［1989］140号）	对企业的铁路专用线、公路用地，在厂区以外与社会用地段未加隔离的，免征土地使用税。对于各类危险品仓库、厂房所需的防火、防爆、防毒等安全防范用地，可由各省、自治区、直辖市税务局确定，暂免征收土地使用税；对企业范围内的荒山、林地、湖泊等占地，尚未利用的，经各省、自治区、直辖市税务局审批，可暂免征收土地使用税；对	城镇土地使用税	支持先进制造业

续表

序号	优惠政策名称	法律法规名称、文号	优惠政策具体内容	税种	领域
			企业厂区（包括生产、办公及生活区）以内的绿化用地，应照章征收土地使用税，厂区以外的公共绿化用地和向社会开放的公园用地，暂免征收土地使用税		
97	对开山填海整治的土地和改造的废弃土地免征城镇土地使用税5年至10年	《中华人民共和国城镇土地使用税暂行条例（2006年修订）》（中华人民共和国国务院令第483号）	下列土地免缴土地使用税：经批准开山填海整治的土地和改造的废弃土地，从使用的月份起免缴土地使用税5年至10年；由财政部另行规定免税的能源、交通、水利设施用地和其他用地。其他需要定期减免的，由省、自治区、直辖市税务机关审核后，报国家税务局批准	城镇土地使用税	支持先进制造业
98	对福利性、非营利性的老年服务机构免征城镇土地使用税	《财政部 国家税务总局关于对老年服务机构有关税收政策问题的通知》（财税［2000］97号）	从2000年10月1日起，对政府部门和企事业单位、社会团体以及个人等社会力量投资兴办的福利性、非营利性的老年服务机构，暂免征收企业所得税，以及老年服务机构自用房产、土地、车船的房产税、城镇土地使用税、车船使用税	城镇土地使用税	支持先进制造业

续表

序号	优惠政策名称	法律法规名称、文号	优惠政策具体内容	税种	领域
99	企业办的学校、医院免征城镇土地使用税	《国家税务局关于土地使用税若干具体问题的解释和暂行规定》（国税地字［1988］15号）	①企业办的学校、医院，其用地能与企业其他用地明确区分的，可比照财政拨付事业经费的单位自用的土地，免征土地使用税。②集体和个人举办的各类学校、医院用地，其土地使用税的征免，由各省级地税局确定	城镇土地使用税	支持先进制造业
100	各类学校、托儿所、幼儿园自用的土地，免征城镇土地使用税	《财政部 国家税务总局关于教育税收政策的通知（财税［2004］39号）	对国家拨付事业经费和企业办的各类学校、托儿所、幼儿园自用的房产、土地，免征房产税、城镇土地使用税	城镇土地使用税	支持先进制造业
101	对于合作建房，建成后按比例自用的暂免征收土地增值税	《财政部 国家税务总局关于土地增值税一些具体问题规定的通知》（财税字［1995］48号）	对于一方出地，一方出资金，双方合作建房，建成后按比例分房自用的，暂免征收土地增值税；建成后转让的，应征收土地增值税	土地增值税	支持先进制造业
102	对房产所有人、土地使用权所有人将房屋产权、土地使用权赠与直系亲属或承担直接赡养义务人或者通过中国境内非营利社会团体、国家机关赠与民政和其他社会福利、公益事业的，不征收土地增值税	《财政部 国家税务总局关于土地增值税一些具体问题规定的通知》（财税字［1995］48号）	房产所有人、土地使用权所有人将房屋产权、土地使用权赠与直系亲属或承担直接赡养义务人的，房产所有人、土地使用权所有人通过中国境内非营利社会团体、国家机关将房屋产权、土地使用权赠与民政和其他社会福利、公益事业的，不征收土地增值税	土地增值税	支持先进制造业

续表

序号	优惠政策名称	法律法规名称、文号	优惠政策具体内容	税种	领域
103	对提供廉租房、经济适用房房源且增值额未超过20%的免征土地增值税	《财政部 国家税务总局关于廉租住房经济适用房和住房租赁有关税收政策的通知》（财税［2008］24号）	企事业单位、社会团体以及其他组织转让旧房作为廉租住房、经济适用房房源且增值额未超过扣除项目金额20%的，免征土地增值税	土地增值税	支持先进制造业
104	对在企业兼并中被兼并企业将房地产转让到兼并企业中的，暂免征收土地增值税	《财政部 国家税务总局关于土地增值税一些具体问题规定的通知》（财税字［1995］48号）	在企业兼并中，对被兼并企业将房地产转让到兼并企业中的，暂免征收土地增值税	土地增值税	支持先进制造业
105	对于以房地产进行投资联营的暂免征收土地增值税	《财政部 国家税务总局关于土地增值税一些具体问题规定的通知》（财税字［1995］48号）、《关于土地增值税若干问题的通知》（财税［2006］21号）	对于以房地产进行投资、联营的，投资、联营的一方以土地（房地产）作价入股进行投资或作为联营条件，将房地产转让到所投资、联营的企业中时，暂免征收土地增值税	土地增值税	支持先进制造业
106	对公共租赁住房建设和运营有关税收优惠政策	《财政部 国家税务总局关于支持公共租赁住房建设和运营有关税收优惠政策的通知》（财税［2010］88号）	对企事业单位、社会团体以及其他组织转让旧房作为公租房房源，且增值额未超过扣除项目金额20%的，免征土地增值税	土地增值税	支持先进制造业

续表

序号	优惠政策名称	法律法规名称、文号	优惠政策具体内容	税种	领域
107	对利用非国家财政性教育经费面向社会举办的教育机构，其承受的土地、房屋权属用于教学的，免征契税	《财政部 国家税务总局关于社会力量办学契税政策问题的通知》(财税［2001］156号)	对县级以上人民政府教育行政主管部门或劳动行政主管部门批准并核发《社会力量办学许可证》，由企业事业组织、社会团体及其他社会组织和公民个人利用非国家财政性教育经费面向社会举办的教育机构承受的土地、房屋权属用于教学的，比照《中华人民共和国契税暂例》第六条第一款的规定，免征契税	契税	支持先进制造业
108	对企业改制重组后承受的原企业土地、房屋权，免征契税	《财政部 国家税务总局关于企业改制重组若干契税政策的通知》(财税［2008］175号)	①企业公司制改造：非公司制企业，按照《中华人民共和国公司法》的规定，整体改建为有限责任公司（含国有独资公司）或股份有限公司，或者有限责任公司整体改建为股份有限公司的，对改建后的公司承受原企业土地、房屋权属，免征契税。上述所称整体改建，是指不改变原企业的投资主体，并承继原企业权利、义务的行为。非公司制国有独资企业或国有独资有限责任公司，以其部分资产与他人组建新公司，且该国有独资企业（公司）在新设公司中所占股份超过50%的，对新设公司承受	契税	支持先进制造业

续表

序号	优惠政策名称	法律法规名称、文号	优惠政策具体内容	税种	领域
			该国有独资企业（公司）的土地、房屋权属，免征契税。国有控股公司以部分资产投资组建新公司，且该国有控股公司占新公司股份85%以上的，对新公司承受该国有控股公司土地、房屋权属免征契税。上述所称国有控股公司，是指国家出资额占有限责任公司资本总额50%以上，或国有股份占股份有限公司股本总额50%以上的国有控股公司。 ②企业股权转让：在股权转让中，单位、个人承受企业股权，企业土地、房屋权属不发生转移，不征收契税。 ③企业合并：两个或两个以上的企业，依据法律规定、合同约定，合并改建为一个企业，且原投资主体存续的，对其合并后的企业承受原合并各方的土地、房屋权属，免征契税。 ④企业分立：企业依照法律规定、合同约定分设为两个或两个以上投资主体相同的企业，对派生方、新设方承受原企业土地、房屋权属，不征收契税。		

续表

序号	优惠政策名称	法律法规名称、文号	优惠政策具体内容	税种	领域
			⑤企业出售：国有、集体企业出售，被出售企业法人予以注销，并且买受人按照《中华人民共和国劳动法》等国家有关法律法规政策妥善安置原企业全部职工，其中与原企业 30% 以上职工签订服务年限不少于三年的劳动用工合同的，对其承受所购企业的土地、房屋权属，减半征收契税；与原企业全部职工签订服务年限不少于三年的劳动用工合同的，免征契税。 ⑥企业注销、破产：企业依照有关法律、法规的规定实施注销、破产后，债权人（包括注销、破产企业职工）承受注销、破产企业土地、房屋权属以抵偿债务的，免征契税；对非债权人承受注销、破产企业土地、房屋权属，凡按照《中华人民共和国劳动法》等国家有关法律法规政策妥善安置原企业全部职工，其中与原企业 30% 以上职工签订服务年限不少于三年的劳动用工合同的，对其承受所购企业的土地、房屋权属，减半征收契税；与原企业全部职工签订服务年限不少于三年的劳动用工合同的，免征契税。		

续表

序号	优惠政策名称	法律法规名称、文号	优惠政策具体内容	税种	领域
			⑦其他：经国务院批准实施债权转股权的企业，对债权转股权后新设立的公司承受原企业的土地、房屋权属，免征契税。政府主管部门对国有资产进行行政性调整和划转过程中发生的土地、房屋权属转移，不征收契税。企业改制重组过程中，同一投资主体内部所属企业之间土地、房屋权属的无偿划转，包括母公司与其全资子公司之间，同一公司所属全资子公司之间，同一自然人与其设立的个人独资企业、一人有限公司之间土地、房屋权属的无偿划转，不征收契税。 本通知执行期限为2009年1月1日至2011年12月31日		
109	对货物运输既书立合同又开立单据的只就合同贴花，单据不再贴花	《关于印花税若干具体问题的规定》（国税地字［1988］25号）	对货物运输等，办理一项业务，既书立合同，又开立单据的，只就合同贴花。所开立的各类单据，不再贴花	印花税	支持先进制造业
110	对财产所有人将财产赠给政府、社会福利单位所立书据，免征印花税	《中华人民共和国印花税暂行条例》（国务院令第11号）	财产所有人将财产赠给政府、社会福利单位所立的书据，免征印花税	印花税	支持先进制造业

续表

序号	优惠政策名称	法律法规名称、文号	优惠政策具体内容	税种	领域
111	对财产所有人将财产赠给学校免征印花税	《中华人民共和国印花税暂行条例》（国务院令第 11 号）《财政部 国家税务总局关于教育税收政策的通知》（财税［2004］39 号）	财产所有人将财产赠给学校所立的书据，免征印花税	印花税	支持先进制造业
112	对书报刊订购凭证免征印花税	《国家税务总局关于图书 报刊等征订凭证征免印花税问题的通知》（国税地字［1989］142 号）	书、报、刊发行单位之间，发行单位与订阅单位或个人之间而书立的凭证，免征印花税	印花税	支持先进制造业
113	对借款展期合同暂免征收印花税	《关于印花税若干具体问题的解释和规定的通知》（国税发［1991］155 号）	对办理借款展期业务使用借款展期合同或其他凭证，按规定仅载明延期还款事项的，可暂免征印花税	印花税	支持先进制造业
114	对“拨改贷”贷款合同暂免征收印花税	《关于印花税若干具体问题的解释和规定的通知》（国税发［1991］155 号）	对财政部门的拨款改贷款签订的借款合同，凡直接与使用单位签订的，暂免征印花税	印花税	支持先进制造业
115	对申购和赎回开放式基金暂免征收印花税	《财政部 国家税务总局关于开放式证券投资基金有关税收问题的通知》（财税［2002］128 号）	投资申购和赎回开放式证券投资基金单位，暂不征收印花税	印花税	支持先进制造业
116	对投资者（包括个人和机构）买卖封闭式证券投资基金免征印花税	《财政部 国家税务总局关于对买卖封闭式证券投资基金继续予以免征印花税的通知》（财税［2004］173 号）	从 2003 年 1 月 1 日起，继续对投资者（包括个人和机构）买卖封闭式证券投资基金免征印花税	印花税	支持先进制造业

续表

序号	优惠政策名称	法律法规名称、文号	优惠政策具体内容	税种	领域
117	对股权分置改革过程中因非流通股股东向流通股股东支付对价而发生的股权转让，暂免征收印花税	《财政部 国家税务总局关于股权分置试点改革有关税收政策问题的通知》（财税［2005］103号）	股权分置改革过程中因非流通股股东向流通股股东支付对价而发生的股权转让，暂免征收印花税	印花税	支持先进制造业
118	对国有股权无偿转让暂免征收证券交易印花税	《国家税务总局关于上市公司国有股权无偿转让征收证券（股票）交易印花税问题的通知》（国税发［1999］124号）	对国务院和省级人民政府批准进行政企脱钩、对企业进行改组和改变管理体制、变更企业隶属关系，以及国有企业改制、盘活国有资产，而发生的国有股权无偿转让划转行为，暂不征收证券交易印花税；对上市公司国有股权无偿转让，需要免征证券交易印花税的，须由企业提出申请，报国家税务总局审批	印花税	支持先进制造业
119	对于企业改制过程中资金账簿、各类应税合同符合规定的免征印花税	《财政部 国家税务总局关于企业改制过程中有关印花税政策的通知》（财税［2003］183号）	经县级以上人民政府及企业主管部门批准改制的企业，在改制过程中涉及的印花税： 一、关于资金账簿的印花税： 1. 实行公司制改造的企业在改制过程中成立的新企业（重新办理法人登记的），其新启用的资金账簿记载的资金或因企业建立资本纽带关系而增加的资金，凡原已贴花的部分可不再贴花。 2. 以合并或分立方式成立的新企业新启用的	印花税	支持先进制造业

续表

序号	优惠政策名称	法律法规名称、文号	优惠政策具体内容	税种	领域
			资金账簿记载的资金，凡原已贴花的部分可不再贴花。 二、关于各类应税合同的印花税企业改制前签订但尚未履行完的各类应税合同后需要变更执行主体的，对仅改变执行主体、其余条款未作变动且改制前已贴花的，不再贴花。 三、订立的产权转移书据免予贴花		
120	对农用三轮车免征车辆购置税	《财政部 国家税务总局关于农用三轮车免征车辆购置税的通知》（财税［2004］66号）	自2004年10月1日起对农用三轮车免征车辆购置税。农用三轮车是指：柴油发动机，功率不大于7.4kW，载重量不大于500kg，最高车速不大于40km/h的三车轮机动车。	车辆购置税	支持先进制造业
121	对设有固定装置的非运输车辆免征车辆购置税	《中华人民共和国车辆购置税暂行条例》（国务院令第294号）	对设有固定装置的非运输车辆免税；有国务院规定予以免税或者减税的其他情形的按照规定减税或者免税	车辆购置税	支持先进制造业

三、先进制造业税收政策与行业发展

先进制造技术的主要特点是系统与集成。与传统制造技术相比，它具有四方面特点：

（1）先进制造技术的基础是优质、高效、低耗、无污染或少污染工艺，并在此基础上实现优化及与新技术的结合，形成新的工艺与技术。

（2）传统制造技术一般单指加工制造过程的工艺办法，而先进制造技术覆盖了从产品设计、加工制造到产品销售、使用、维修整个过程。

（3）传统制造技术一般只能驾驭生产过程中的物质流和能量流，随着信息技术的列入，使先进制造技术成为能驾驭生产过程中的物质流、能量流和信息流的系统工程。

（4）传统制造技术的学科、专业单一，界限分明，而先进制造技术的各专业、学科、技术之间的不断交叉、融合，形成了综合、集成的新技术。

以生化制品制造业为例，2010 年至今，该行业税收总额呈下降趋势，获利水平明显上升。如图 3－3，图 3－4 所示。

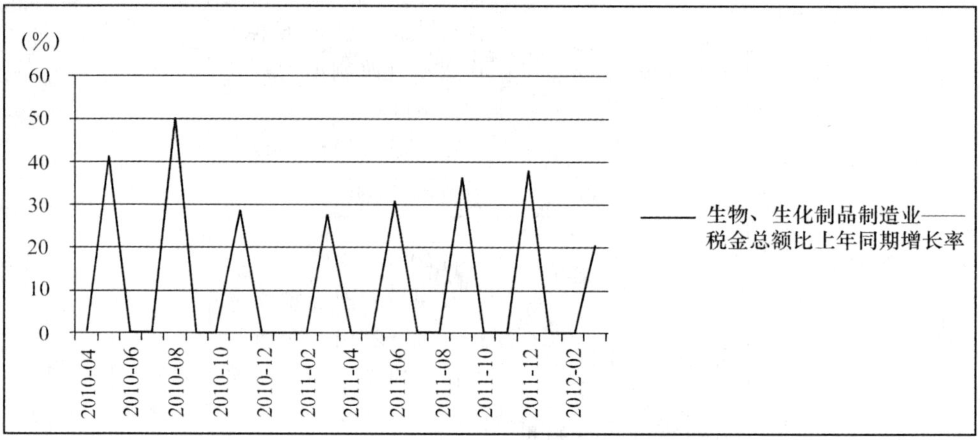

资料来源：中经宏观数据库。

图 3－3　近三年生物、生化制品制造业税金同期增长率

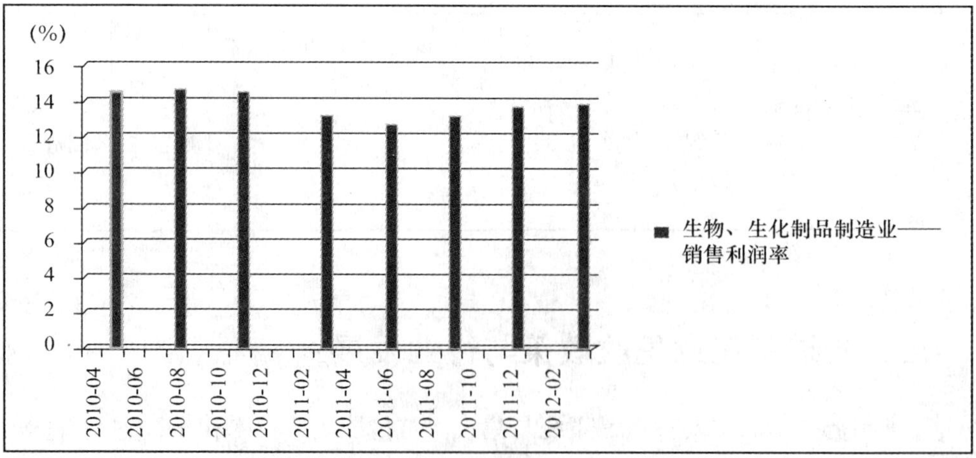

资料来源：中经宏观数据库。

图 3－4　近三年生物、生化制品制造业销售利润率

第三节　现代服务业税收政策应用研究

一、现代服务业

现代服务业是指依托电子信息等高技术和现代管理理念、经营方式和组织形式而发展起来的服务部门。有别于商贸、住宿、餐饮、仓储、交通运输等传统服务业，它以金融保险业、信息传输和计算机软件业、租赁和商务服务业、科研技术服务和地质勘查业、文化体育和娱乐业、房地产业及居民社区服务业等为代表。根据2012年2月22日，国家科技部发布的第70号文件，现代服务业是指以现代科学技术特别是信息网络技术为主要支撑，建立在新的商业模式、服务方式和管理方法基础上的服务产业。它既包括随着技术发展而产生的新兴服务业态，也包括运用现代技术对传统服务业的改造和提升。

二、现代服务业税收优惠政策

目前，现代服务业发展可享受到的税收优惠政策主要有：

1. 增值税

自2000年1月1日起对飞机维修劳务增值税实际税负超过6%的部分实行由税务机关即征即退的政策，详细内容见表3－3。

2. 营业税

①将土地使用权转让给农业生产者用于农业生产，免征营业税。②对国际农业发展基金贷款利息收入免征营业税，详细内容见表3－3。

3. 关税

在“十二五”期间（2011年1月1日至2015年12月31日），对国内航空公司用于支线航线飞机、发动机维修的进口航空器材（包括送境外维修的零部件）免征进口关税和进口环节增值税，详细内容见表3－3。

4. 企业所得税

①一个纳税年度内，居民企业技术转让所得不超过500万元的部分，免征企业所得税；超过500万元的部分，减半征收企业所得税。②企业的固定资产由于技术进步等原因，确需加速折旧的，可以缩短折旧年限或者采取加速折旧的方法，详细内容见表3－3。

5. 个人所得税

①省级人民政府、国务院部委和中国人民解放军及以上单位，以及外国组织、国际组织颁布的科学、教育、技术、文化、卫生、体育、环境保护等方面的

奖金免征个人所得税。②个人通过非营利性的社会团体和国家机关对公益性青少年活动场所、红十字事业等的公益、救济性捐赠，在缴纳个人所得税前准予全额扣除，详细内容见表3-3。

6. 城市维护建设税

对被撤销金融机构财产用来清偿债务时，免征被撤销金融机构转让货物、不动产、无形资产、有价证券、票据等应缴纳的增值税、营业税、城市维护建设税、教育费附加和土地增值税，详细内容见表3-3。

7. 房产税

①宗教寺庙、公园、名胜古迹自用的房产免征房产税。②对金融资产管理公司处置土地资产免征房产税，详细内容见表3-3。

8. 城镇土地使用税

①宗教寺庙、公园、名胜古迹自用的土地免缴土地使用税。②对供热企业为居民供热所使用的土地免征城镇土地使用税，详细内容见表3-3。

9. 耕地占用税

铁路线路、公路线路、飞机场跑道、停机坪、港口、航道占用耕地，减按每平方米2元的税额征收耕地占用税，详细内容见表3-3。

10. 土地增值税

①对于一方出地，一方出资金，双方合作建房，建成后按比例分房自用的，暂免征收土地增值税。②对经国务院批准成立的中国信达、华融、长城和东方等4家资产管理公司及其分支机构，处置不良资产，转让房地产取得的收入，免征土地增值税，详细内容见表3-3。

11. 契税

对县级以上人民政府教育行政主管部门或劳动行政主管部门批准并核发《社会力量办学许可证》，由企业事业组织、社会团体及其他社会组织和公民个人利用非国家财政性教育经费面向社会举办的教育机构承受的土地、房屋权属用于教学的免征契税，详细内容见表3-3。

12. 印花税

①银行、非银行金融机构之间相互融通短期资金，按照规定的同业拆借期限和利率签订的同业拆借合同，不征收印花税。②自2009年1月1日起至2011年12月31日，对保险保障基金公司新设立的资金账簿等免征印花税，详细内容见表3-3。

13. 车辆购置税

对设有固定装置的非运输车辆免税；有国务院规定予以免税或者减税的其他情形的按照规定减税或者免税，详细内容见表3-3。

表 3-3　现代服务业税收优惠政策汇总表

序号	优惠政策名称	法律法规名称、文号	优惠政策具体内容	税种	领域
1	对图书进出口公司销售给高等学校、教育科研单位的进口图书、报刊资料免征增值税	《财政部 国家税务总局关于北京中科进出口公司销售给高等学校教育科研单位和北京图书馆的进口图书报刊资料免征增值税问题的通知》（财税字［1998］69号）（财税字［1998］67号）（财税字［1999］255号）（财税［2004］69号）	1. 自1998年1月1日起，对北京中科进出口公司销售给高等学校、教育科研单位和北京图书馆的进口图书、报刊资料给予免征增值税的照顾。 2. 自1998年1月1日起，对中国教育图书进出口公司销售给高等学校、教育科研单位和北京图书馆的进口图书、报刊资料给予免征增值税的照顾。 3. 自1999年1月1日起，对中国经济图书进出口公司、中国出版对外贸易总公司为大专院校和科研单位免税进口的图书、报刊等资料，在其销售给上述院校和单位时，免征国内销售环节的增值税。 4. 自2004年1月1日起，对中国科技资料进出口总公司为科研单位、大专院校进口的用于科研、教学的图书、文献、报刊及其他资料（包括只读光盘、缩微平片、胶卷、地球资源卫星照片、科技和教学声像制品）免征国内销售环节增值税	增值税	支持现代服务业

续表

序号	优惠政策名称	法律法规名称、文号	优惠政策具体内容	税种	领域
2	对“三北地区”供热企业向居民收取的采暖收入继续免征增值税	《财政部 国家税务总局关于继续执行供热企业相关税收优惠政策的通知》（财税［2009］11号）	自2009年至2010年供暖期期间，对供热企业向居民个人（以下称居民）供热而取得的采暖费收入继续免征增值税。向居民供热而取得的采暖费收入，包括供热企业直接向居民收取的、通过其他单位向居民收取的和由单位代居民缴纳的采暖费。 免征增值税的采暖费收入，应当按照《中华人民共和国增值税暂行条例》第十六条的规定分别核算。通过热力产品经营企业向居民供热的热力产品生产企业，应当根据热力产品经营企业实际从居民取得的采暖费收入占该经营企业采暖费总收入的比例确定免税收入比例	增值税	支持现代服务业
3	对飞机维修劳务增值税税负超6%的部分即征即退	《关于飞机维修增值税问题的通知》（财税［2000］102号）	自2000年1月1日起对飞机维修劳务增值税实际税负超过6%的部分实行由税务机关即征即退的政策	增值税	支持现代服务业
4	高校后勤实体为高校师生食堂提供的食品免征增值税	《财政部 国家税务总局关于经营高校学生公寓及高校后勤社会化改革有关税收政策的通知》（财税字［2006］100号）	对高校后勤实体为高校师生食堂提供的粮食、食用植物油、蔬菜、肉、禽、蛋、调味品和食堂餐具，免征增值税。对高校后勤实体向其他高校提供快餐的外销收入，免征增值税	增值税	支持现代服务业

续表

序号	优惠政策名称	法律法规名称、文号	优惠政策具体内容	税种	领域
5	对古旧图书免征增值税	《中华人民共和国增值税暂行条例》（国务院令第538号）	下列项目免征增值税：古旧图书；除前款规定外，增值税的免税、减税项目由国务院规定。任何地区、部门均不得规定免税、减税项目	增值税	支持现代服务业
6	纳税人生产销售和批发、零售滴灌带和滴灌管产品免征增值税	《财政部 国家税务总局关于免征滴灌带和滴灌管产品增值税的通知》（财税［2007］83号）	自2007年7月1日起，纳税人生产销售和批发、零售滴灌带和滴灌管产品免征增值税	增值税	支持现代服务业
7	对资产管理公司处置资产过程中的销售、转让、租赁业务应交纳的增值税予以免征	《财政部 国家税务总局关于中国信达等4家金融资产管理公司税收政策问题的通知》（财税［2001］10号）	经国务院批准成立的中国信达资产管理公司、中国华融资产管理公司、中国长城资产管理公司和中国东方资产管理公司，及其经批准分设于各地的分支机构，接受相关国有银行的不良债券，借款方以货物、不动产、无形资产、有价证券和票据等抵充贷款本息的，免征资产公司销售转让该货物、不动产、无形资产、有价证券、票据以及利用该货物、不动产从事融资租赁业务应交纳的增值税、营业税	增值税及营业税	支持现代服务业
8	国有商业银行划转给金融资产管理公司的资产免征增值税	《财政部 国家税务总局关于4家资产管理公司接收资本金项下的资产在办理过户时有关税收政策问题的通知》（财税［2003］21号）	国有商业银行按财政部核定的数额，划转给金融资产管理公司的资产，在办理过户手续时，免征营业税、增值税、印花税	增值税	支持现代服务业

续表

序号	优惠政策名称	法律法规名称、文号	优惠政策具体内容	税种	领域
9	对被撤销金融机构转让货物、不动产、无形资产、有价证券、票据等应缴纳的增值税予以免征	《财政部 国家税务总局关于被撤销金融机构有关税收政策问题的通知》(财税［2003］141号)	对被撤销金融机构财产用来清偿债务时，免征被撤销金融机构转让货物、不动产、无形资产、有价证券、票据等应缴纳的增值税、营业税、城市维护建设税、教育费附加和土地增值税。本通知自《金融机构撤销条例》生效之日起开始执行	增值税	支持现代服务业
10	对直接用于科学研究、科学试验和教学的进口仪器、设备免征增值税	《中华人民共和国增值税暂行条例》(国务院令第538号)	下列项目免征增值税：直接用于科学研究、科学试验和教学的进口仪器、设备；除前款规定外，增值税的免税、减税项目由国务院规定。任何地区、部门均不得规定免税、减税项目	增值税	支持现代服务业
11	对安置残疾人的单位实行限额即征即退增值税或减征营业税	《财政部 国家税务总局关于促进残疾人就业税收优惠政策的通知》(财税［2007］92号)	从2007年7月1日起，对安置残疾人的单位，实行由税务机关按单位实际安置残疾人的人数，限额即征即退增值税或减征营业税的办法。实际安置的每位残疾人每年可退还的增值税或减征的营业税的具体限额由县级以上税务机关根据单位所在区县（含县级市、旗，下同）适用的经省（含自治区、直辖市、计划单列市，下同）级人民政府批准的最低工资标准的6倍确定，但最高不得超过每人每年3.5万元	增值税	支持现代服务业

续表

序号	优惠政策名称	法律法规名称、文号	优惠政策具体内容	税种	领域
12	对外国政府、国际组织无偿援助的进口物资和设备免征增值税	《中华人民共和国增值税暂行条例》（国务院第538号令）	外国政府、国际组织无偿援助的进口物资和设备免征增值税	增值税	支持现代服务业
13	对外国政府和国际组织无偿援助项目在国内采购的货物免征增值税	《财政部 国家税务总局 外经贸部关于外国政府和国际组织无偿援助项目在华采购物资免征增值税问题的通知》（财税［2002］2号）、《政部 国家税务总局关于外国政府和国际组织无偿援助项目在华采购物资免征增值税的补充通知》（财税［2005］13号）	自2001年8月1日起，对外国政府和国际组织无偿援助项目在国内采购的货物免征增值税，同时允许销售免税货物的单位，将免税货物的进项税额在其他内销货物的销项税额中抵扣	增值税	支持现代服务业
14	对铁路系统内部单位为本系统修理货车的业务免征增值税	《财政部 国家税务总局关于铁路货车修理免征增值税的通知》（财税［2001］54号）	从2001年1月1日起，对铁路系统内部单位为本系统修理货车的业务免征增值税	增值税	支持现代服务业
15	对客货运飞机降低进口增值税税率	《财政部 国家税务总局关于民航总局及地方航空公司进口飞机有关增值税问题的通知》（财关税［2004］43号）	经国务院批准，从2004年10月1日起，对国内航空公司进口空载重量在25吨以上的客货运飞机，减按4%征收进口环节增值税	增值税	支持现代服务业

续表

序号	优惠政策名称	法律法规名称、文号	优惠政策具体内容	税种	领域
16	对国内航空公司用于支线航线飞机、发动机维修的进口航空器材免征进口关税和进口环节增值税	《财政部 海关总署 国家税务总局关于营运支线航线的国内航空公司维修用航空器材进口税收问题的通知》（财关税［2010］58号）	在“十二五”期间（2011年1月1日至2015年12月31日），对国内航空公司用于支线航线飞机、发动机维修的进口航空器材（包括送境外维修的零部件）免征进口关税和进口环节增值税	增值税	支持现代服务业
17	将土地使用权转让给农业生产者用于农业生产，免征营业税	《关于对若干项目免征营业税的通知》（财税字［1994］2号）	将土地使用权转让给农业生产者用于农业生产的，免征营业税	营业税	支持现代服务业
18	对于民航按规定标准收取的机场管理建设费征收的营业税实行先征后退	《关于民航机场管理建设费营业税先征后返还问题的通知》（财税字［1996］32号）	对于民航按规定标准收取的机场管理建设费征收的营业税实行先征后退	营业税	支持现代服务业
19	对公路经营企业收取的高速公路车辆通行费收入减征营业税	《财政部 国家税务总局关于公路经营企业车辆通行费收入营业税政策的通知》（财税［2005］77号）	自2005年6月1日起，对公路经营企业收取的高速公路车辆通行费收入统一减按3%的税率征收营业税	营业税	支持现代服务业
20	对试点物流企业营业税政策	《国家税务总局关于试点物流企业有关税收政策问题的通知》（国税发［2005］208号）	一、交通运输业务： 1. 试点企业开展物流业务应按其收入性质分别核算。提供运输劳务取得的运输收入按“交通运输业”税目征收营业税，并开具货物运输业发票。凡未按规定分别	营业税	支持现代服务业

续表

序号	优惠政策名称	法律法规名称、文号	优惠政策具体内容	税种	领域
			核算其营业税应税收入的，一律按“服务业”税目征收营业税。 2. 试点企业将承揽的运输业务分给其他单位并由其统一收取价款的，应以该企业取得的全部收入减去付给其他运输企业的运费后的余额为营业额计算征收营业税。 3. 试点企业适用《国家税务总局关于加强货物运输业税收征收管理的通知》（国税发[2003]121号）规定的“货物运输业营业税纳税人认定和年审试行办法”。对被取消自开票纳税人资格的试点企业，同时取消对该企业执行本通知规定的税收政策，并报国家发改委和国家税务总局备案。 二、仓储业务：试点企业将承揽的仓储业务分给其他单位并由其统一收取价款的，应以该企业取得的全部收入减去付给其他仓储合作方的仓储费后的余额为营业额计算征收营业税。 三、关于营业额减除项目凭证管理问题：营业额减除项目支付款项发生在境内的，该减除项目支付款项凭证必须		

续表

序号	优惠政策名称	法律法规名称、文号	优惠政策具体内容	税种	领域
			是发票或经税务机关认可的合法有效凭证；支付给境外的，该减除项目支付款项凭证必须是外汇付汇凭证，或外方公司的签收单据、出具的公证证明		
21	对境内单位或者个人提供的国际运输劳务免征营业税	《财政部 国家税务总局关于国际运输劳务免征营业税的通知》（财税［2010］8号）	自2010年1月1日起，对中华人民共和国境内（以下简称境内）单位或者个人提供的国际运输劳务免征营业税。国际运输劳务是指： 1. 在境内载运旅客或者货物出境。 2. 在境外载运旅客或者货物入境。 3. 在境外发生载运旅客或者货物的行为	营业税	支持现代服务业
22	对国际农业发展基金贷款利息收入免征营业税	《财政部 国家税务总局关于对国际农发基金贷款回收利息税收问题的批复》（财税字［1995］108号）	对国际农业发展基金贷款利息收入，应按《国际农业发展基金适用于贷款协议和担保协议的通则》规定，免征营业税和其他税收	营业税	支持现代服务业
23	对保险企业承保卫星发射业务并纳入卫星发射保险专项基金的保费收入营业税予以退还	《关于对卫星发射保险业务有关税收政策问题的通知》（财税字［1997］60号）	对保险企业承保卫星发射业务并纳入卫星发射保险专项基金的保费收入，应依法征收营业税。如果卫星发射失败，经保险联合体申请，中央财政按动用卫星保险专项基金的付赔数，计算出已交纳的营业税予以退还	营业税	支持现代服务业

续表

序号	优惠政策名称	法律法规名称、文号	优惠政策具体内容	税种	领域
24	对博物馆等文化单位规定项目免征营业税	《中华人民共和国营业税暂行条例》（国务院令第136号）	下列项目免征营业税：纪念馆、博物馆、文化馆、美术馆、展览馆、书画院、图书馆、文物保护单位举办文化活动的门票收入，宗教场所举办文化、宗教活动的门票收入。除前款规定外，营业税的免税、减税项目由国务院规定。任何地区、部门均不得规定免税、减税项目	营业税	支持现代服务业
25	对保险公司开展的一年期以上返还性人身保险业务的保费收入免征营业税	《关于对若干项目免征营业税的通知》（财税字［1994］2号）、《财政部国家税务总局关于人寿保险业务免征营业税若干问题的通知》（财税［2001］118号）	对保险公司开展的一年期以上返还性人身保险业务的保费收入免征营业税。保险公司新开办的一年期以上（包括一年期，下同）返还本利的普通人寿保险、养老年金保险、健康保险免征营业税。新开办的，先征税，后抵扣，抵扣不完的退税。《财政部国家税务总局关于保险公司开办一年期以上返还性人身保险业务免征营业税的通知》（财税［2004］71号）；第十六批名单（财税［2006］115号）；第十七批名单（财税［2007］43号）；第十八批名单（财税［2007］117号）；第十九批名单（财税［2007］158号）	营业税	支持现代服务业

续表

序号	优惠政策名称	法律法规名称、文号	优惠政策具体内容	税种	领域
26	对保险公司开办的个人投资分红保险业务取得的保费收入，免征营业税	《财政部 国家税务总局关于对保险公司开办个人投资分红保险业务取得的保费收入免征营业税的通知》（财税字［1996］102号）	对保险公司开办的个人投资分红保险业务取得的保费收入，免征营业税	营业税	支持现代服务业
27	对外汇管理部门委托金融机构发放的外汇贷款利息收入免征营业税	《关于对外汇管理部门委托贷款利息收入免征营业税的通知》（财税［2000］78号）	对外汇管理部门委托金融机构发放的外汇贷款利息收入，从2000年7月1日起，免征营业税	营业税	支持现代服务业
28	对中国信达等4家金融资产管理公司处置国有银行的不良资产免征营业税	《财政部 国家税务总局关于中国信达等4家金融资产管理公司税收政策的通知》（财税［2001］10号）	长城和中国东方等4家资产管理公司及其分支机构，自成立之日起，公司收购、承接、处置不良资产，可享受以下税收优惠政策： 1. 对资产公司接受相关国有银行的不良债权，借款方以货物、不动产、无形资产、有价证券和票据等抵充贷款本息的，免征资产公司转让该货物、不动产、无形资产、有价证券、票据以及利用该货物、不动产从事融资业务应缴纳的增值税和营业税； 2. 对资产公司接受相关国有银行的不良债权取得的利息收入，免征营业税； 3. 资产公司所属的投资咨询类公司，为本公司承接、收购、处置不良资产而提供资产、项目评估和审计服务取得的收入，免征营业税	营业税	支持现代服务业

续表

序号	优惠政策名称	法律法规名称、文号	优惠政策具体内容	税种	领域
29	对购买金融资产管理公司的专项债券利息收入免征营业税	《财政部 国家税务总局关于国有独资商业银行、国家开发银行承购金融资产管理公司发行的专项债券利息收入免征税收的通知》（财税［2001］152号）	中国工商银行、中国银行、中国建设银行和国家开发银行购买金融资产管理公司发行的专项债券利息收入，免征营业税	营业税	支持现代服务业
30	对被撤销金融机构免征营业税	《财政部 国家税务总局关于被撤销金融机构有关税收政策问题的通知》（财税［2003］141号）	从《金融机构撤销条例》生效之日起，对依法撤销的金融机构及其分支机构（不包括所属企业）财产用来清偿债务时，免征其转让货物、不动产、无形资产、有价证券、票据等应缴纳的营业税	营业税	支持现代服务业
31	对证券投资基金管理人运用基金买卖股票、债券的差价收入免征营业税	《财政部 国家税务总局关于证券投资基金税收政策的通知》（财税［2004］78号）	自2004年1月1日起，对证券投资基金管理人运用基金买卖股票、债券的差价收入免征营业税	营业税	支持现代服务业
32	对QFII委托境内公司在我国从事证券买卖业务取得的差价收入，免征营业税	《财政部 国家税务总局关于合格境外机构投资者营业税政策的通知》（财税［2005］155号）	对QFII委托境内公司在我国从事证券买卖业务取得的差价收入，免征营业税	营业税	支持现代服务业

续表

序号	优惠政策名称	法律法规名称、文号	优惠政策具体内容	税种	领域
33	准许证券公司代收的费用从其营业税计税营业额中扣除	《财政部 国家税务总局关于资本市场有关营业税政策的通知》(财税［2004］203号)	准许证券公司代收的以下费用从其营业税计税营业额中扣除。①为证券交易所代收的证券交易监管费;②代理他人买卖证券代收的证券交易所经手费;③为中国证券登记结算公司代收的股东账户开户费(包括A股和B股)、特别转让股票开户费、过户费、B股结算费、转托管费。④准许期货经纪公司为期货交易所代收的手续费从其营业税计税营业额中扣除	营业税	支持现代服务业
34	对中国证券登记结算公司有关费用从营业税前扣除	《财政部 国家税务总局关于中国证券登记结算公司有关营业税政策的通知》(财税［2004］204号)	准许中国证券登记结算公司代收的以下资金项目从其营业税计税营业额中扣除,具体包括:①按规定提取的证券结算风险基金。②代收代付的证券公司资金交收违约垫付资金利息。③结算过程中代收代付的资金交收违约罚款	营业税	支持现代服务业
35	对中小企业信用担保机构免征营业税	《工业和信息化部国家税务总局关于中小企业信用担保机构免征营业税有关问题的通知》(工信部联企业［2009］114号)	担保机构从事中小企业信用担保或再担保业务取得的收入(不含信用评级、咨询、培训等收入)三年内免征营业税,免税时间自担保机构向主管税务机关办理免税手续之日起计算	营业税	支持现代服务业

续表

序号	优惠政策名称	法律法规名称、文号	优惠政策具体内容	税种	领域
36	保险保障基金公司有关收入免征营业税	《财政部 国家税务总局关于保险保障基金有关税收问题的通知》（财税［2010］77号）	自2009年1月1日起至2011年12月31日，对保险保障基金公司取得的下列收入，免征营业税： 1. 境内保险公司依法缴纳的保险保障基金； 2. 依法从撤销或破产保险公司清算财产中获得的受偿收入和向有关责任方追偿所得	营业税	支持现代服务业
37	对单位和个人“四技”收入免征营业税	《财政部 国家税务总局关于贯彻落实〈中共中央、国务院关于加强技术创新，发展高科技，实现产业化的决定〉有关税收问题的通知》（财税字［1999］273号）	对单位和个人从事技术转让、技术开发业务和与之相关的技术咨询、技术服务业务收入，经省级税务机关批准，免征营业税	营业税	支持现代服务业
38	对非营利机构“四技”收入免征营业税	《财政部 国家税务总局关于非营利性科研机构税收政策的通知》（财税［2001］5号）、《国务院办公厅转发科技部等部门关于非营利性科研机构管理的若干意见（试行）的通知》（国办发［2000］78号）	非营利性科研机构从事技术开发、技术转让业务和与之相关的技术咨询、技术服务所得的收入，按有关规定免征营业税和企业所得税	营业税	支持现代服务业
39	对企业、行政事业单位按房改成本价、标准价出售住房的收入免征营业税	《财政部 国家税务总局关于调整房地产市场若干税收政策的通知》（财税字［1999］210号）	从1999年8月1日起，对企业、行政事业单位按房改成本价、标准价出售住房的收入，免征营业税	营业税	支持现代服务业

续表

序号	优惠政策名称	法律法规名称、文号	优惠政策具体内容	税种	领域
40	对中国扶贫基金会小额信贷试点项目税收优惠政策	《财政部 国家税务总局关于中国扶贫基金会小额信贷试点项目税收政策的通知》（财税［2010］35号）	自2009年1月1日至2013年12月31日，中和农信项目管理有限公司和中国扶贫基金会举办的农户自立服务社（中心）从事农户小额贷款取得的利息收入，免征营业税。中和农信项目管理有限公司和中国扶贫基金会举办的农户自立服务社（中心）应对符合条件的农户小额贷款利息收入进行单独核算，不能单独核算的不得适用本通知规定的优惠政策	营业税	支持现代服务业
41	对农村金融的税收优惠政策	《财政部 国家税务总局关于农村金融有关税收政策的通知》（财税［2010］4号）	自2009年1月1日至2013年12月31日，对金融机构农户小额贷款的利息收入，免征营业税。自2009年1月1日至2011年12月31日，对农村信用社、村镇银行、农村资金互助社、由银行业机构全资发起设立的贷款公司、法人机构所在地在县（含县级市、区、旗）及县以下地区的农村合作银行和农村商业银行的金融保险业收入减按3%的税率征收营业税	营业税	支持现代服务业

续表

序号	优惠政策名称	法律法规名称、文号	优惠政策具体内容	税种	领域
42	在“十二五”期间（2011年1月1日至2015年12月31日），对国内航空公司用于支线航线飞机、发动机维修的进口航空器材（包括送境外维修的零部件）免征进口关税和进口环节增值税	《财政部 海关总署 国家税务总局关于营运支线航线的国内航空公司维修用航空器材进口税收问题的通知》（财关税［2010］58号）	在“十二五”期间（2011年1月1日至2015年12月31日），对国内航空公司用于支线航线飞机、发动机维修的进口航空器材（包括送境外维修的零部件）免征进口关税和进口环节增值税	关税及增值税	支持现代服务业
43	对一个纳税年度内，居民企业技术转让所得不超过500万元的部分免征企业所得税；超过500万元的部分减半征收企业所得税	《中华人民共和国企业所得税法》（中华人民共和国主席令第63号）、《实施条例》（中华人民共和国国务院令第512号）	一个纳税年度内，居民企业技术转让所得不超过500万元的部分，免征企业所得税；超过500万元的部分，减半征收企业所得税	企业所得税	支持现代服务业
44	对企业的固定资产由于技术进步等原因确需加速折旧的，可以缩短折旧年限或者采取加速折旧的方法	《中华人民共和国企业所得税法》（中华人民共和国主席令第63号）、《实施条例》（中华人民共和国国务院令第512号）	企业的固定资产由于技术进步等原因，确需加速折旧的，可以缩短折旧年限或者采取加速折旧的方法	企业所得税	支持现代服务业

续表

序号	优惠政策名称	法律法规名称、文号	优惠政策具体内容	税种	领域
45	中小企业信息担保机构按规定比例提取的担保赔偿准备金，允许在企业所得税税前扣除	《财政部 国家税务总局关于中小企业信用担保机构有关准备金税前扣除问题的通知》（财税［2009］62号）	1. 中小企业信用担保机构可按照不超过当年年末担保责任余额1%的比例计提担保赔偿准备，允许在企业所得税税前扣除。 2. 中小企业信用担保机构可按照不超过当年担保费收入50%的比例计提未到期责任准备，允许在企业所得税税前扣除，同时将上年度计提的未到期责任准备余额转为当期收入。 3. 中小企业信用担保机构实际发生的代偿损失，应依次冲减已在税前扣除的担保赔偿准备和在税后利润中提取的一般风险准备，不足冲减部分据实在企业所得税税前扣除	企业所得税	支持现代服务业
46	对证券投资基金从证券市场取得的收入暂不征收企业所得税	《财政部 国家税务总局关于企业所得税若干优惠政策的通知》（财税［2008］1号）	对证券投资基金从证券市场中取得的收入，包括买卖股票、债券的差价收入，股权的股息、红利收入，债券的利息收入及其他收入，暂不征收企业所得税	企业所得税	支持现代服务业
47	对企事业单位购进的符合固定资产和无形资产确认条件的软件，允许缩短其折旧或摊销年限	《财政部 国家税务总局关于企业所得税若干优惠政策的通知》（财税［2008］1号）	企事业单位购进软件，凡符合固定资产或无形资产确认条件的，可以按照固定资产或无形资产进行核算，经主管税务机关核准，其折旧或摊销年限可以适当缩短，最短可为2年	企业所得税	支持现代服务业

续表

序号	优惠政策名称	法律法规名称、文号	优惠政策具体内容	税种	领域
48	对证券投资基金管理人运用基金买卖股票、债券的差价收入暂不征收企业所得税	《财政部 国家税务总局关于企业所得税若干优惠政策的通知》(财税［2008］1号)	对证券投资基金管理人运用基金买卖股票、债券的差价收入，暂不征收企业所得税	企业所得税	支持现代服务业
49	对企业公益性捐赠允许在企业所得税税前扣除	《财政部 国家税务总局关于公益性捐赠税前扣除有关问题的通知》(财税［2008］160号)	企业通过公益性社会团体或者县级以上人民政府及其部门，用于公益事业的捐赠支出，在年度利润总额12%以内的部分，准予在计算应纳税所得额时扣除	企业所得税	支持现代服务业
50	对企业从事符合条件的环境保护、节能节水项目取得的收入应纳所得税额实行“三免三减半”	《中华人民共和国企业所得税法》(中华人民共和国主席令第63号)、《实施条例》(中华人民共和国国务院令第512号)	企业从事国务院财政、税务主管部门同国务院有关部门制定的环境保护、节能节水项目清单规定的符合条件的环境保护、节能节水项目的所得，自项目取得第一笔生产经营收入所属纳税年度起，第一年至第三年免征企业所得税，第四年至第六年减半征收企业所得税	企业所得税	支持现代服务业
51	对投资者从证券投资基金分配中取得的收入暂不征收企业所得税	《财政部 国家税务总局关于企业所得税若干优惠政策的通知》(财税［2008］1号)	对投资者从证券投资基金分配中取得的收入，暂不征收企业所得税	企业所得税	支持现代服务业

续表

序号	优惠政策名称	法律法规名称、文号	优惠政策具体内容	税种	领域
52	对符合条件的小型微利企业减按20%的税率征收企业所得税	《中华人民共和国企业所得税法》（中华人民共和国主席令第63号）、《实施条例》（中华人民共和国国务院令第512号）	从事国家非限制和禁止行业，并符合下列条件的小型微利企业减按20%的税率征收企业所得税。①工业企业，年度应纳税所得额不超过30万元，从业人数不超过100人，资产总额不超过3 000万元；②其他企业，年度应纳税所得额不超过30万元，从业人数不超过80人，资产总额不超过1 000万元	企业所得税	支持现代服务业
53	对企业安置符合条件的残疾人员允许按所支付工资额加计100%扣除	《中华人民共和国企业所得税法》（中华人民共和国主席令第63号）、《实施条例》（中华人民共和国国务院令第512号）	企业安置符合《中华人民共和国残疾人保障法》规定范围的残疾人员，在支付给残疾职工工资据实扣除的基础上，按照支付给残疾职工工资的100%加计扣除。企业安置国家鼓励安置的其他就业人员所支付工资的加计扣除办法，由国务院另行规定	企业所得税	支持现代服务业
54	对企业捐赠住房作为廉租房源的减免企业所得税	《财政部 国家税务总局关于廉租住房经济适用房和住房租赁有关税收政策的通知》（财税［2008］24号）	企事业单位、社会团体以及其他组织于2008年1月1日前捐赠住房作为廉租住房的，按《中华人民共和国企业所得税暂行条例》（国务院令第137号）、《中华人民共和国外商投资企业和外国企业所得税法》有关公益性捐赠政策执行；2008年1月1日后捐赠的，按《中华人民共和国企业所得税法》有关公益性捐赠政策执行	企业所得税	支持现代服务业

续表

序号	优惠政策名称	法律法规名称、文号	优惠政策具体内容	税种	领域
55	对企业直接投资于其他企业取得的投资收益免征企业所得税	《中华人民共和国企业所得税法》（中华人民共和国主席令第63号）、《实施条例》（中华人民共和国国务院令第512号）	居民企业直接投资于其他居民企业取得的投资收益（不包括连续持有居民企业公开发行并上市流通的股票不足12个月取得的投资收益）免征企业所得税	企业所得税	支持现代服务业
56	对在中国境内设立机构场所的非居民企业取得的权益性投资免征企业所得税	《中华人民共和国企业所得税法》（中华人民共和国主席令第63号）、《实施条例》（中华人民共和国国务院令第512号）	在中国境内设立机构、场所的非居民企业直接投资于居民企业，从居民企业取得与该机构、场所有实际联系的股息、红利等权益性投资收益（不包括连续持有居民企业公开发行并上市流通的股票不足12个月取得的投资收益）免征企业所得税	企业所得税	支持现代服务业
57	从2008年1月1日起，外商投资企业形成的累积未分配利润分配时免征企业所得税	《财政部 国家税务总局关于企业所得税若干优惠政策的通知》（财税［2008］1号）	2008年1月1日之前，外商投资企业形成的累积未分配利润，在2008年以后分配给外国投资者的，免征企业所得税；2008年及以后年度外商投资企业新增利润分配给外国投资者的，依法缴纳企业所得税	企业所得税	支持现代服务业
58	对国债利息收入免征企业所得税	《中华人民共和国企业所得税法》（中华人民共和国主席令第63号）、《实施条例》（中华人民共和国国务院令第512号）	企业持有国务院财政部门发行的国债取得的利息收入免征企业所得税	企业所得税	支持现代服务业

续表

序号	优惠政策名称	法律法规名称、文号	优惠政策具体内容	税种	领域
59	对企业从事基础设施建设项目取得的收入应纳所得税额实行"三免三减半"	《中华人民共和国企业所得税法》(中华人民共和国主席令第63号)、《实施条例》(中华人民共和国国务院令第512号)	企业从事《公共基础设施项目企业所得税优惠目录》规定的港口码头、机场、铁路、公路、城市公共交通、电力、水利等国家重点扶持的公共基础设施项目，自项目取得第一笔生产经营收入所属纳税年度起，第一年至第三年免征企业所得税，第四年至第六年减半征收企业所得税。企业承包经营、承包建设和内部自建自用本条规定的项目，不得享受本条规定的企业所得税优惠政策	企业所得税	支持现代服务业
60	对从事港口、码头建设的中外合资经营企业自2008年1月1日起，在新税法施行后5年内逐步过渡到法定税率	《国务院关于实施企业所得税过渡优惠政策的通知》(国发［2007］39号)，《中华人民共和国外商投资企业和外国企业所得税法》第73条第一款(主席令第45号)	从事港口、码头建设的中外合资经营企业。原来按15%的税率征收企业所得税的企业。自2008年1月1日起，在新税法施行后5年内逐步过渡到法定税率。其中，2008年按18%税率执行，2009年按20%税率执行，2010年按22%税率执行，2011年按24%税率执行，2012年按25%税率执行	企业所得税	支持现代服务业

续表

序号	优惠政策名称	法律法规名称、文号	优惠政策具体内容	税种	领域
61	对从事港口码头建设的中外合资经营企业，经营期在15年以上的原享受企业所得税“两免三减半”“五免五减半”等定期减免税优惠的企业相关政策	《国务院关于实施企业所得税过渡优惠政策的通知》国发［2007］39号，《中华人民共和国外商投资企业和外国企业所得税法实施细则》第七十五条第一款第（一）项	从事港口码头建设的中外合资经营企业，经营期在15年以上的，经企业申请，所在地的省、自治区、直辖市税务机关批准，从开始获利的年度起，第一年至第五年免征企业所得税，第六年至第十年减半征收企业所得税。自2008年1月1日起，原享受企业所得税“两免三减半”“五免五减半”等定期减免税优惠的企业，新税法施行后继续按原税收法律、行政法规及相关文件规定的优惠办法及年限享受至期满为止，但因未获利而尚未享受税收优惠的，其优惠期限从2008年度起计算。享受上述过渡优惠政策的企业，是指2007年3月16日以前经工商等登记管理机关登记设立的企业	企业所得税	支持现代服务业
62	对保险保障基金公司有关收入免征企业所得税	《财政部 国家税务总局关于保险保障基金有关税收问题的通知》（财税［2010］77号）	自2009年1月1日起至2011年12月31日，对中国保险保障基金有限责任公司取得的下列收入，免征企业所得税： 1. 境内保险公司依法缴纳的保险保障基金； 2. 依法从撤销或破产保险公司清算财产中获得的受偿收入和向有关责	企业所得税	支持现代服务业

续表

序号	优惠政策名称	法律法规名称、文号	优惠政策具体内容	税种	领域
			任方追偿所得，以及依法从保险公司风险处置中获得的财产转让所得； 3. 捐赠所得； 4. 银行存款利息收入； 5. 购买政府债券、中央银行、中央企业和中央级金融机构发行债券的利息收入； 6. 国务院批准的其他资金运用取得的收入		
63	对中国扶贫基金会小额信贷试点项目税收优惠政策	《财政部 国家税务总局关于中国扶贫基金会小额信贷试点项目税收政策的通知》（财税［2010］35号）	自2009年1月1日至2013年12月31日，中和农信项目管理有限公司和中国扶贫基金会举办的农户自立服务社（中心）从事农户小额贷款取得的利息收入，在计算应纳税所得额时，按90%计入收入总额。中和农信项目管理有限公司和中国扶贫基金会举办的农户自立服务社（中心）应对符合条件的农户小额贷款利息收入进行单独核算，不能单独核算的不得适用本通知规定的优惠政策	企业所得税	支持现代服务业
64	对农村金融的税收优惠政策	《财政部 国家税务总局关于农村金融有关税收政策的通知》（财税［2010］4号）	自2009年1月1日至2013年12月31日，对金融机构农户小额贷款的利息收入在计算应纳税所得额时，按90%计入收入总额。对保险公司为种植业、养殖业提供保险业务取得的保费收入，在计算应纳税所得额时，按90%比例减计收入	企业所得税	支持现代服务业

续表

序号	优惠政策名称	法律法规名称、文号	优惠政策具体内容	税种	领域
65	企业重组业务企业所得税优惠政策	《国家税务总局关于发布〈企业重组业务企业所得税管理办法〉的公告》(国家税务总局公告2010年第4号)	企业合并或分立，合并各方企业或分立企业涉及享受《税法》第五十七条规定中就企业整体（即全部生产经营所得）享受的税收优惠过渡政策尚未期满的，仅就存续企业未享受完的税收优惠，按照《通知》第九条的规定执行；注销的被合并或被分立企业未享受完的税收优惠，不再由存续企业承继；合并或分立而新设的企业不得再承继或重新享受上述优惠。合并或分立各方企业按照《税法》的税收优惠规定和税收优惠过渡政策中就企业有关生产经营项目的所得享受的税收优惠承继问题，按照《实施条例》第八十九条规定执行	企业所得税	支持现代服务业
66	企业股权投资损失可在计算企业应纳税所得额时一次性扣除	《国家税务总局关于企业股权投资损失所得税处理问题的公告》(国家税务总局公告2010年第6号)	企业对外进行权益性（以下简称股权）投资所发生的损失，在经确认的损失发生年度，作为企业损失在计算企业应纳税所得额时一次性扣除	企业所得税	支持现代服务业
67	对科学、技术等方面的奖金免征个人所得税	《中华人民共和国个人所得税法》(中华人民共和国主席令第85号)	省级人民政府、国务院部委和中国人民解放军军以上单位，以及外国组织、国际组织颁布的科学、教育、技术、文化、卫生、体育、环境保护等方面的奖金免征个人所得税	个人所得税	支持现代服务业

续表

序号	优惠政策名称	法律法规名称、文号	优惠政策具体内容	税种	领域
68	对按照国家统一规定发给的补贴、津贴免征个人所得税	《中华人民共和国个人所得税法》（中华人民共和国主席令第八十五号）、《实施条例》（国税发［1994］1118号）（国发［1998］8号）（财税字［1998］118号）	按照国务院规定发给的政府特殊津贴和国务院规定免纳个人所得税的补贴、津贴免征个人所得税。目前国务院规定免纳个人所得税的补贴、津贴只有： 1. 中国科学院院士津贴每人每月200元； 2. 中国科学院资深院士和中国工程院资深院士每人每年1万元的资深院士津贴	个人所得税	支持现代服务业
69	个人通过非营利性的社会团体和国家机关的公益、救济性捐赠，在缴纳个人所得税前准予全额扣除	《财政部 国家税务总局关于对青少年活动场所、电子游戏厅有关所得税和营业税政策问题的通知》（财税［2000］21号）（财税［2000］30号）（财税［2000］97号）（财税［2001］103号）（财税［2001］9号）	个人通过非营利性的社会团体和国家机关对公益性青少年活动场所（其中包括新建）、红十字事业、福利性、非营利性的老年服务机构、农村义务教育、慈善机构、基金会的公益、救济性捐赠，在缴纳个人所得税前准予全额扣除	个人所得税	支持现代服务业
70	对安家费、退职费、退休工资、离休工资、离休生活补助费免征个人所得税	《中华人民共和国个人所得税法》（中华人民共和国主席令第85号）	按照国家统一规定发给干部、职工的安家费、退职费、退休工资、离休工资、离休生活补助费免征个人所得税	个人所得税	支持现代服务业
71	对高级专家离休退休期间的工资、薪金所得免征个人所得税	《关于个人所得税若干政策问题的通知》（财税字［1994］20号）	对按国发［1983］141号《国务院关于高级专家离休退休若干问题的暂行规定》和国办发［1991］40号《国务院办公厅关于杰出高级专家暂缓离退休审批问题的通知》精神，达到离休、	个人所得税	支持现代服务业

续表

序号	优惠政策名称	法律法规名称、文号	优惠政策具体内容	税种	领域
			退休年龄，但确因工作需要，适当延长离休退休年龄的高级专家（指享受国家发放的政府特殊津贴的专家、学者），其在延长离休退休期间的工资、薪金所得，视同退休工资、离休工资免征个人所得税		
72	托儿补助费、独生子女费免征个人所得税	《国家税务总局关于印发〈征收个人所得税若干问题的规定的通知〉》（国税发［1994］89号）	对托儿补助费、独生子女费免征个人所得税	个人所得税	支持现代服务业
73	对缴付和领取基本养老保险费、基本医疗保险费、失业保险费、住房公积金免征个人所得税	《财政部 国家税务总局关于基本养老保险费基本医疗保险费失业保险费住房公积金有关个人所得税政策的通知》（财税［2006］10号）	企事业单位按照国家或省（自治区、直辖市）人民政府规定的缴费比例或办法实际缴付的基本养老保险费、基本医疗保险费和失业保险费，免征个人所得税；个人按照国家或省（自治区、直辖市）人民政府规定的缴费比例或办法实际缴付的基本养老保险费、基本医疗保险费和失业保险费，允许在个人应纳税所得额中扣除。单位和个人分别在不超过职工本人上一年度月平均工资12%的幅度内，其实际缴存的住房公积金，允许在个人应纳税所得额中扣除。个人实际领（支）取原提存的基本养老保险金、基本医疗保险金、失业保险金和住房公积金时，免征个人所得税	个人所得税	支持现代服务业

续表

序号	优惠政策名称	法律法规名称、文号	优惠政策具体内容	税种	领域
74	对住房制度改革期间，职工购房取得的差价收益，免征个人所得税	《财政部 国家税务总局关于单位低价向职工售房有关个人所得税问题的通知》（财税［2007］13号）	根据住房制度改革政策的有关规定，国家机关、企事业单位及其他组织（以下简称单位）在住房制度改革期间，按照所在地县级以上人民政府规定的房改成本价格向职工出售公有住房，职工因支付的房改成本价格低于房屋建造成本价格或市场价格而取得的差价收益，免征个人所得税	个人所得税	支持现代服务业
75	对生育妇女取得的生育津贴等各项津贴免征个人所得税	《财政部 国家税务总局关于生育津贴和生育医疗费有关个人所得税政策的通知》(财税［2008］8号)	生育妇女按照县级以上人民政府根据国家有关规定制定的生育保险办法，取得的生育津贴、生育医疗费或其他属于生育保险性质的津贴、补贴免征个人所得税	个人所得税	支持现代服务业
76	对福利费、抚恤金、救济金免征个人所得税	《中华人民共和国个人所得税法》（中华人民共和国主席令第85号）、《实施条例》	下列各项个人所得，免征个人所得税：福利费、抚恤金、救济金。根据国家有关规定，从企业、事业单位、国家机关、社会团体提留的福利费或者工会经费中支付给个人的生活补助费和国家民政部门支付给个人的生活困难补助费免征个人所得税	个人所得税	支持现代服务业
77	对按规定报销的差旅费津贴、误餐补助免征个人所得税	《国家税务总局关于印发〈征收个人所得税若干问题的规定的通知〉》（国税发［1994］89号）	按规定报销的差旅费津贴、误餐补助免征个人所得税	个人所得税	支持现代服务业

续表

序号	优惠政策名称	法律法规名称、文号	优惠政策具体内容	税种	领域
78	对个人与用人单位解除劳动关系取得的一次性补偿收入免征个人所得税	《财政部 国家税务总局关于个人与用人单位解除劳动关系取得的一次性补偿收入征免个人所得税问题的通知》(财税［2001］157号)	1. 个人因与用人单位解除劳动关系而取得的一次性补偿收入（包括用人单位发放的经济补偿金、生活补助费和其他补助费用），其收入在当地上年职工平均工资3倍数额以内的部分，免征个人所得税；超过的部分按照《国家税务总局关于个人因解除劳动合同取得经济补偿金征收个人所得税问题的通知》（国税发［1999］178号）的有关规定，计算征收个人所得税。 2. 个人领取一次性补偿收入时按照国家和地方政府规定的比例实际缴纳的住房公积金、医疗保险费、基本养老保险费、失业保险费，可以在计征其一次性补偿收入的个人所得税时予以扣除。 3. 企业依照国家有关法律规定宣告破产，企业职工从该破产企业取得的一次性安置费收入，免征个人所得税	个人所得税	支持现代服务业
79	对国有职工取得的一次性安置费收入免征个人所得税	《关于个人与用人单位解除劳动关系取得的一次性经济补偿金征收个人所得税政策问题》(财税［2001］157号)、《国家税务总局	对国有企业职工，因企业依照《中华人民共和国企业破产法（试行)》宣告破产，从破产企业取得的一次性安置费收入免征个人所得税。	个人所得税	支持现代服务业

续表

序号	优惠政策名称	法律法规名称、文号	优惠政策具体内容	税种	领域
		关于国有企业职工因解除劳动合同取得一次性补偿收入免征个人所得税问题的通知》国税发［2000］77号、《关于个人因解除劳动合同取得经济补偿金征收个人所得税问题的通知》国税发［1999］178号			
80	对个人按《廉租住房保障办法》规定取得的廉租住房货币补贴免征个人所得税	《财政部 国家税务总局关于廉租住房经济适用房和住房租赁有关税收政策的通知》（财税［2008］24号）	对个人按《廉租住房保障办法》规定取得的廉租住房货币补贴免征个人所得税；对于所在单位以廉租住房名义发放的不符合规定的补贴，应征收个人所得税	个人所得税	支持现代服务业
81	对个人取得的转增股本数额，不作为个人所得，不征收个人所得税	《国家税务总局关于股份制企业转增股本和派发红股征免个人所得税的通知》（国税发［1997］198号）	股份制企业用资本公积金转增股本不属于股息、红利性质的分配，对个人取得的转增股本数额，不作为个人所得，不征收个人所得税	个人所得税	支持现代服务业
82	对个人转让股票所得继续暂免征收个人所得税	《财政部 国家税务总局关于个人转让股票所得继续暂免征个人所得税的通知》（财税字［1998］61号）	个人转让股票所得继续暂免征收个人所得税	个人所得税	支持现代服务业

续表

序号	优惠政策名称	法律法规名称、文号	优惠政策具体内容	税种	领域
83	对个人投资者从上市公司取得的股息红利所得减半征收个人所得税	《财政部 国家税务总局关于股息红利个人所得税有关政策的通知》（财税［2005］102号）	对个人投资者从上市公司取得的股息红利所得，暂减按50%计入个人应纳税所得额，依照现行税法规定计征个人所得税	个人所得税	支持现代服务业
84	对股权分置改革过程中因非流通股股东通过对价方式向流通股股东支付的股份、现金等收入，暂免个人所得税	《财政部 国家税务总局关于股权分置试点改革有关税收政策问题的通知》（财税［2005］103号）	股权分置改革过程中因非流通股股东通过对价方式向流通股股东支付的股份、现金等收入，暂免征收流通股股东应缴纳的个人所得税	个人所得税	支持现代服务业
85	对国债和国家发行的金融债券利息免征个人所得税	《中华人民共和国个人所得税法》（中华人民共和国主席令第85号）	国债和国家发行的金融债券利息免征个人所得税	个人所得税	支持现代服务业
86	对外籍个人的特定所得免征个人所得税	《关于个人所得税若干政策问题的通知》（财税字［1994］20号）、《国家税务总局关于外籍个人取得的探亲费免征个人所得税有关执行标准问题的通知》（国税函［2001］336号）	下列所得，暂免征收个人所得税： 1. 外籍个人以非现金形式或实报实销形式取得的住房补贴、伙食补贴、搬迁费、洗衣费。 2. 外籍个人按合理标准取得的境内、外出差补贴。 3. 外籍个人取得的探亲费、语言训练费、子女教育费等，经当地税务机关审核批准为合理的部分	个人所得税	支持现代服务业

续表

序号	优惠政策名称	法律法规名称、文号	优惠政策具体内容	税种	领域
87	免征被撤销金融机构转让货物、不动产、无形资产、有价证券、票据等应缴纳的城市维护建设税	《财政部 国家税务总局关于被撤销金融机构有关税收政策问题的通知》（财税［2003］141号）	对被撤销金融机构财产用来清偿债务时，免征被撤销金融机构转让货物、不动产、无形资产、有价证券、票据等应缴纳的增值税、营业税、城市维护建设税、教育费附加和土地增值税。本通知自《金融机构撤销条例》生效之日起开始执行	城市维护建设税	支持现代服务业
88	对宗教寺庙、公园、名胜古迹自用的房产免征房产税	《中华人民共和国房产税暂行条例》（国发［1986］90号）	下列房产免征房产税：宗教寺庙、公园、名胜古迹自用的房产	房产税	支持现代服务业
89	对金融资产管理公司处置土地资产免征房产税	《财政部 国家税务总局关于中国信达等4家金融资产管理公司税收政策问题的通知》（财税［2001］10号）、（财税［2003］21号）	对经国务院批准成立的中国信达、华融、长城和东方等4家资产管理公司及其分支机构，回收的房产，在未处置前的闲置期间，免征房产税	房产税	支持现代服务业
90	对被撤销金融机构免征房产税	《财政部 国家税务总局关于被撤销金融机构有关税收政策问题的通知》（财税［2003］141号）	从《金融机构撤销条例》生效之日起，被撤销的金融机构及其分支机构（不含所属企业），清算期间自有的或从债务方接收的房产，免征房产税	房产税	支持现代服务业
91	对福利性、非营利性的老年服务机构免征房产税	《财政部 国家税务总局关于对老年服务机构有关税收政策问题的通知》（财税［2000］97号）	从2000年10月1日起，对政府部门和企事业单位、社会团体以及个人等社会力量投资兴办的福利性、非营利性的老年服务机构，包括老年社会福利院、敬老院、养老院、老年服务	房产税	支持现代服务业

续表

序号	优惠政策名称	法律法规名称、文号	优惠政策具体内容	税种	领域
			中心、老年公寓、老年护理院、康复中心、托老所等，其自用的房产，免征房产税		
92	对医院等单位免征房产税	《财政部 国家税务总局关于房产税若干具体问题的解释和暂行规定》（财税地字［1986］第8号）	①由国家财政部门拨付事业经费的单位自用的房产及企业办的各类学校、医院、托儿所、幼儿园自用的房产，免征房产税；②由国家财政部门拨付事业经费的单位，其经费来源实行自收自支后，从事业单位经费实行自收自支的年度起，免征房产税3年	房产税	支持现代服务业
93	对按政府规定价格出租的公有住房和廉租住房免征房产税	《财政部 国家税务总局关于调整住房租赁市场税收政策的通知》（财税［2000］125号）	从2001年1月1日起，对按政府规定价格出租的公有住房和廉租住房，包括企业和自收自支事业单位向职工出租的单位自有住房；房管部门向居民出租的公有住房；落实私房政策中带户发还产权并以政府规定租金标准向居民出租的私有住房等，暂免征房产税	房产税	支持现代服务业
94	对企事业单位、社会团体以及其他组织按市场价格向个人出租用于居住的住房，减按4%征收房产税	《财政部 国家税务总局关于廉租住房经济适用房和住房租赁有关税收政策的通知》（财税［2008］24号）	对企事业单位、社会团体以及其他组织按市场价格向个人出租用于居住的住房，减按4%征收房产税	房产税	支持现代服务业

续表

序号	优惠政策名称	法律法规名称、文号	优惠政策具体内容	税种	领域
95	对铁道部所属铁路运输企业自用房产免征房产税	《财政部 国家税务总局关于调整铁路系统房产税城镇土地使用税政策的通知》(财税［2003］149号)	对铁道部所属铁路运输企业自用房产免征房产税。(具体范围按照《财政部 国家税务总局关于明确免征房产税城镇土地使用税的铁路运输企业范围及有关问题的通知》(财税［2004］36号)、《财政部 国家税务总局关于明确免征房产税城镇土地使用税的铁路运输企业范围的补充通知》(财税［2006］17号)	房产税	支持现代服务业
96	对供热企业为居民供热所使用的土地免征房产税	《财政部 国家税务总局关于继续执行供热企业相关税收优惠政策的通知》(财税［2009］11号)	自2009年1月1日至2011年6月30日，对向居民供热而收取采暖费的供热企业，为居民供热所使用的厂房及土地继续免征房产税、城镇土地使用税。对既向居民供热，又向单位供热或者兼营其他生产经营活动的供热企业，按其向居民供热而取得的采暖费收入占企业总收入的比例划分征免税界限 本通知所述供热企业，是指热力产品生产企业和热力产品经营企业。热力产品生产企业包括专业供热企业、兼营供热企业和自供热单位	房产税	支持现代服务业
97	对毁损不堪的房屋和危险房屋在停止使用后免征房产税	《财政部 国家税务总局关于房产税若干具体问题的解释和暂行规定》(财税地字［1986］8号)	经鉴定，对毁损不堪居住的房屋和危险房屋，在停止使用后，免征房产税	房产税	支持现代服务业

续表

序号	优惠政策名称	法律法规名称、文号	优惠政策具体内容	税种	领域
98	宗教寺庙、公园、名胜古迹自用的土地免征城镇土地使用税	《中华人民共和国城镇土地使用税暂行条例（2006 年修订)》（中华人民共和国国务院令第 483 号）	下列土地免缴土地使用税：宗教寺庙、公园、名胜古迹自用的土地	城镇土地使用税	支持现代服务业
99	对企业符合条件的交通、安全、荒地等用地免征城镇土地使用税	《国家税务局关于印发〈关于土地使用税若干具体问题的补充规定〉的通知》（国税地字［1989］140 号）	对企业的铁路专用线、公路用地，在厂区以外与社会用地段未加隔离的，免征土地使用税。对于各类危险品仓库、厂房所需的防火、防爆、防毒等安全防范用地，可由各省、自治区、直辖市税务局确定，暂免征收土地使用税；对企业范围内的荒山、林地、湖泊等占地，尚未利用的，经各省、自治区、直辖市税务局审批，可暂免征收土地使用税；对企业厂区（包括生产、办公及生活区）以内的绿化用地，应照章征收土地使用税，厂区以外的公共绿化用地和向社会开放的公园用地，暂免征收土地使用税	城镇土地使用税	支持现代服务业
100	对金融资产管理公司处置土地资产免征城镇土地使用税	《财政部 国家税务总局关于中国信达等 4 家金融资产管理公司税收政策问题的通知》（财税［2001］10 号）（财税［2003］21 号）	对经国务院批准成立的中国信达、华融、长城和东方等 4 家资产管理公司及其分支机构，回收的土地，在未处置前的闲置期间，免征土地使用税	城镇土地使用税	支持现代服务业

续表

序号	优惠政策名称	法律法规名称、文号	优惠政策具体内容	税种	领域
101	对被撤销金融机构免征城镇土地使用税	《财政部 国家税务总局关于被撤销金融机构有关税收政策问题的通知》（财税［2003］141号）	从《金融机构撤销条例》生效之日起，被撤销的金融机构及其分支机构（不含所属企业），清算期间自有的或从债务方接收的土地，免征土地使用税	城镇土地使用税	支持现代服务业
102	对供热企业为居民供热所使用的土地免征城镇土地使用税	《财政部 国家税务总局关于继续执行供热企业相关税收优惠政策的通知》（财税［2009］11号）	自2009年1月1日至2011年6月30日，对向居民供热而收取采暖费的供热企业，为居民供热所使用的厂房及土地继续免征房产税、城镇土地使用税。 对既向居民供热，又向单位供热或者兼营其他生产经营活动的供热企业，按其向居民供热而取得的采暖费收入占企业总收入的比例划分征免税界限。 本通知所述供热企业，是指热力产品生产企业和热力产品经营企业。热力产品生产企业包括专业供热企业、兼营供热企业和自供热单位	城镇土地使用税	支持现代服务业
103	对民航机场用地免征城镇土地使用税	《国家税务局关于对民航机场用地征免土地使用税问题的规定》（国税地字［1989］32号）	民航机场的飞行区（包括跑道、滑行道、停机坪、安全带、夜航灯光区）用地、机场场外道路用地，场内外通讯导航设施用地和飞行区四周排水防洪设施用地，免征土地使用税	城镇土地使用税	支持现代服务业

续表

序号	优惠政策名称	法律法规名称、文号	优惠政策具体内容	税种	领域
104	对港口码头用地免征城镇土地使用税	《国家税务局关于对交通部门的港口用地征免土地使用税问题的规定》(国税地字［1989］123号)	对港口码头用地(即泊位,包括岸边码头、伸入水中的浮码头、堤岸、堤坝、栈桥等),免征土地使用税	城镇土地使用税	支持现代服务业
105	对企业符合条件的交通用地免征城镇土地使用税	《国家税务局关于印发〈关于土地使用税若干具体问题的补充规定〉的通知》(国税地字［1989］140号)	对企业的铁路专用线、公路用地,在厂区以外与社会用地段未加隔离的,免征土地使用税	城镇土地使用税	支持现代服务业
106	对铁道部所属铁路运输企业自用土地免征城镇土地使用税	《财政部 国家税务总局关于调整铁路系统房产税城镇土地使用税政策的通知》(财税［2003］149号)	对铁道部所属铁路运输企业自用土地免征土地使用税。从铁路系统分离出来的和铁道部所属的其他企业,包括工业、供销、建筑施工企业等,从2003年11月1日起恢复征收土地使用税	城镇土地使用税	支持现代服务业
107	对开山填海整治的土地和改造的废弃土地免征城镇土地使用税5～10年	《中华人民共和国城镇土地使用税暂行条例(2006年修订)》(中华人民共和国国务院令第483号)	下列土地免缴土地使用税:经批准开山填海整治的土地和改造的废弃土地,从使用的月份起免缴土地使用税5～10年;由财政部另行规定免税的能源、交通、水利设施用地和其他用地。其他需要定期减免的,由省、自治区、直辖市税务机关审核后,报国家税务局批准	城镇土地使用税	支持现代服务业

续表

序号	优惠政策名称	法律法规名称、文号	优惠政策具体内容	税种	领域
108	对福利性、非营利性的老年服务机构免征城镇土地使用税	《财政部 国家税务总局关于对老年服务机构有关税收政策问题的通知》(财税［2000］97号)	从2000年10月1日起，对政府部门和企事业单位、社会团体以及个人等社会力量投资兴办的福利性、非营利性的老年服务机构，暂免征收企业所得税，以及老年服务机构自用房产、土地、车船的房产税、城镇土地使用税、车船使用税	城镇土地使用税	支持现代服务业
109	企业办的学校、医院免征城镇土地使用税	《国家税务局关于土地使用税若干具体问题的解释和暂行规定》(国税地字［1988］15号)	①企业办的学校、医院，其用地能与企业其他用地明确区分的，可比照财政拨付事业经费的单位自用的土地，免征土地使用税。②集体和个人举办的各类学校、医院用地，其土地使用税的征免，由各省级地税局确定	城镇土地使用税	支持现代服务业
110	各类学校、托儿所、幼儿园自用的土地，免征城镇土地使用税	《财政部 国家税务总局关于教育税收政策的通知》(财税［2004］39号)	对国家拨付事业经费和企业办的各类学校、托儿所、幼儿园自用的房产、土地，免征房产税、城镇土地使用税	城镇土地使用税	支持现代服务业
111	对铁路线路、公路线路、飞机场跑道、停机坪、港口、航道占用耕地减免耕地占用税	《中华人民共和国耕地占用税暂行条例》(国务院令第511号)	铁路线路、公路线路、飞机场跑道、停机坪、港口、航道占用耕地，减按每平方米2元的税额征收耕地占用税。根据实际需要，国务院财政、税务主管部门商国务院有关部门并报国务院批准后，也可以免征或者减征耕地占用税	耕地占用税	支持现代服务业

续表

序号	优惠政策名称	法律法规名称、文号	优惠政策具体内容	税种	领域
112	对于合作建房，建成后按比例自用的暂免征收土地增值税	《财政部 国家税务总局关于土地增值税一些具体问题规定的通知》（财税字［1995］48号）	对于一方出地，一方出资金，双方合作建房，建成后按比例分房自用的，暂免征收土地增值税；建成后转让的，应征收土地增值税	土地增值税	支持现代服务业
113	对中国信达等四家资产管理公司处置不良资产，转让房地产取得的收入免征土地增值税	《财政部 国家税务总局关于中国信达等4家金融资产管理公司税收政策问题的通知》（财税字［2001］10号）（财税字［2003］21号）	对经国务院批准成立的中国信达、华融、长城和东方等4家资产管理公司及其分支机构，处置不良资产，转让房地产取得的收入，免征土地增值税	土地增值税	支持现代服务业
114	对被撤销的金融机构用其所拥有的财产用来清偿债务的，免征其转让不动产应缴纳的土地增值税	《财政部 国家税务总局关于被撤销金融机构有关税收政策问题的通知》（财税字［2003］141号）	从《金融机构撤销条例》生效之日起，被撤销的金融机构及其分支机构（不含所属企业），对其所拥有的财产用来清偿债务时，免征其转让货物、不动产、无形资产、有价证券、票据等应缴纳的土地增值税	土地增值税	支持现代服务业
115	对房屋产权、土地使用权的赠与免征土地增值税的相关规定	《财政部 国家税务总局关于土地增值税一些具体问题规定的通知》（财税字［1995］48号）	房产所有人、土地使用权所有人将房屋产权、土地使用权赠与直系亲属或承担直接赡养义务人的，房产所有人、土地使用权所有人通过中国境内非营利社会团体、国家机关将房屋产权、土地使用权赠与民政和其他社会福利、公益事业的，不征收土地增值税	土地增值税	支持现代服务业

续表

序号	优惠政策名称	法律法规名称、文号	优惠政策具体内容	税种	领域
116	对提供廉租房、经济适用房房源且增值额未超过20%的免征土地增值税	《财政部 国家税务总局关于廉租住房经济适用房和住房租赁有关税收政策的通知》（财税字［2008］24号）	企事业单位、社会团体以及其他组织转让旧房作为廉租住房、经济适用房房源且增值额未超过扣除项目金额20%的，免征土地增值税	土地增值税	支持现代服务业
117	对在企业兼并中被兼并企业将房地产转让到兼并企业中的，暂免征收土地增值税	《财政部 国家税务总局关于土地增值税一些具体问题规定的通知》（财税字［1995］48号）	在企业兼并中，对被兼并企业将房地产转让到兼并企业中的，暂免征收土地增值税	土地增值税	支持现代服务业
118	对于以房地产进行投资联营的暂免征收土地增值税	《财政部 国家税务总局关于土地增值税一些具体问题规定的通知》（财税字［1995］48号）、《关于土地增值税若干问题的通知》（财税字［2006］21号）	对于以房地产进行投资、联营的，投资、联营的一方以土地（房地产）作价入股进行投资或作为联营条件，将房地产转让到所投资、联营的企业中时，暂免征收土地增值税	土地增值税	支持现代服务业
119	对公共租赁住房建设和运营有关税收优惠政策	《财政部 国家税务总局关于支持公共租赁住房建设和运营有关税收优惠政策的通知》（财税字［2010］88号）	对企事业单位、社会团体以及其他组织转让旧房作为公租房房源，且增值额未超过扣除项目金额20%的，免征土地增值税	土地增值税	支持现代服务业
120	对利用非国家财政性教育经费面向社会举办的教育机构，其承受的土地、房屋权属用于教学的，免征契税	《财政部 国家税务总局关于社会力量办学契税政策问题的通知》（财税字［2001］156号）	对县级以上人民政府教育行政主管部门或劳动行政主管部门批准并核发《社会力量办学许可证》，由企业事业单位、社会团体及其他社会组织和公民个人利用非国家财政性教育经费面向社会举办的教育机构承受的土地、房屋权属		支持现代服务业

续表

序号	优惠政策名称	法律法规名称、文号	优惠政策具体内容	税种	领域
			用于教学的，比照《中华人民共和国契税暂例》第六条第一款的规定，免征契税契税		
121	企业改制重组后承受的原企业土地、房屋权属免征契税	《财政部 国家税务总局关于企业改制重组若干契税政策的通知》（财税［2008］175号）	1. 企业公司制改造：非公司制企业，按照《中华人民共和国公司法》的规定，整体改建为有限责任公司（含国有独资公司）或股份有限公司，或者有限责任公司整体改建为股份有限公司的，对改建后的公司承受原企业土地、房屋权属，免征契税。上述所称整体改建是指不改变原企业的投资主体，并承继原企业权利、义务的行为。非公司制国有独资企业或国有独资有限责任公司，以其部分资产与他人组建新公司，且该国有独资企业（公司）在新设公司中所占股份超过50%的，对新设公司承受该国有独资企业（公司）的土地、房屋权属，免征契税。国有控股公司以部分资产投资组建新公司，且该国有控股公司占新公司股份85%以上的，对新公司承受该国有控股公司土地、房屋权属免征契税。上述所称国有控股公司，是指国家出	契税	支持现代服务业

续表

序号	优惠政策名称	法律法规名称、文号	优惠政策具体内容	税种	领域
			资额占有限责任公司资本总额 50% 以上，或国有股份占股份有限公司股本总额 50% 以上的国有控股公司。 2. 企业股权转让：在股权转让中，单位、个人承受企业股权，企业土地、房屋权属不发生转移的，不征收契税。 3. 企业合并：两个或两个以上的企业，依据法律规定、合同约定，合并改建为一个企业，且原投资主体存续的，对其合并后的企业承受原合并各方的土地、房屋权属，免征契税。 4. 企业分立：企业依照法律规定、合同约定分设为两个或两个以上投资主体相同的企业，对派生方、新设方承受原企业土地、房屋权属，不征收契税。 5. 企业出售：国有、集体企业出售，被出售企业法人予以注销，并且买受人按照劳动法等国家有关法律法规政策妥善安置原企业全部职工，其中与原企业 30% 以上职工签订服务年限不少于三年的劳动用工合同的，对其承受所购企业的土地、房屋权属，		

续表

序号	优惠政策名称	法律法规名称、文号	优惠政策具体内容	税种	领域
			减半征收契税；与原企业全部职工签订服务年限不少于三年的劳动用工合同的，免征契税。 6. 企业注销、破产：企业依照有关法律、法规的规定实施注销、破产后，债权人（包括注销、破产企业职工）承受注销、破产企业土地、房屋权属以抵偿债务的，免征契税；对非债权人承受注销、破产企业土地、房屋权属，凡按照劳动法等国家有关法律法规政策妥善安置原企业全部职工，其中与原企业 30% 以上职工签订服务年限不少于三年的劳动用工合同的，对其承受所购企业的土地、房屋权属，减半征收契税；与原企业全部职工签订服务年限不少于三年的劳动用工合同的，免征契税。 7. 其他：经国务院批准实施债权转股权的企业，对债权转股权后新设立的公司承受原企业的土地、房屋权属，免征契税。政府主管部门对国有资产进行行政性调整和划转过程中发生的土地、房屋权属转移，不征收契税。企业改制重组		

续表

序号	优惠政策名称	法律法规名称、文号	优惠政策具体内容	税种	领域
			过程中，同一投资主体内部所属企业之间土地、房屋权属的无偿划转，包括母公司与其全资子公司之间，同一公司所属全资子公司之间，同一自然人与其设立的个人独资企业、一人有限公司之间土地、房屋权属的无偿划转，不征收契税。 本通知执行期限为2009年1月1日至2011年12月31日		
122	对信达、华融、长城和东方资产管理公司在收购、承接和处置不良资产过程中承受土地使用权、房屋所有权应缴纳的契税全额免征	《财政部 国家税务总局关于中国信达等4家金融资产管理公司税收政策问题的通知》（财税字［2001］10号）	对信达、华融、长城和东方资产管理公司（以下简称“资产公司”）在收购、承接和处置不良资产过程中，对资产公司接受相关国有银行的不良债权，借款方以土地使用权、房屋所有权抵充贷款本息的，免征承受土地使用权、房屋所有权应缴纳的契税。本通知自资产公司成立之日起开始执行	契税	支持现代服务业
123	对综合性保险公司及其子公司将其所拥有的不动产所有权划转过户到因分业而新设立的财产保险公司和人寿保险公司的行为，不征收契税	《国家税务总局关于保险公司分业经营改革中不动产转移过户有关税收政策的通知》（国税发［2002］69号）	对保险分业经营改革过程中，综合性保险公司及其子公司将其所拥有的不动产所有权划转过户到因分业而新设立的财产保险公司和人寿保险公司的行为，不征收营业税、契税	契税	支持现代服务业

续表

序号	优惠政策名称	法律法规名称、文号	优惠政策具体内容	税种	领域
124	对华融等4家金融资产管理公司按财政部核定的资本金数额，接收国有商业银行的资产，在办理过户手续时，免征契税、印花税	《财政部 国家税务总局关于4家资产管理公司接收资本金项下的资产在办理过户时有关税收政策问题的通知》（财税字［2003］21号）	按照国办发［1999］33号和国办发［1999］66号的规定，财政部从中国建设银行、中国工商银行、中国农业银行、中国银行（以下简称国有商业银行）无偿划转部分资产（包括现金、投资、固定资产及随投资实体划转的贷款）给中国信达资产管理公司、中国华融资产管理公司、中国长城资产管理公司和中国东方资产管理公司（以下简称金融资产管理公司），作为其组建时的资本金。上述金融资产管理公司按财政部核定的资本金数额，接收国有商业银行的资产，在办理过户手续时，免征契税、印花税	契税	支持现代服务业
125	对被撤销的金融机构在清算过程中催收债权时，接收债务方土地使用权、房屋所有权所发生的权属转移免征契税	《财政部 国家税务总局关于被撤销金融机构有关税收政策问题的通知》（财税字［2003］141号）	对被撤销的金融机构在清算过程中催收债权时，接收债务方土地使用权、房屋所有权所发生的权属转移免征契税。注：享受税收优惠政策的主体是指经中国人民银行依法决定撤销的金融机构及其分设于各地的分支机构，包括被依法撤销的商业银行、信托投资公司、财务公司、金融租赁公司、城市信用社和农村信用社。	契税	支持现代服务业

续表

序号	优惠政策名称	法律法规名称、文号	优惠政策具体内容	税种	领域
			除另有规定者外，被撤销的金融机构所属、附属企业，不享受本通知规定的被撤销金融机构的税收优惠政策		
126	对同业拆借合同免征印花税	《关于印花税若干具体问题的解释和规定的通知》（国税发［1991］155号）	银行、非银行金融机构之间相互融通短期资金，按照规定的同业拆借期限和利率签订的同业拆借合同，不征收印花税	印花税	支持现代服务业
127	对保险保障基金公司有关凭证免征印花税	《财政部 国家税务总局关于保险保障基金有关税收问题的通知》（财税［2010］77号）	自2009年1月1日起至2011年12月31日，对保险保障基金公司下列应税凭证，免征印花税： 1. 新设立的资金账簿； 2. 对保险公司风险处置和在破产救助过程中签订的产权转移书据； 3. 在风险处置过程中与中国人民银行签订的再贷款合同； 4. 以保险保障基金自有财产和接收的受偿资产与保险公司签订的财产保险合同； 5. 对与保险保障基金公司签订上述应税合同或产权转移书据的其他当事人照章征收印花税	印花税	支持现代服务业
128	对各级代理国库业务的银行设置的账簿免征印花税	《关于印花税若干具体问题的解释和规定的通知》（国税发［1991］155号）	人民银行各级机构经理国库业务及委托各专业银行各级机构代理国库业务设置的账簿，免征印花税	印花税	支持现代服务业

续表

序号	优惠政策名称	法律法规名称、文号	优惠政策具体内容	税种	领域
129	对人民银行向各商业银行提供的日拆性贷款合同或借据，暂免征印花税	《国家税务总局关于中国人民银行向专业银行发放贷款所签合同征免印花税问题的批复》（国税函［1993］705号）	对人民银行向各商业银行提供的日拆性贷款（20天以内的贷款）所签订的合同或借据，暂免征印花税	印花税	支持现代服务业
130	对中国信达等四家资产管理公司收购承接处置不良资产过程涉及印花税予以免征	《财政部 国家税务总局关于中国信达等4家金融资产管理公司税收政策问题的通知》（财税［2001］10号）、（财税［2003］21号）	对经国务院批准成立的中国信达、华融、长城和东方等4家资产管理公司及其分支机构，自成立之日起，公司收购、承接、处置不良资产，可享受以下税收优惠政策：①对资产管理公司成立时设立的资金账簿，免征印花税。②对资产公司收购、承接和处置不良资产，免征购销合同和产权转移书据应缴纳的印花税。③对涉及资产公司管理范围内的上市公司国有股权持有人变更的事项，按有关规定，免征印花税。④对资产管理公司按财政部核定的资本金数额，接收国有商业银行资产，在办理过户手续时，免征印花税	印花税	支持现代服务业
131	对货物运输既书立合同又开立单据的，只就合同贴花，单据不再贴花	《关于印花税若干具体问题的规定》（国税地字［1988］25号）	对货物运输等，办理一项业务，既书立合同，又开立单据的，只就合同贴花。所开立的各类单据，不再贴花	印花税	支持现代服务业

续表

序号	优惠政策名称	法律法规名称、文号	优惠政策具体内容	税种	领域
132	对托运单据免征印花税	《关于印花税若干具体问题的规定》（国税地字［1988］25号）	对铁路、公路、航运、水路承运快件行李、包裹开具的托运单据，暂免贴花	印花税	支持现代服务业
133	对工程临管线专用运费结算凭证免征印花税	《国家税务总局关于货运凭证征收印花税几个具体问题的通知》（国税发［1990］173号）	为新建铁路运输施工所属物料，使用工程临管线专用运费结算凭证，免征印花税。由外国运输企业运输进口货物的，外国运输企业所持有的一份结算凭证，免征印花税	印花税	支持现代服务业
134	对铁道部所属单位的基建计划等凭证不征收印花税	《财政部 国家税务总局关于铁道部所属单位恢复征收印花税问题的补充通知》（财税字［1997］182号）	铁道部所属单位的下列凭证，不征收印花税： 1. 铁道部层层下达的基建计划，不贴花； 2. 企业内部签订的有关铁路生产经营设施基建、更新改造、大修、维修的协议或责任书，不贴花； 3. 在铁路内部无偿调拨固定资产的调拨单据，不贴花； 4. 由铁道部全额拨付事业费的单位，其营业账簿，不贴花	印花税	支持现代服务业
135	对财产所有人将财产赠给政府、社会福利单位所立收据，免征印花税	《中华人民共和国印花税暂行条例》（国务院令第11号）	财产所有人将财产赠给政府、社会福利单位所立的书据，免征印花税	印花税	支持现代服务业

续表

序号	优惠政策名称	法律法规名称、文号	优惠政策具体内容	税种	领域
136	对财产所有人将财产赠给学校，免征印花税	《中华人民共和国印花税暂行条例》（国务院令第11号）《财政部 国家税务总局关于教育税收政策的通知》（财税［2004］39号）	财产所有人将财产赠给学校所立的书据，免征印花税	印花税	支持现代服务业
137	对书报刊订购凭证免征印花税	《国家税务总局关于图书 报刊等征订凭证征免印花税问题的通知》（国税地字［1989］142号）	书、报、刊发行单位之间，发行单位与订阅单位或个人之间而书立的凭证，免征印花税	印花税	支持现代服务业
138	对借款展期合同暂免征收印花税	《关于印花税若干具体问题的解释和规定的通知》（国税发［1991］155号）	对办理借款展期业务使用借款展期合同或其他凭证，按规定仅载明延期还款事项的，可暂免征印花税	印花税	支持现代服务业
139	对“拨改贷”贷款合同暂免征收印花税	《关于印花税若干具体问题的解释和规定的通知》（国税发［1991］155号）	对财政部门的拨款改贷款签订的借款合同，凡直接与使用单位签订的，暂免征印花税	印花税	支持现代服务业
140	对申购和赎回开放式基金暂免征收印花税	《财政部 国家税务总局关于开放式证券投资基金有关税收问题的通知》（财税［2002］128号）	投资申购和赎回开放式证券投资基金单位，暂不征收印花税	印花税	支持现代服务业
141	对被撤销金融机构接受债权、清偿债务过程签订的产权转移书据免征印花税	《财政部 国家税务总局关于被撤销金融机构有关税收政策问题的通知》（财税［2003］141号）	从《金融机构撤销条例》生效之日起，被撤销的金融机构及其分支机构（不含所属企业），对其接收债权、清偿债务过程中签订的产权转移书据，免征印花税	印花税	支持现代服务业

续表

序号	优惠政策名称	法律法规名称、文号	优惠政策具体内容	税种	领域
142	对投资者（包括个人和机构）买卖封闭式证券投资基金免征印花税	《财政部 国家税务总局关于对买卖封闭式证券投资基金继续予以免征印花税的通知》（财税［2004］173号）	从2003年1月1日起，继续对投资者（包括个人和机构）买卖封闭式证券投资基金免征印花税	印花税	支持现代服务业
143	对股权分置改革过程中因非流通股股东向流通股股东支付对价而发生的股权转让，暂免征收印花税	《财政部 国家税务总局关于股权分置试点改革有关税收政策问题的通知》（财税［2005］103号）	股权分置改革过程中因非流通股股东向流通股股东支付对价而发生的股权转让，暂免征收印花税	印花税	支持现代服务业
144	对证券投资者保护基金有限公司设立账簿等行为免征印花税	《财政部 国家税务总局关于证券投资者保护基金有关印花税政策的通知》（财税［2006］104号）	对证券投资者保护基金有限责任公司（简称保护基金公司）及其管理的证券投资者保护基金（以下简称保护基金）的有关印花税政策通知如下：①对保护基金公司新设立的资金账簿免征印花税。②对保护基金公司与中国人民银行签订的再贷款合同、与证券公司行政清算机构签订的借款合同，免征印花税。③对保护基金公司接收被处置证券公司财产签订的产权转移书据，免征印花税。④对保护基金公司以保护基金自有财产和接收的受偿资产与保险公司签订的财产保险合同，免征印花税。⑤对与保护基金公司签订上述应税合同或产权转移书据的其他当事人照章征收印花税	印花税	支持现代服务业

续表

序号	优惠政策名称	法律法规名称、文号	优惠政策具体内容	税种	领域
145	对国有股权无偿转让暂免征证券交易印花税	《国家税务总局关于上市公司国有股权无偿转让征收证券（股票）交易印花税问题的通知》（国税发［1999］124号）	对国务院和省级人民政府批准进行政企脱钩、对企业进行改组和改变管理体制、变更企业隶属关系，以及国有企业改制、盘活国有资产，而发生的国有股权无偿转让划转行为，暂不征收证券交易印花税；对上市公司国有股权无偿转让，需要免征证券交易印花税的，须由企业提出申请，报国家税务总局审批	印花税	支持现代服务业
146	对于企业改制过程中资金账簿、各类应税合同符合规定的，免征印花税	《财政部 国家税务总局关于企业改制过程中有关印花税政策的通知》（财税［2003］183号）	经县级以上人民政府及企业主管部门批准改制的企业，在改制过程中涉及的印花税： 1. 关于资金账簿的印花税：①实行公司制改造的企业在改制过程中成立的新企业（重新办理法人登记的），其新启用的资金账簿记载的资金或因企业建立资本纽带关系而增加的资金，凡原已贴花的部分可不再贴花。②以合并或分立方式成立的新企业新启用的资金账簿记载的资金，凡原已贴花的部分可不再贴花。 2. 关于各类应税合同的印花税企业改制前签订，但尚未履行完的各类应税合同后需要变更	印花税	支持现代服务业

续表

序号	优惠政策名称	法律法规名称、文号	优惠政策具体内容	税种	领域
			执行主体的，对仅改变执行主体，其余条款未作变动且改制前已贴花的，不再贴花。 3. 订立的产权转移书据免予贴花		
147	对设有固定装置的非运输车辆免征车辆购置税	《中华人民共和国车辆购置税暂行条例》(国务院令 294 号)	对设有固定装置的非运输车辆免税；有国务院规定予以免税或者减税的其他情形的按照规定减税或者免税	车辆购置税	支持现代服务业

第四节　文化产业税收政策应用研究

一、文化产业

联合国教科文组织对“文化产业”的这一定义，只包括可以由工业化生产并符合四个特征（即系列化、标准化、生产过程分工精细化和消费大众化）的产品（如书籍报刊等印刷品和电子出版物有声制品、视听制品等）及其相关服务，而不包括舞台演出和造型艺术的生产与服务。事实上，世界各国对文化产业并没有一个统一的说法。美国没有文化产业的提法，它们一般只说版权产业，主要是从文化产品具有知识产权的角度进行界定的。日本政府则认为，凡是与文化相关联的产业都属于文化产业。除传统的演出、展览、新闻出版外，还包括休闲娱乐、广播影视、体育、旅游等，它们称之为内容产业，更强调内容的精神属性。2003 年 9 月，中国文化部制定下发的《关于支持和促进文化产业发展的若干意见》，将文化产业界定为：“从事文化产品生产和提供文化服务的经营性行业。文化产业是与文化事业相对应的概念，两者都是社会主义文化建设的重要组成部分。文化产业是社会生产力发展的必然产物，是随着中国社会主义市场经济的逐步完善和现代生产方式的不断进步而发展起来的新兴产业。”2004 年，国家统计局对“文化及相关产业”的界定是：为社会公众提供文化娱乐产品和服务的活动，以及与这些活动有关联的活动的集合。所以，中国对文化产业的界定是文化娱乐的集合，区别于国家具有意识形态性的文化事业。尽管世界各国对文化产业从不同角度进行了不同的定义，但文化产品的精神性、娱乐性等基本特征不变，因此，文化产业是具有精神性、娱乐性的文化产品的生产、流通、消费活动[2]。中华文化内容丰富，特色鲜明。因此，要把弘扬传统文化、培育具有国际影响的文化品牌等作为建设的重要支撑。文化是建设的重大推动力量。

二、文化产业税收优惠政策

从税收优惠人角度，目前支持构建独具特色的文化支撑体系的税收优惠政策主要包括：

1. 增值税

①对古旧图书免征增值税。②对音像制品和电子出版物继续适用13%的增值税税率，详细内容见表3－4。

2. 营业税

①对个人转让著作权收入免征营业税。②纪念馆、博物馆、文化馆、美术馆、展览馆、书画院、图书馆、文物保护单位举办文化活动的门票收入，宗教场所举办文化、宗教活动的门票收入，免征营业税，详细内容见表3－4。

3. 企业所得税

①对文化高新技术企业适用低税率企业所得税，对“三新”技术的研究开发费用允许加计扣除。②经认定的动漫企业自主开发、生产动漫产品，可申请享受国家现行鼓励软件产业发展的所得税优惠政策，详细内容见表3－4。

4. 个人所得税

①对个人获得曾宪梓教育基金会教师奖、香港柏宁顿（中国）教育基金会首届“孺子牛金球奖”等活动获得的奖金，免征收个人所得税。②省级人民政府、国务院部委和中国人民解放军军以上单位，以及外国组织、国际组织颁布的科学、教育、技术、文化、卫生、体育、环境保护等方面的奖金免征个人所得税，详细内容见表3－4。

5. 城市维护建设税

对经营性文化事业单位转制中资产评估增值涉及的企业所得税，以及资产划转或转让涉及的增值税、营业税、城建税等给予适当的优惠政策，具体优惠政策由财政部、国家税务总局根据转制方案确定，详细内容见表3－4。

6. 关税

为生产重点文化产品而进口国内不能生产的自用设备及配套件、备件等，按现行税收政策有关规定，免征进口关税等，详细内容见表3－4。

7. 房产税

①对主要从事应用基础研究或向社会提供公共服务的非营利性科研机构自用

的房产，免征房产税。②宗教寺庙、公园、名胜古迹自用的房产免征房产税，详细内容见表3-4。

8. 城镇土地使用税

①市政街道、广场、绿化地带等公共用地，免缴城镇土地使用税。②对主要从事应用基础研究或向社会提供公共服务的非营利性科研机构自用的土地，免征城镇土地使用税，详细内容见表3-4。

9. 土地增值税

房产所有人、土地使用权所有人将房屋产权、土地使用权赠与直系亲属或承担直接赡养义务人的，房产所有人、土地使用权所有人通过中国境内非营利社会团体、国家机关将房屋产权、土地使用权赠与民政和其他社会福利、公益事业的，不征收土地增值税，详细内容见表3-4。

10. 印花税

书、报、刊发行单位之间，发行单位与订阅单位或个人之间而书立的凭证，免征印花税，详细内容见表3-4。

表3-4　　文化产业税收优惠政策汇总表

序号	优惠政策名称	法律法规名称及文号	优惠政策具体内容	税种	领域
1	对古旧图书免征增值税	《中华人民共和国增值税暂行条例》（国务院令第538号）	下列项目免征增值税：古旧图书；除前款规定外，增值税的免税、减税项目由国务院规定。任何地区、部门均不得规定免税、减税项目	增值税	支持全面繁荣文化事业
2	对音像制品和电子出版物继续适用13%的增值税税率	《财政部 国家税务总局关于部分货物适用增值税低税率和简易办法征收增值税政策的通知》（财税〔2009〕9号）	对音像制品和电子出版物继续适用13%的增值税税率。音像制品，是指正式出版的录有内容的录音带、录像带、唱片、激光唱盘和激光视盘。电子出版物，是指以数字代码方式，使用计算机应用程序，将图文声像等内容信息编辑加工后存储在具有确定的物理形态的磁、光、电等介质上，通过内嵌在计算机、手机、电子阅	增值税	支持提高全民文明素质

续表

序号	优惠政策名称	法律法规名称及文号	优惠政策具体内容	税种	领域
			读设备、电子显示设备、数字音/视频播放设备、电子游戏机、导航仪以及其他具有类似功能的设备上读取使用，具有交互功能，用以表达思想、普及知识和积累文化的大众传播媒体。载体形态和格式主要包括只读光盘（CD 只读光盘 CD－ROM、交互式光盘 CD －I、照片光盘 PHOTO－CD、高密度只读光盘 DVD－ROM、蓝光只读光盘 HD－DVD ROM 和 BD ROM）、一次写入式光盘（一次写入 CD 光盘 CD－R、一次写入高密度光盘 DVD－R、一次写入蓝光光盘 HD－DVD/R，BD－R）、可擦写光盘（可擦写 CD 光盘 CD－RW、可擦写高密度光盘 DVD－RW、可擦写蓝光光盘 HDDVD－RW 和 BD－RW、磁光盘 MO）、软磁盘（FD）、硬磁盘（HD）、集成电路卡（CF 卡、MD 卡、SM 卡、MMC 卡、RS－MMC 卡、MS 卡、SD 卡、XD 卡、T－Flash 卡、记忆棒）和各种存储芯片		

续表

序号	优惠政策名称	法律法规名称及文号	优惠政策具体内容	税种	领域
3	对出口图书、报纸、期刊、音像制品、电子出版物、电影和电视完成片，按规定享受增值税出口退税政策	《财政部、海关总署、国家税务总局关于支持文化企业发展若干税收政策问题的通知》（财税［2009］31号）	出口图书、报纸、期刊、音像制品、电子出版物、电影和电视完成片按规定享受增值税出口退税政策	增值税	支持全面繁荣文化事业
4	电影拷贝、发行收入等免征增值税和营业税	《财政部、海关总署、国家税务总局关于支持文化企业发展若干税收政策问题的通知》（财税［2009］31号）	广播电影电视行政主管部门（包括中央、省、地市及县级）按照各自职能权限批准从事电影制片、发行、放映的电影集团公司（含成员企业）、电影制片厂及其他电影企业取得的销售电影拷贝收入、转让电影版权收入、电影发行收入以及在农村取得的电影放映收入免征增值税和营业税	增值税及营业税	支持全面繁荣文化事业
5	文化体制改革中经营性文化事业单位转制为企业的税收优惠	《财政部国家税务总局关于文化体制改革中经营性文化事业单位转制为企业的若干税收优惠政策的通知》（财税［2009］34号）	党报、党刊将其发行、印刷业务及相应的经营性资产剥离组建的文化企业，自注册之日起所取得的党报、党刊发行收入和印刷收入免征增值税。 对经营性文化事业单位转制中资产评估增值涉及的企业所得税，以及资产划转或转让涉及的增值税、营业税、城建税等给予适当的优惠政策，具体优惠政策由财政部、国家税务总局根据	增值税	支持推进文化领域改革开放

续表

序号	优惠政策名称	法律法规名称及文号	优惠政策具体内容	税种	领域
			转制方案确定。本通知所称经营性文化事业单位，是指从事新闻出版、广播影视和文化艺术的事业单位；转制包括文化事业单位整体转为企业和文化事业单位中经营部分剥离转为企业		
6	对个人转让著作权收入免征营业税	《关于对若干项目免征营业税的通知》（财税字［94］2号）	个人转让著作权收入，免征营业税	营业税	支持提高全民文明素质
7	对博物馆等文化单位规定项目免征营业税	《中华人民共和国营业税暂行条例》（国务院令第136号）	下列项目免征营业税：纪念馆、博物馆、文化馆、美术馆、展览馆、书画院、图书馆、文物保护单位举办文化活动的门票收入，宗教场所举办文化、宗教活动的门票收入。除前款规定外，营业税的免税、减税项目由国务院规定。任何地区、部门均不得规定免税、减税项目	营业税	支持提升中原文化影响力
8	电影拷贝、发行收入等免征增值税和营业税	《财政部、海关总署、国家税务总局关于支持文化企业发展若干税收政策问题的通知》（财税［2009］31号）	广播电影电视行政主管部门（包括中央、省、地市及县级）按照各自职能权限批准从事电影制片、发行、放映的电影集团公司（含成员企业）、电影制片厂及其他电影企业取得的销售电影拷贝收入、转让电影版权收入、电影发行收入以及在农村取得的电影放映收入免征增值税和营业税	营业税	支持全面繁荣文化事业

续表

序号	优惠政策名称	法律法规名称及文号	优惠政策具体内容	税种	领域
9	对国家邮政局及其所属邮政单位提供邮政普遍服务和特殊服务业务取得的收入免征营业税	《财政部 国家税务总局关于邮政普遍服务和特殊服务免征营业税的通知》（财税［2006］47号）	自2006年1月1日起，对国家邮政局及其所属邮政单位提供邮政普遍服务和特殊服务业务（具体为函件、包裹、汇票、机要通信、党报党刊发行）取得的收入免征营业税，享受免税的党报党刊发行收入按邮政企业报刊发行收入的70%计算	营业税	支持提高全民文明素质
10	对文化企业在境外演出从境外取得的收入免征营业税	《财政部、海关总署、国家税务总局关于支持文化企业发展若干税收政策问题的通知》（财税［2009］31号）	文化企业在境外演出从境外取得的收入免征营业税	营业税	支持推进文化领域改革开放
11	文化体制改革中经营性文化事业单位转制为企业的税收优惠	《财政部国家税务总局关于文化体制改革中经营性文化事业单位转制为企业的若干税收优惠政策的通知》（财税［2009］34号）	对经营性文化事业单位转制中资产评估增值涉及的企业所得税，以及资产划转或转让涉及的增值税、营业税、城建税等给予适当的优惠政策，具体优惠政策由财政部、国家税务总局根据转制方案确定。本通知所称经营性文化事业单位是指从事新闻出版、广播影视和文化艺术的事业单位；转制包括文化事业单位整体转为企业和文化事业单位中经营部分剥离转为企业	营业税	支持推进文化领域改革开放

续表

序号	优惠政策名称	法律法规名称及文号	优惠政策具体内容	税种	领域
12	国家电影事业发展专项资金管理委员会收取的国家电影事业发展专项资金暂免征收营业税	《财政部 国家税务总局关于国家电影事业发展专项资金营业税政策问题的通知》(财税［2010］16号)	国家电影事业发展专项资金管理委员会收取的国家电影事业发展专项资金暂免征收营业税	营业税	支持全面繁荣文化事业
13	文化企业库存呆滞规定物品超过规定年限可作为财产损失税前据实扣除	《财政部、海关总署、国家税务总局关于支持文化企业发展若干税收政策问题的通知》(财税［2009］31号)	出版、发行企业库存呆滞出版物，纸质图书超过5年（包括出版当年，下同）、音像制品、电子出版物和投影片（含缩微制品）超过2年、纸质期刊和挂历年画等超过1年的，可以作为财产损失在税前据实扣除。已作为财产损失税前扣除的出版物，以后年度处置的，其处置收入应纳入处置当年的应税收入	企业所得税	支持全面繁荣文化事业
14	文化高新技术企业适用低税率企业所得税，对“三新”技术的研究开发费用允许加计扣除	《财政部、海关总署、国家税务总局关于支持文化企业发展若干税收政策问题的通知》(财税［2009］31号)	在文化产业支撑技术等领域内，依据《关于印发〈高新技术企业认定管理办法〉的通知》(国科发火［2008］172号)和《关于印发〈高新技术企业认定管理工作指引〉的通知》(国科发火［2008］362号)的规定认定的高新技术企业，减按15%的税率征收企业所得税；文化企业开发新技术、新产品、新工艺发生的研究开发费用，允许按国家	企业所得税	支持推进文化领域改革开放

续表

序号	优惠政策名称	法律法规名称及文号	优惠政策具体内容	税种	领域
			税法规定在计算应纳税所得额时加计扣除。文化产业支撑技术等领域的具体范围由科技部、财政部、国家税务总局和中宣部另行发文明确		
15	经认定的动漫企业自主开发、生产动漫产品，可申请享受国家现行鼓励软件产业发展的所得税优惠政策	《财政部 国家税务总局关于扶持动漫产业发展有关税收政策问题的通知》（财税［2009］65号）	经认定的动漫企业自主开发、生产动漫产品，可申请享受国家现行鼓励软件产业发展的所得税优惠政策	企业所得税	
16	文化体制改革中经营性文化事业单位转制为企业的税收优惠	《财政部国家税务总局关于文化体制改革中经营性文化事业单位转制为企业的若干税收优惠政策的通知》（财税［2009］34号）	经营性文化事业单位转制为企业，自转制注册之日起免征企业所得税。本通知所称经营性文化事业单位是指从事新闻出版、广播影视和文化艺术的事业单位；转制包括文化事业单位整体转为企业和文化事业单位中经营部分剥离转为企业	企业所得税	支持推进文化领域改革开放
17	对科技教育基金会的奖金免征个人所得税	国税函发［1994］376号、国税函发［1995］501号、国税函发［1998］632号、财税字［1997］51号、国税函［2000］688号、国税函［2001］692号、国税函［2002］1087号、国税函［2002］737号、国税函［2002］769号	对个人获得曾宪梓教育基金会教师奖、香港柏宁顿（中国）教育基金会首届“孺子牛金球奖”“长江学者成就奖”第五届“宋庆龄儿童文学奖”“国际青少年消除贫困奖”参与“长江小小科学家”“明天小小科学家”“西部地区十四所	个人所得税	支持提高全民文明素质

续表

序号	优惠政策名称	法律法规名称及文号	优惠政策具体内容	税种	领域
			重点建设高校重点课程教师岗位计划”任课教师、孙平化日本学学术奖励基金活动获得的奖金，免予征收个人所得税		
18	对符合条件的科学、教育、技术、文化、卫生、体育、环境保护等方面的奖金免征个人所得税	《中华人民共和国个人所得税法》（中华人民共和国主席令第八十五号）《财政部国家税务总局关于教育税收政策的通知》（财税［2004］39 号）	省级人民政府、国务院部委和中国人民解放军军以上单位，以及外国组织、国际组织颁布的科学、教育、技术、文化、卫生、体育、环境保护等方面的奖金免征个人所得税	个人所得税	支持提高全民文明素质
19	对国际青少年消除贫困奖免征个人所得税	《财政部、国家税务总局关于国际青少年消除贫困奖免征个人所得税的通知》（财税［1997］51 号）	对个人取得的国际青少年消除贫困奖，视同从国际组织取得的教育、文化方面的奖金，免予征收个人所得税	个人所得税	支持提高全民文明素质
20	个人举报、协查各种违法、犯罪行为而获得的奖金免征个人所得税	《财政部 国家税务总局关于个人所得税若干政策问题的通知》（财税［1994］20 号）	个人举报、协查各种违法、犯罪行为而获得的奖金免征个人所得税	个人所得税	支持提高全民文明素质
21	对见义勇为者的奖金或奖品，免予征收个人所得税。	《财政部　国家税务总局关于发给见义勇为者的奖金免征个人所得税问题的通知》（财税［1995］25 号）	对乡、镇（含乡、镇）以上人民政府或经县（含县）以上人民政府主管部门批准成立的有机构、有章程的见义勇为基金会或者类似组织，奖励见义勇为者的奖金或奖品，经主管税务机关核准，免予征收个人所得税	个人所得税	支持提高全民文明素质

续表

序号	优惠政策名称	法律法规名称及文号	优惠政策具体内容	税种	领域
22	文化体制改革中经营性文化事业单位转制为企业的税收优惠	《财政部国家税务总局关于文化体制改革中经营性文化事业单位转制为企业的若干税收优惠政策的通知》(财税［2009］34号)	对经营性文化事业单位转制中资产评估增值涉及的企业所得税，以及资产划转或转让涉及的增值税、营业税、城建税等给予适当的优惠政策，具体优惠政策由财政部、国家税务总局根据转制方案确定。本通知所称经营性文化事业单位是指从事新闻出版、广播影视和文化艺术的事业单位；转制包括文化事业单位整体转为企业和文化事业单位中经营部分剥离转为企业	城市维护建设税	支持推进文化领域改革开放
23	为生产重点文化产品而进口国内不能生产的自用设备及配套件、备件等免征进口关税	《财政部、海关总署、国家税务总局关于支持文化企业发展若干税收政策问题的通知》(财税［2009］31号)	为生产重点文化产品而进口国内不能生产的自用设备及配套件、备件等，按现行税收政策有关规定，免征进口关税	关税	支持全面繁荣文化事业
24	经国务院有关部门认定的动漫企业自主开发、生产动漫直接产品，确需进口的商品，可享受免征进口关税和进口环节增值税的优惠政策	《财政部 国家税务总局关于扶持动漫产业发展有关税收政策问题的通知》(财税［2009］65号)	经国务院有关部门认定的动漫企业自主开发、生产动漫直接产品，确需进口的商品可享受免征进口关税和进口环节增值税的优惠政策	关税	支持全面繁荣文化事业

续表

序号	优惠政策名称	法律法规名称及文号	优惠政策具体内容	税种	领域
25	对非营利性科研机构自用的土地免征房产税	《财政部 国家税务总局关于非营利性科研机构税收政策的通知》（财税［2001］5号）《国务院办公厅关于非营利科研机构管理的若干意见（试行）》（国办发［2000］78号）	对主要从事应用基础研究或向社会提供公共服务的非营利性科研机构自用的房产，免征房产税	房产税	支持提高全民文明素质
26	对宗教寺庙、公园、名胜古迹自用的房产免征房产税	《中华人民共和国房产税暂行条例》（国发［1986］90号）	对下列房产免征房产税：宗教寺庙、公园、名胜古迹自用的房产	房产税	支持提升中原文化影响力
27	由文化单位转制为企业的自用房产免征房产税	《财政部、国家税务总局关于企业所得税若干优惠政策的通知》（财税［2008］1号）	由财政部门拨付事业经费的文化单位转制为企业，对其自用房产免征房产税	房产税	支持推进文化领域改革开放
28	对亏损的文化单位免征经营用房产的房产税	《财政部、海关总署、国家税务总局关于支持文化企业发展若干税收政策问题的通知》（财税［2009］31号）	对因自然灾害等不可抗力或承担国家指定任务而造成亏损的文化单位，经批准，免征经营用房产的房产税	房产税	支持全面繁荣文化事业
29	文化体制改革中经营性文化事业单位转制为企业的税收优惠	《财政部国家税务总局关于文化体制改革中经营性文化事业单位转制为企业的若干税收优惠政策的通知》（财税［2009］34号）	由财政部门拨付事业经费的文化单位转制为企业，自转制注册之日起对其自用房产免征房产税	房产税	支持推进文化领域改革开放

续表

序号	优惠政策名称	法律法规名称及文号	优惠政策具体内容	税种	领域
30	对市政街道、广场、绿化地带等公共用地免征城镇土地使用税	《中华人民共和国城镇土地使用税暂行条例（2006年修订）》（中华人民共和国国务院令第483号）	市政街道、广场、绿化地带等公共用地免缴城镇土地使用税	城镇土地使用税	支持全面繁荣文化事业
31	对企业符合条件的交通、安全、荒地等用地免征城镇土地使用税	《国家税务局关于印发〈关于土地使用税若干具体问题的补充规定〉的通知》（国税地字［1989］140号）	对企业的铁路专用线、公路用地，在厂区以外与社会用地段未加隔离的，免征土地使用税。对于各类危险品仓库、厂房所需的防火、防爆、防毒等安全防范用地，可由各省、自治区、直辖市税务局确定，暂免征收土地使用税；对企业范围内的荒山、林地、湖泊等占地，尚未利用的，经各省、自治区、直辖市税务局审批，可暂免征收土地使用税；对企业厂区（包括生产、办公及生活区）以内的绿化用地，应照章征收土地使用税，厂区以外的公共绿化用地和向社会开放的公园用地，暂免征收土地使用税	城镇土地使用税	支持全面繁荣文化事业
32	对非营利性科研机构自用的土地免征城镇土地使用税	《财政部 国家税务总局关于非营利性科研机构税收政策的通知》（财税［2001］5号）、《国务院办公厅转发科技部等部门关于非营利性科研机构管理的若干意见（试行）的通知》（国办发［2000］78号）	对主要从事应用基础研究或向社会提供公共服务的非营利性科研机构自用的土地，免征城镇土地使用税	城镇土地使用税	支持提高全民文明素质

续表

序号	优惠政策名称	法律法规名称及文号	优惠政策具体内容	税种	领域
33	对宗教寺庙、公园、名胜古迹自用的土地免征城镇土地使用税	《中华人民共和国城镇土地使用税暂行条例（2006年修订）》（中华人民共和国国务院令第483号）	下列土地免缴土地使用税：宗教寺庙、公园、名胜古迹自用的土地	城镇土地使用税	支持提升中原文化影响力
34	对文化单位转制为企业自用土地免征城镇土地使用税	《财政部、国家税务总局关于企业所得税若干优惠政策的通知》（财税［2008］1号）	由财政部门拨付事业经费的文化单位转制为企业，对其自用土地免征城镇土地使用税	城镇土地使用税	支持全面繁荣文化事业
35	对亏损的文化单位免征经营用土地的城镇土地使用税	《财政部、海关总署、国家税务总局关于支持文化企业发展若干税收政策问题的通知》（财税［2009］31号）	对因自然灾害等不可抗力或承担国家指定任务而造成亏损的文化单位，经批准，免征经营用土地的城镇土地使用税	城镇土地使用税	支持全面繁荣文化事业
36	对房产所有人、土地使用权所有人将房屋产权、土地使用权赠与直系亲属或承担直接赡养义务人或者通过中国境内非营利社会团体、国家机关赠与民政和其他社会福利、公益事业的，不征收土地增值税	《财政部 国家税务总局关于土地增值税一些具体问题规定的通知》（财税字［1995］48号）	房产所有人、土地使用权所有人将房屋产权、土地使用权赠与直系亲属或承担直接赡养义务人的，房产所有人、土地使用权所有人通过中国境内非营利社会团体、国家机关将房屋产权、土地使用权赠与民政和其他社会福利、公益事业的，不征收土地增值税	土地增值税	支持提高全民文明素质

续表

序号	优惠政策名称	法律法规名称及文号	优惠政策具体内容	税种	领域
37	对书报刊订购凭证免征印花税	《国家税务总局关于图书、报刊等征订凭证征免印花税问题的通知》（国税地字［1989］142号）	书、报、刊发行单位之间，发行单位与订阅单位或个人之间书立的凭证，免征印花税	印花税	支持提高全民文明素质

三、文化产业税收政策应用与行业发展

2010年，我国文化及相关产业法人单位增加值达到11 052亿元，占国内生产总值的比重达2.75%。文化产业结构继续优化，文化服务业增加值占文化产业法人单位增加值的53.7%。2010年各类新兴文化业态发展迅猛，其中网络出版、手机出版、动漫网游和数字印刷等战略性新兴文化产业增长速度超过50%。北京、上海、广东、湖南、云南、湖北等地2010年文化产业增加值占国民经济比重已超过或接近5%，文化产业已经成为当地经济发展的支柱产业。

2011年我国文化产业总量规模稳步提升，产业结构逐步调整。2011年，全国电影票房达到131.15亿元，较2010年增长28.93%，其中国产影片票房占全年票房总额的53.61%；新闻出版产业全年总产出超过1.5万亿元，新建国家级新闻出版产业基地5个；互联网和移动网游市场规模进一步扩大，全年国产网络游戏备案585款，同比增长超过200%。过去十年，中央政府先后出台了《文化产业发展第十个五年计划纲要》《国家“十一五”时期文化发展规划纲要》、中国共产党《十七大报告》、国务院《文化产业振兴规划》、文化部《关于加快文化产业发展的指导意见》等政策文件，大力推动文化产业发展。2011年10月25日，中共十七届六中全会发布了《中共中央关于深化文化体制改革、推动社会主义文化大发展大繁荣若干重大问题的决定》，明确提出了将把文化产业建成我国的支柱产业，确立了以深化文化体制改革、推动社会主义文化大发展大繁荣、建设社会主义文化强国的宏伟方向。上述一系列政策的出台实施，必将推动中国文化产业持续高速发展。文化产业是投资回报最好的行业之一。当代社会各种产业利润主要靠领先的自主创新和技术进步来实现，而文化产业正是自主创造和技术含量高的一个门类；加上政策因素和市场因素的作用，文化产业的资本盈利率比较高，文化产业领域投资热将会长期存在；最后从消费角度看，文化产品是与日俱增的消费热点。以文化用品制造业为例，2010年至今，该行业税收总额呈下降趋势，获利水平明显上升。如图3－5，图3－6所示。

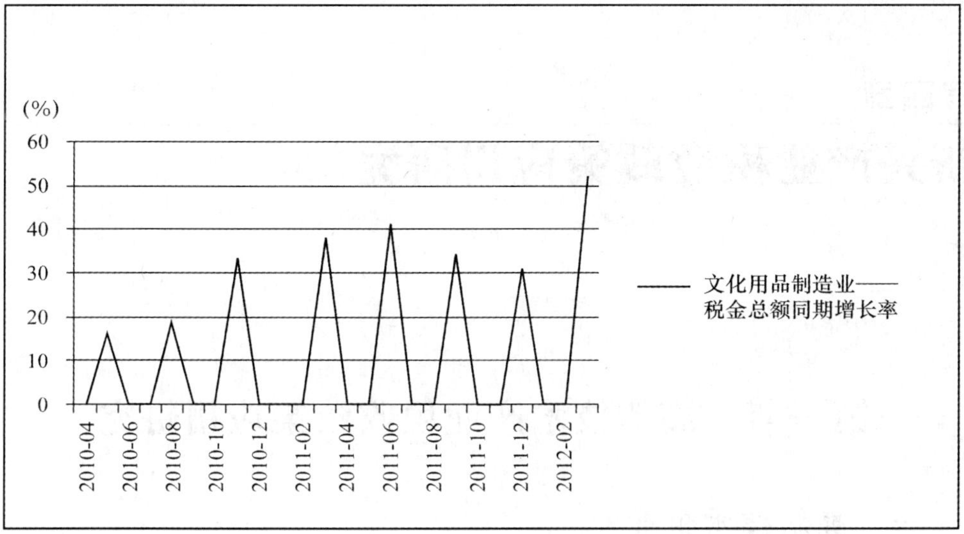

资料来源：中经宏观数据库。

图3－5　近三年文化用品制造业税金总额同期增长率

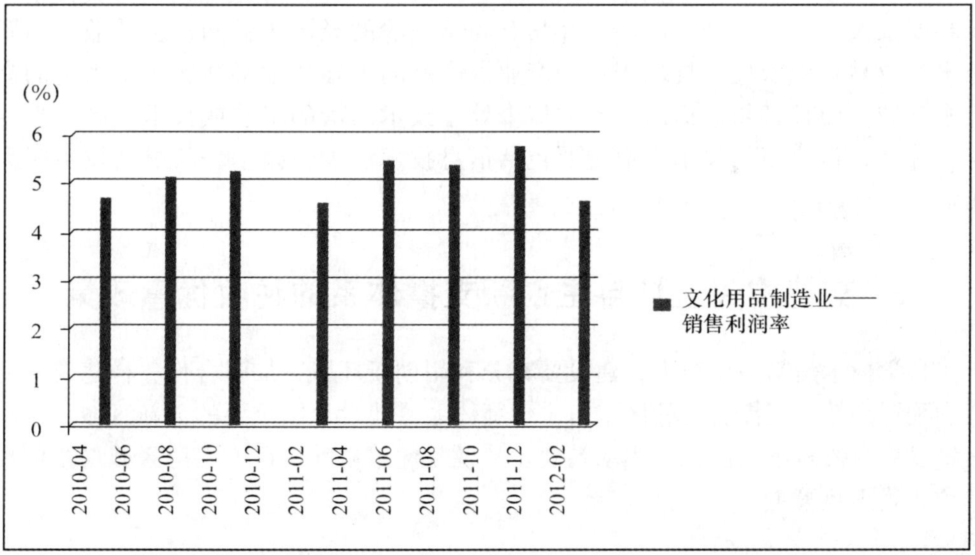

资料来源：中经宏观数据库。

图3－6　近三年文化用品制造业销售利润率

第四章
新兴产业税收政策应用研究

第一节　高新技术产业税收政策应用研究

一、高新技术企业

高新技术产业是以高新技术为基础，从事一种或多种高新技术及其产品的研究、开发、生产和技术服务的企业集合，这种产业所拥有的关键技术往往开发难度很大，但一旦开发成功，却具有高于一般的经济效益和社会效益。高新技术产业是知识密集、技术密集的产业。产品的主导技术必须属于所确定的高技术领域，而且必须包括高技术领域中处于技术前沿的工艺或技术突破。根据这一标准，目前高新技术产业主要包括信息技术、生物技术、新材料技术三大领域。

二、支持构建区域自主创新支撑体系的税收优惠政策

科学技术是第一生产力，建设要充分利用创新环境，加强合作，构建要素完备、配置高效、支撑有力的区域自主创新体系，建设全国重要的创新区域，推动区域发展由要素驱动向创新驱动转变。从税收优惠角度，目前支持区域自主创新的税收优惠政策主要包括：

1. 增值税

①直接用于科学研究、科学试验和教学的进口仪器、设备免征增值税；②对科技重大专项进口设备、零部件、原材料免征进口关税和进口环节增值税，详细内容见表 4 - 1。

2. 消费税

科学研究机构和学校，不以营利为目的，在合理数量范围内进口国内不能生产的科学研究和教学用品，直接用于科学研究或者教学的，免征进口关税和进口环节增值税、消费税，详细内容见表 4 - 1。

3. 营业税

①个人转让著作权收入免征营业税。②对单位和个人“四技”收入免征营业税，详细内容见表4－1。

4. 关税

对国内企业为生产国家支持发展的重大技术装备和产品而确有必要进口的关键零部件及原材料，免征进口关税和进口环节增值税。同时，取消相应整机和成套设备的进口免税政策，详细内容见表4－1。

5. 企业所得税

①一个纳税年度内，居民企业技术转让所得不超过500万元的部分，免征企业所得税；超过500万元的部分，减半征收企业所得税。②企业为开发新技术、新产品、新工艺发生的研究开发费用，未形成无形资产计入当期损益的，在按照规定据实扣除的基础上，按照研究开发费用的50%加计扣除；形成无形资产的，按照无形资产成本的150%摊销，详细内容见表4－1。

6. 个人所得税

①省级人民政府、国务院部委和中国人民解放军军以上单位，以及外国组织、国际组织颁布的科学、教育、技术、文化、卫生、体育、环境保护等方面的奖金免征个人所得税。②科研机构、高等学校转化职务科技成果以股份或出资比例等股权形式给予科技人员个人奖励，经主管税务机关审核后，暂不征收个人所得税。③高等学校转化职务科技成果以股份或出资比例等股权形式给予个人奖励，获奖人在取得股份、出资比例时，暂不缴纳个人所得税，详细内容见表4－1。

7. 房产税

①主要从事应用基础研究或向社会提供公共服务的非营利性科研机构自用房产免征房产税。②对经国务院批准的原国家经贸委所属242个科研机构和建设部等11个部门所属的134个科研机构，以及经科技部、财政部、中办编办审核批准的国务院部门（单位）所属社会公益类科研机构中，转制为企业的科研机构和进入企业的科研机构，从转制注册之日起，5年内免征科研开发自用房产的房产税。优惠政策执行到期后，再延长2年期限，详细内容见表4－1。

8. 城镇土地使用税

①对主要从事应用基础研究或向社会提供公共服务的非营利性科研机构自用的土地，免征城镇土地使用税。②对经国务院批准的原国家经贸委所属242个科研机构和建设部等11个部门（单位）所属的134个科研机构，以及经科技部、财政部、中编办审核批准的国务院部门（单位）所属社会公益类科研机构中，转制为企业的科研机构或进入企业的科研机构，从转制注册之日起，5年内免征科研开发自用土地的土地使用税，详细内容见表4－1。

9. 契税

国家机关、事业单位、社会团体、军事单位承受土地、房屋用于办公、教学、医疗、科研和军事设施的，免征契税，详细内容见表4-1。

10. 车辆购置税

回国服务的在外留学人员用现汇购买1辆个人自用国产小汽车和长期来华定居专家进口1辆自用小汽车免征车辆购置税，详细内容见表4-1。

表4-1 高新技术产业税收优惠政策汇总表

序号	优惠政策名称	法律法规名称、文号	优惠政策具体内容	税种	领域
1	直接用于科学研究、科学试验和教学的进口仪器、设备免征增值税	《中华人民共和国增值税暂行条例》（国务院第538号令）	下列项目免征增值税：直接用于科学研究、科学试验和教学的进口仪器、设备	增值税	支持自主创新
2	对科技重大专项进口设备、零部件、原材料免征进口关税和进口环节增值税	《财政部 科技部 国家发展改革委 海关总署 国家税务总局关于科技重大专项进口税收政策的通知》（财关税［2010］28号）	1. 自2010年7月15日起，对承担《国家中长期科学和技术发展规划纲要（2006—2020年）》中民口科技重大专项项目（课题）的企业和大专院校、科研院所等事业单位（以下简称项目承担单位）使用中央财政拨款、地方财政资金、单位自筹资金以及其他渠道获得的资金进口项目（课题）所需国内不能生产的关键设备（含软件工具及技术）、零部件、原材料，免征进口关税和进口环节增值税。	增值税	支持自主创新

续表

序号	优惠政策名称	法律法规名称、文号	优惠政策具体内容	税种	领域
			2. 项目承担单位在2010年7月15日至2011年12月31日期间，进口物资申请享受免税政策的，应在2010年9月1日前向科技重大专项项目牵头组织单位提交，申请文件，具体申请程序和要求见《暂行规定》，逾期不予受理。符合条件的项目承担单位自2010年7月15日起享受进口免税政策，可凭牵头组织单位出具的已受理申请的证明文件，向海关申请凭税款担保办理有关进口物资先予放行手续		
3	对科学研究机构和学校进口科学研究和教学用品免征进口关税和进口环节增值税、消费税	《科学研究和教学用品免征进口税收规定》（财政部、海关总署、国家税务总局令第45号）	科学研究机构和学校，不以营利为目的，在合理数量范围内进口国内不能生产或者性能不能满足需要的科学研究和教学用品，免征进口关税和进口环节增值税、消费税	消费税	支持自主创新
4	对个人转让著作权收入免征营业税	《关于对若干项目免征营业税的通知》（财税字[1994]002号）	个人转让著作权收入，免征营业税	营业税	支持自主创新

续表

序号	优惠政策名称	法律法规名称、文号	优惠政策具体内容	税种	领域
5	对单位和个人"四技"收入免征营业税	《财政部 国家税务总局关于贯彻落实〈中共中央、国务院关于加强技术创新，发展高科技，实现产业化的决定〉有关税收问题的通知》(财税字［1999］273号)	对单位和个人从事技术转让、技术开发业务和与之相关的技术咨询、技术服务业务收入，经省级税务机关批准，免征营业税	营业税	支持自主创新
6	对非营利机构"四技"收入免征营业税	《财政部 国家税务总局关于非营利性科研机构税收政策的通知》（财税［2001］5号）、《国务院办公厅转发科技部等部门关于非营利性科研机构管理的若干意见（试行）的通知》（国办发［2000］78号）	非营利性科研机构从事技术开发、技术转让业务和与之相关的技术咨询、技术服务所得的收入，按有关规定免征营业税和企业所得税	营业税	支持自主创新
7	对学校的"四技"收入免征营业税	《财政部 国家税务总局关于教育税收政策的通知》（财税［2004］39号）	对学校从事技术开发、技术转让和与之相关的技术咨询、技术服务取得收入，免征营业税	营业税	支持自主创新
8	对外国企业和外籍个人转让无形资产免征营业税	《财政部 国家税务总局关于外国企业和外籍个人转让无形资产营业税若干问题的通知》（财税［2001］36号）	1994年以后签订的外国企业和外籍个人技术转让合同，1999年10月1日以后取得的收入，可免征营业税	营业税	支持自主创新

续表

序号	优惠政策名称	法律法规名称、文号	优惠政策具体内容	税种	领域
9	承担民口科技重大专项项目（课题）的企业和大专院校、科研院所等事业单位（以下简称项目承担单位）使用中央财政拨款、地方财政资金、单位自筹资金以及其他渠道获得的资金进口项目（课题）所需国内不能生产的关键设备（含软件工具及技术）、零部件、原材料，免征进口关税和进口环节增值税	《财政部 科技部 国家发展改革委 海关总署 国家税务总局关于科技重大专项进口税收政策的通知》(财关税［2010］28号)	自2010年7月15日起，对承担《国家中长期科学和技术发展规划纲要（2006—2020年)》中民口科技重大专项项目（课题）的企业和大专院校、科研院所等事业单位（以下简称项目承担单位）使用中央财政拨款、地方财政资金、单位自筹资金以及其他渠道获得的资金进口项目（课题）所需国内不能生产的关键设备（含软件工具及技术)、零部件、原材料，免征进口关税和进口环节增值税	关税	支持自主创新
10	对外资研发中心进口科技开发用品免征进口税收，对内外资研发机构采购国产设备全额退还增值税	《财政部 海关总署 国家税务总局关于研发机构采购设备税收政策的通知》(财税［2009］115号)	对外资研发中心进口科技开发用品免征进口税收，对内外资研发机构采购国产设备全额退还增值税	关税	支持自主创新
11	对国内企业为生产国家支持发展的重大技术装备和产品而确有必要进口的关键零部件及原材料，免征进口关税和进口环节增值税。同时，取消相应整机和成套设备的进口免税政策	《财政部 国家发展改革委 工业和信息化部 海关总署 国家税务总局 国家能源局关于调整重大技术装备进口税收政策的通知》(财关税［2009］55号)	自2009年7月1日起，对国内企业为生产国家支持发展的重大技术装备和产品而确有必要进口的关键零部件及原材料，免征进口关税和进口环节增值税。同时，取消相应整机和成套设备的进口免税政策	关税	支持自主创新

续表

序号	优惠政策名称	法律法规名称、文号	优惠政策具体内容	税种	领域
12	对科学研究机构和学校进口科学研究和教学用品，免征进口关税和进口环节增值税、消费税	《科学研究和教学用品免征进口税收规定》（财政部、海关总署、国家税务总局令第45号）	科学研究机构和学校，不以营利为目的，在合理数量范围内进口国内不能生产或者性能不能满足需要的科学研究和教学用品，免征进口关税和进口环节增值税、消费税	关税	支持自主创新
13	对一个纳税年度内，居民企业技术转让所得不超过500万元的部分免征企业所得税；超过500万元的部分减半征收企业所得税	《中华人民共和国企业所得税法》（中华人民共和国主席令第六十三号）、《实施条例》（中华人民共和国国务院令第512号）	一个纳税年度内，居民企业技术转让所得不超过500万元的部分，免征企业所得税；超过500万元的部分，减半征收企业所得税	企业所得税	支持自主创新
14	对企业的“三新”研发费用允许加计50%扣除费用或者摊销成本	《中华人民共和国企业所得税法》（中华人民共和国主席令第六十三号）、《实施条例》（中华人民共和国国务院令第512号）	企业为开发新技术、新产品、新工艺发生的研究开发费用，未形成无形资产计入当期损益的，在按照规定据实扣除的基础上，按照研究开发费用的50%加计扣除；形成无形资产的，按照无形资产成本的150%摊销	企业所得税	支持自主创新
15	对符合条件的高新技术企业减按15%的税率征收企业所得税	《中华人民共和国企业所得税法》（中华人民共和国主席令第六十三号）、《实施条例》（中华人民共和国国务院令第512号）	拥有核心自主知识产权，产品属于《国家重点支持的高新技术领域》范围，并且符合高新技术企业认定管理办法的国家需要重点扶持的高新技术企业，减按15%的税率征收企业所得税	企业所得税	支持自主创新

续表

序号	优惠政策名称	法律法规名称、文号	优惠政策具体内容	税种	领域
16	对科学、技术等方面的奖金免征个人所得税	《中华人民共和国个人所得税法》（中华人民共和国主席令第八十五号）	省级人民政府、国务院部委和中国人民解放军军以上单位，以及外国组织、国际组织颁布的科学、教育、技术、文化、卫生、体育、环境保护等方面的奖金免征个人所得税	个人所得税	支持自主创新
17	对按照国家统一规定发给的补贴、津贴免征个人所得税	《中华人民共和国个人所得税法》（中华人民共和国主席令第八十五号）、《实施条例》、国税发［1994］1118号、国发［1998］8号、财税字［1998］118号	按照国务院规定发给的政府特殊津贴和国务院规定免纳个人所得税的补贴、津贴免征个人所得税。目前国务院规定免纳个人所得税的补贴、津贴只有：①中国科学院院士津贴每人每月200元；②中国科学院资深院士和中国工程院资深院士每人每年1万元的资深院士津贴	个人所得税	支持自主创新
18	对职务科技成果个人奖励的股份、出资比例免征个人所得税	《国家税务总局关于促进科技成果转化有关个人所得税问题的通知》（国税发［1999］125号）《财政部 国家税务总局关于教育税收政策的通知》（财税［2004］39号）	科研机构、高等学校转化职务科技成果以股份或出资比例等股权形式给予科技人员个人奖励，经主管税务机关审核后，暂不征收个人所得税。高等学校转化职务科技成果以股份或出资比例等股权形式给予个人奖励，获奖人在取得股份、出资比例时，暂不缴纳个人所得税	个人所得税	支持自主创新

续表

序号	优惠政策名称	法律法规名称、文号	优惠政策具体内容	税种	领域
19	对非营利性科研机构自用的土地，免征房产税	《财政部 国家税务总局关于非营利性科研机构税收政策的通知》（财税［2001］5号）《国务院办公厅关于非营利科研机构管理的若干意见（试行）》（国办发［2000］78号）	对主要从事应用基础研究或向社会提供公共服务的非营利性科研机构自用的房产，免征房产税	房产税	支持自主创新
20	对转制科研机构科研开发自用房产免征房产税	《财政部 国家税务总局关于转制科研机构有关税收政策问题的通知》（财税［2003］137）《财政部 国家税务总局关于延长转制科研机构有关税收政策执行期限的通知》（财税［2005］14号）	对经国务院批准的原国家经贸委所属242个科研机构和建设部等11个部门所属的134个科研机构，以及经科技部、财政部、中办编办审核批准的国务院部门（单位）所属社会公益类科研机构中，转制为企业的科研机构和进入企业的科研机构，从转制注册之日起，5年内免征科研开发自用房产的房产税。优惠政策执行到期后，再延长2年期限	房产税	支持自主创新
21	对非营利性科研机构自用的土地免征城镇土地使用税	《财政部 国家税务总局关于非营利性科研机构税收政策的通知》（财税［2001］5号）、《国务院办公厅转发科技部等部门关于非营利性科研机构管理的若干意见（试行）的通知》（国办发［2000］78号）	对主要从事应用基础研究或向社会提供公共服务的非营利性科研机构自用的土地，免征城镇土地使用税	城镇土地使用税	支持自主创新

续表

序号	优惠政策名称	法律法规名称、文号	优惠政策具体内容	税种	领域
22	对科研转制机构免征科研开发自用土地的城镇土地使用税	《财政部 国家税务总局关于转制科研机构有关税收政策问题的通知》（财税［2003］137号）《财政部 国家税务总局关于转制科研机构有关税收政策问题的通知》（财税［2005］14号）	对经国务院批准的原国家经贸委所属242个科研机构和建设部等11个部门（单位）所属的134个科研机构，以及经科技部、财政部、中编办审核批准的国务院部门（单位）所属社会公益类科研机构中，转制为企业的科研机构或进入企业的科研机构，从转制注册之日起，5年内免征科研开发自用土地的土地使用税	城镇土地使用税	支持自主创新
23	对国家机关等单位承受土地、房屋用于科研的，免征契税	中华人民共和国国务院令（1997）第224号）《中华人民共和国契税暂行条例》	国家机关、事业单位、社会团体、军事单位承受土地、房屋用于办公、教学、医疗、科研和军事设施的，免征契税	契税	支持自主创新
24	对留学人员和来华专家免征车辆购置税	《财政部 国家税务总局关于防汛专用等车辆免征车辆购置税的通知》（财税［2001］39号）	回国服务的在外留学人员用现汇购买1辆个人自用国产小汽车和长期来华定居专家进口1辆自用小汽车，免征车辆购置税	车辆购置税	支持自主创新

三、高新技术产业税收政策应用与行业发展

中国高新技术产业开发区是以智力密集和开放环境条件为依托，主要依靠国内的科技和经济实力，充分吸收和借鉴国外先进科技资源、资金和管理手段，通过实施高新技术产业的优惠政策和各项改革措施，实现软硬环境的局部优化，最大限度地把科技成果转化为现实生产力而建立起来的集中区域。建设高新技术产业开发区，是中国经济和科技体制改革的重要成果，是符合中国国情的发展高新

技术产业的有效途径。现阶段，要进一步依靠体制创新和科技创新，强化功能建设，营造吸引优秀科技人员和经营管理者创新创业的良好环境，成为科技创新和产业化发展重要基地，在区域经济发展中发挥辐射和带动作用。以电子器件制造业为例，2010 年至今，该行业税收总额呈下降趋势，获利水平明显上升。如图 4－1，图 4－2 所示，资料来自中经宏观数据库。

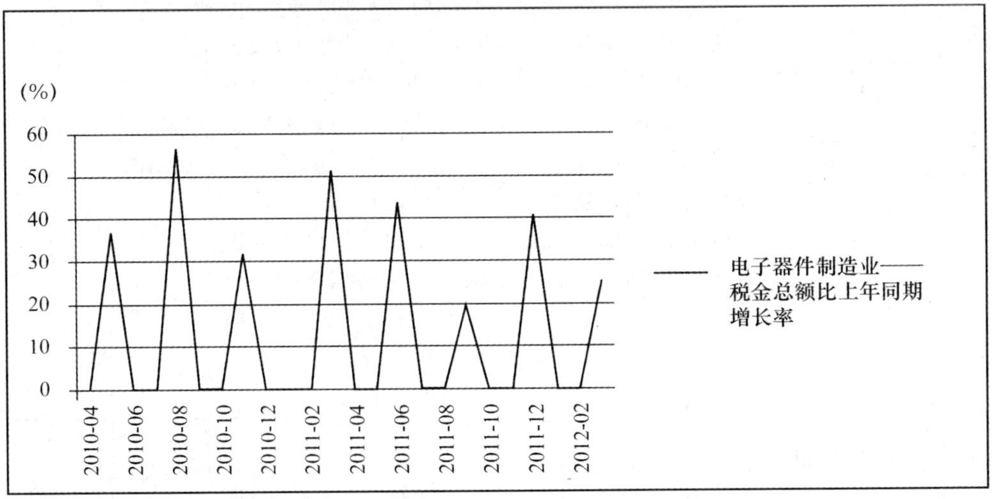

图 4－1　近三年电子器件制造业税金同期增长率

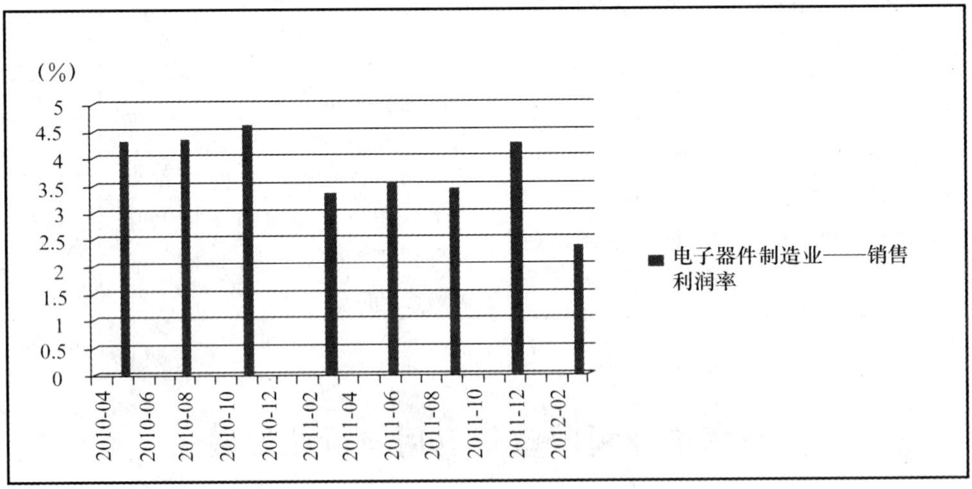

图 4－2　近三年电子器件制造业销售利润率

第二节　节能减排产业税收政策应用研究

一、节能减排产业

节能减排，就是节约能源、降低能源消耗、减少污染物排放。节能减排包括节能和减排两大技术领域，二者有联系，又有区别。一般地讲，节能必定减排，而减排却未必节能，所以减排项目必须加强节能技术的应用，以避免因片面追求减排结果而造成的能耗激增，注重社会效益和环境效益均衡。《中华人民共和国节约能源法》所称节约能源（简称节能），是指加强用能管理，采取技术上可行、经济上合理以及环境和社会可以承受的措施，从能源生产到消费的各个环节，降低消耗、减少损失和污染物排放、制止浪费，有效、合理地利用能源。我国快速增长的能源消耗和过高的石油对外依存度促使政府在 2006 年年初提出：希望到 2010 年，单位 GDP 能耗比 2005 年降低两成，主要污染物排放减少一成。这两个指标结合在一起，就是我们所说的“节能减排”。我国经济快速增长，各项建设取得巨大成就，但也付出了巨大的资源和环境被破坏的代价，这两者之间的矛盾日趋尖锐，群众对环境污染问题反应强烈。这种状况与经济结构不合理、增长方式粗放直接相关。如果不加快调整经济结构、转变增长方式，资源支撑不住，环境容纳不下，社会承受不起，经济发展将难以为继。只有坚持节约发展、清洁发展、安全发展，才能实现经济又好又快发展。同时，温室气体排放引起全球气候变暖，备受国际社会关注。进一步加强节能减排工作，也是应对全球气候变化的迫切需要。《中华人民共和国节约能源法》指出“节约资源是我国的基本国策。国家实施节约与开发并举、把节约放在首位的能源发展战略。”

二、节能减排产业税收优惠政策

财政部、国家税务总局最新公布的节能服务产业征税规定，2011 年起，节能服务公司实施合同能源管理项目所得，可免营业税等多项税收优惠政策。该规定明确从增值税、营业税、企业所得税等方面对节能服务企业提供税收政策扶持。这意味着节能服务企业几乎可以享受到“无税待遇”，优惠政策力度可谓空前。“合同能源管理”，对很多人来说还是个陌生的概念，但在西方发达国家，这已是一个迅速扩张、日趋热门的新型产业。合同能源管理是一种市场化节能机制，以减少的能源费用来支付节能项目的全部成本。由于接受节能改造的单位无须投入任何费用，却能从中获益，且与实施节能改造的合同能源服务企业“双赢”，因此合同能源管理被称作“不花钱的节能”。但此前，由于政策不够明确，有的节能企业3年时间仅谈成不足10%的项目，叫好不叫座。成功率低的主要原因是需要进行节能改造的企业，大多不了解什么是合同能源管理，不接受合同能源管理这种新机制。2010年起，国家发改委、财政部、国家税务总局等部门制定出台《关于加快推行合同能源管理，促进节能服务产业发展的意见》，解决了合同能源管理推行中存在的主要问题，宣告合同能源管理终获国家层面的承认。市国税局所得处负责人介绍，以前，实施能源管理合同，节能服务企业取得的收入要缴纳营业税和企业所得税。在期满后，向用能企业移交设备，还被视同销售货物，缴纳增值税。上述意见实施后，就不用缴纳营业税、增值税了，企业所得税还可以享受3年免税、3年减半征税的优惠，这对节能服务企业的扶持力度非常大。根据财政部、国家税务总局最新公布的节能服务产业征税规定，2012年开始，对符合条件的节能服务公司实施合同能源管理项目，取得的营业税应税收入，可暂免征收营业税。节能服务公司实施符合条件的合同能源管理项目，将项目中的增值税应税货物转让给用能企业，可暂免征收增值税。在所得税优惠方面，明确对于符合条件的节能服务公司实施合同能源管理项目，自项目取得第一笔生产经营收入所属纳税年度起，1~3年免征企业所得税，4~6年按照25%的法定税率减半征收企业所得税。这意味着节能服务企业几乎可以享受到“无税待遇”。同时，一直困扰节能服务企业的一些税务处理问题也得到明确。市国税局货物和劳务税处负责人以本市一家节能服务企业为例，该企业去年的收入额近5亿元，此前按17%的税率缴纳增值税，平均每台节能环保设备的售价是3 000余万元。依新政策进行减免后，该企业一年能够省下一两千万元的税款。此次受国家支持的税收项目中，包括“既有居住建筑供热计量及节能改造项目”。这意味着采用合同能源管理方式，开展供热计量及节能改造并进行分户计量收费，可以享受到减免税的待遇。

第三节　环境保护产业税收政策应用研究

一、环境保护产业

环保产业是一个跨产业、跨领域、跨地域，与其他经济部门相互交叉、相互渗透的综合性新兴产业。因此，有专家提出应列为继“知识产业”之后的“第五产业”。环保产业在国际上有狭义和广义的两种理解。对环保产业的狭义理解是终端控制，即在环境污染控制与减排、污染清理以及废物处理等方面提供产品和服务；广义的理解则包括生产中的清洁技术、节能技术，以及产品的回收、安全处置与再利用等，是对产品从“生”到“死”的绿色全程呵护。据统计，全球环保产业的市场规模已从1992年的2 500亿美元增至2011年的6 000亿美元，年均增长率8%，远远超过全球经济增长率，成为各个国家十分重视的“朝阳产业”。进入21世纪，全球环保产业开始进入快速发展阶段，逐渐成为支撑产业经济效益增长的重要力量，并正在成为许多国家革新和调整产业结构的重要目标和关键。美国、日本和欧盟的环保产业成为全球环保市场的主要力量。

随着中国经济的持续快速发展，城市进程和工业化进程的不断前进，环境污染日益严重，国家对环保的重视程度也越来越高。“十五”期间，由于国家加大了环保基础设施的建设投资，有力地拉动了相关产业的市场需求，环保产业总体规模迅速扩大，产业领域不断拓展，产业结构逐步调整，产业水平明显提升。在发展循环经济的要求下，从2007年开始，“环保支出”科目被正式纳入国家财政预算，政府对环保工作提出了新思路、新对策，受益于此，中国环保行业继续高速增长，且增速进一步提高。中国采取综合措施推进污染减排，全国装备脱硫设施的燃煤机组占全部火电机组的比例由2005年的12%提高到2007年的48%，城镇污水处理率由52%提高到60%，全年全国化学需氧量排放量1 383.3万吨，比2006年下降3.14%；二氧化硫排放量2 468.1万吨，比2006年下降了4.66%，主要污染物排放量实现双下降，首次出现了“拐点”，污染防治由被动应对转向主动防控，环保历史性转变迈出坚实步伐。2008年，国家要求关停1 300万千瓦小火电，淘汰600万吨炼钢、5 000万吨水泥、1 400万吨炼铁等一大批落后产能，削减二氧化硫排放量60万吨，削减化学需氧量排放量40万吨。环保产品和服务的需求进一步扩大。2008年上半年，全国化学需氧量排放总量674.2万吨，同比下降2.48%；二氧化硫排放总量1 213.3万吨，同比下降3.96%，新增城市污水处理能力678万吨/日。2008年下半年，受美国金融危机影响，中国为扩大内需，大规模加大基础设施建设，对环保产业的投资也进一步加大。中国环保产业还处于快速发展阶段，总体规模相对还很小，其边界和内涵仍在不断延伸和丰富。随着中国社会经济的发展和产业结构的调整，中国环保产业对国民经济的直接贡献将由小变大，逐渐成为改善经济运行质量、促进经济增长、提高经济技术档次的产业。产业内涵扩展的方向将主要集中在洁净技术、洁净产品、环境服务等方面，中国环保产业的概念也将演变为“环境产业”或“绿色产业”。“十一五”期间，中国环保产业可望保持年均15%～17%的增长速度，环保投资的重点领域主要包括水环境、大气环境、固体废物、生态环境、核安全及辐射环境保护建设以及环境能力建设。2010年环保产业的年收入总值将达8 800亿～10 000亿元左右，其中资源综合利用产值6 600亿元，环保装备产值1 200亿元，环境服务产值1 000亿元。

二、环境保护产业税收优惠政策

自然资源是经济发展的物质基础和前提条件，一个国家或地区自然资源的数量、质量及其组合配置状况影响着该国家或地区经济的发展。要坚持可持续发展战略，树立绿色、低碳发展理念，大力发展循环经济，推进节能减排，构建资源节约型、环境友好型社会，建设绿色中原。生态文明是建设的重要标志。从税收优惠角度，目前支持构建可持续发展的资源环境支撑体系的税收优惠政策主要包括：

1. 增值税

①对煤层气抽采企业的增值税一般纳税人抽采销售煤层气实行增值税先征后退政策。先征后退税款由企业专项用于煤层气技术的研究和扩大再生产，不征收企业所得税。②对销售下列自产货物实行免征增值税政策：再生水、以废旧轮胎为全部生产原料生产的胶粉、翻新轮胎、生产原料中掺兑废渣比例不低于30%的特定建材产品，详细内容见表4-2。

2. 消费税

①对利用废弃的动物油和植物油为原料生产的纯生物柴油免征消费税。②对翻新轮胎免征消费税，对进口翻新轮胎免征进口环节消费税，详细内容见表4-2。

3. 关税

对符合规定条件的国内企业为生产国家支持发展的大型环保和资源综合利用设备、应急柴油发电机组、机场行李自动分拣系统、重型模锻液压机而确有必要进口部分关键零部件、原材料，免征关税和进口环节增值税，详细内容见表4-2。

4. 企业所得税

①企业以《资源综合利用企业所得税优惠目录》规定的资源作为主要原材料，生产国家非限制和禁止并符合国家和行业相关标准的产品取得的收入，减按90%计入收入总额。②企业购置并实际使用《环境保护专用设备企业所得税优惠目录》《节能节水专用设备企业所得税优惠目录》和《安全生产专用设备企业所得税优惠目录》规定的环境保护、节能节水、安全生产等专用设备的，该专用设备的投资额的10%可以从企业当年的应纳税额中抵免；当年不足抵免的，可以在以后5个纳税年度结转抵免，详细内容见表4-2。

5. 个人所得税

省级人民政府、国务院部委和中国人民解放军军以上单位，以及外国组织、国际组织颁布的科学、教育、技术、文化、卫生、体育、环境保护等方面的奖金免征个人所得税，详细内容见表4-2。

6. 资源税

调整对冶金矿山铁矿石资源税减征政策，暂按规定税额标准的60%征收，详细内容见表4-2。

7. 房产税

①对长江上游、黄河中上游地区，东北、内蒙古等国有林区天然林资源保护工程实施企业和单位用于天然林保护工程的房产、土地和车船分别免征房产税、城镇土地使用税和车船使用税；对由于国家实行天然林资源保护工程造成森工企业的房产、土地闲置一年以上不用的，暂免征收房产税和城镇土地使用税。②对财政部门拨付事业经费的地勘单位自用的房产、车船和土地，按有关规定免征房产税、车船使用税和城镇土地使用税，详细内容见表4－2。

8. 城镇土地使用税

①对石油、天然气生产建设的下列用地，暂免征土地使用税。②煤炭企业的下列用地，免征土地使用税：矸石山、排土场用地，防排水沟用地；矿区办公、生活区以外的公路、铁路专用线及轻便道和输变电线路用地等，详细内容见表4－2。

表4－2　环境保护产业税收优惠政策汇总表

序号	优惠政策名称	法律法规名称、文号	优惠政策具体内容	税种	领域
1	对煤层气抽采企业的增值税一般纳税人抽采销售煤层气实行增值税先征后退	《财政部 国家税务总局关于加快煤层气抽采有关税收政策的通知》（财税［2007］16号）	对煤层气抽采企业的增值税一般纳税人抽采销售煤层气实行增值税先征后退政策。先征后退税款由企业专项用于煤层气技术的研究和扩大再生产，不征收企业所得税	增值税	支持可持续发展资源环境
2	再生水等资源综合利用产品免征增值税	《财政部 国家税务总局关于部分资源综合利用及其他产品增值税政策问题的通知》（财税［2008］156号）	对销售下列自产货物实行免征增值税政策：再生水、以废旧轮胎为全部生产原料生产的胶粉、翻新轮胎、生产原料中掺兑废渣比例不低于30%的特定建材产品	增值税	支持可持续发展资源环境
3	对污水处理劳务免征增值税	《财政部 国家税务总局关于部分资源综合利用及其他产品增值税政策问题的通知》（财税［2008］156号）	对污水处理劳务免征增值税。污水处理是指将污水加工处理后符合GB 18918—2002有关规定的水质标准的业务	增值税	支持可持续发展资源环境

续表

序号	优惠政策名称	法律法规名称、文号	优惠政策具体内容	税种	领域
4	以工业废气为原料生产的高纯度二氧化碳产品等部分资源综合利用产品增值税，即征即退	《财政部 国家税务总局关于部分资源综合利用及其他产品增值税政策问题的通知》（财税［2008］156号）	对销售下列自产货物实行增值税即征即退的政策：以工业废气为原料生产的高纯度二氧化碳产品、以垃圾为燃料生产的电力或者热力、以煤炭开采过程中伴生的舍弃物油母页岩为原料生产的页岩油、以废旧沥青混凝土为原料生产的再生沥青混凝土、采用旋窑法工艺生产并且生产原料中掺兑废渣比例不低于30%的水泥（包括水泥熟料）	增值税	支持可持续发展资源环境
5	部分资源综合利用产品增值税，实行即征即退50%	《财政部 国家税务总局关于部分资源综合利用及其他产品增值税政策问题的通知》（财税［2008］156号）	销售下列自产货物实现的增值税实行即征即退50%的政策：以退役军用发射药为原料生产的涂料硝化棉粉、对燃煤发电厂及各类工业企业产生的烟气、高硫天然气进行脱硫生产的副产品、以废弃酒糟和酿酒底锅水为原料生产的蒸汽、活性炭、白碳黑、乳酸、乳酸钙、沼气；以煤矸石、煤泥、石煤、油母页岩为燃料生产的电力和热力。煤矸石、煤泥、石煤、油母页岩用量占发电燃料的比重不低于60%；利用风力生产的电力；部分新型墙体材料产品	增值税	支持可持续发展资源环境

续表

序号	优惠政策名称	法律法规名称、文号	优惠政策具体内容	税种	领域
6	对销售自产的综合利用生物柴油实行增值税先征后退政策	《财政部 国家税务总局关于部分资源综合利用及其他产品增值税政策问题的通知》(财税［2008］156号)	对销售自产的综合利用生物柴油实行增值税先征后退政策。综合利用生物柴油，是指以废弃的动物油和植物油为原料生产的柴油。废弃的动物油和植物油用量占生产原料的比重不低于70%	增值税	支持可持续发展资源环境
7	对符合规定条件的关键零部件、原料免征关税和进口环节增值税	《财政部 工业和信息化部 海关总署 国家税务总局关于调整大型环保及资源综合利用设备等重大技术装备进口税收政策的通知》(财关税［2010］50号)	自2010年6月1日起，对符合规定条件的国内企业为生产国家支持发展的大型环保和资源综合利用设备、应急柴油发电机组、机场行李自动分拣系统、重型模锻液压机而确有必要进口部分关键零部件、原材料，免征关税和进口环节增值税	增值税	支持可持续发展资源环境
8	对污水处理费免征增值税	《财政部 国家税务总局关于污水处理费有关增值税政策的通知》(财税［2001］97号)	对各级政府及主管部门委托自来水厂（公司）随水费收取的污水处理费，免征增值税。以上规定自2001年7月1日起执行	增值税	支持可持续发展资源环境
9	对退耕还林还草的补助粮，免征增值税	《国家税务总局关于退耕还林还草补助粮免征增值税问题的通知》(国税发［2001］131号)	对粮食部门经营的退耕还林还草补助粮，凡符合国家规定标准的，比照“救灾救济粮”免征增值税。以上规定自1998年8月1日起执行	增值税	支持可持续发展资源环境

续表

序号	优惠政策名称	法律法规名称、文号	优惠政策具体内容	税种	领域
10	进口镍矿砂、钴矿砂、锑矿砂及其精矿中所含的黄金价值部分免征进口环节增值税，非黄金价值部分照章征收进口环节增值税	《海关总署关于进口镍矿砂、钴矿砂、锑矿砂及它们的精矿享受黄金伴生矿税收优惠政策的公告》（海关总署公告［2007］60号）《关于进口铅矿砂及其精矿享受黄金伴生矿税收优惠政策事宜》（海关总署公告［2007］14号）	自2007年12月1日起，进口镍矿砂、钴矿砂、锑矿砂及其精矿享受黄金伴生矿税收优惠政策，即进口上述货物中所含的黄金价值部分免征进口环节增值税，非黄金价值部分照章征收进口环节增值税。自2007年4月1日起，进口铅矿砂及其精矿享受黄金伴生矿税收优惠政策	增值税	支持可持续发展资源环境
11	纳税人销售旧货按照简易办法依照4%征收率，减半征收增值税	《财政部 国家税务总局关于部分货物适用增值税低税率和简易办法征收增值税政策的通知》（财税［2009］9号）	纳税人销售旧货，按照简易办法依照4%征收率减半征收增值税	增值税	支持可持续发展资源环境
12	对利用废弃的动物油和植物油为原料生产的纯生物柴油免征消费税	《财政部 国家税务总局关于对利用废弃的动植物油生产纯生物柴油免征消费税的通知》（财税［2010］118号）	从2009年1月1日起，对同时符合下列条件的纯生物柴油免征消费税：①生产原料中废弃的动物油和植物油用量所占比重不低于70%。②生产的纯生物柴油符合国家《柴油机燃料调合生物柴油（BD100）》标准	消费税	支持可持续发展资源环境
13	对翻新轮胎免征消费税，对进口翻新轮胎免征进口环节消费税	《财政部 国家税务总局关于香皂和汽车轮胎消费税政策的通知》（财税［2000］145号）《财政部 国家税务总局关于调整部分进口商品消费税税率的通知》（财税［2001］153号）	自2001年1月1日起，对“汽车轮胎”税目中的子午线轮胎免征消费税，对翻新轮胎停止征收消费税。自2001年9月1日起，进口子午线轮胎和翻新轮胎免征进口环节消费税	消费税	支持可持续发展资源环境

续表

序号	优惠政策名称	法律法规名称、文号	优惠政策具体内容	税种	领域
14	对生产销售达到低污染排放限值的小轿车、越野车和小客车减征30%的消费税	《财政部 国家税务总局关于对低污染排放小汽车减征消费税问题的通知》（财税［2003］266号）（财税［2004］6号）（财税［2004］7号）（财税［2004］8号）（财税［2004］12号）（财税［2004］13号）（财税［2004］14号）（财税［2005］20号）	自2004年7月1日起，对生产销售达到低污染排放限值的小轿车、越野车和小客车减征30%的消费税	消费税	支持可持续发展资源环境
15	对符合规定条件的国内企业为生产国家支持发展的大型环保和资源综合利用设备、应急柴油发电机组、机场行李自动分拣系统、重型模锻液压机而确有必要进口部分关键零部件、原材料的，免征关税和进口环节增值税	《财政部 工业和信息化部 海关总署 国家税务总局关于调整大型环保及资源综合利用设备等重大技术装备进口税收政策的通知》（财关税［2010］50号）	自2010年6月1日起，对符合规定条件的国内企业为生产国家支持发展的大型环保和资源综合利用设备、应急柴油发电机组、机场行李自动分拣系统、重型模锻液压机（见附件1）而确有必要进口部分关键零部件、原材料（见附件2），免征关税和进口环节增值税	关税	支持可持续发展资源环境

续表

序号	优惠政策名称	法律法规名称、文号	优惠政策具体内容	税种	领域
16	对承担民口科技重大专项项目、课题（包括大型油气田及煤层气开发）的企业和大专院校、科研院所等事业单位（以下简称项目承担单位）使用中央财政拨款、地方财政资金、单位自筹资金以及其他渠道获得的资金进口项目（课题）所需国内不能生产的关键设备、零部件、原材料，免征进口关税和进口环节增值税	《财政部 科技部 国家发展改革委 海关总署 国家税务总局关于科技重大专项进口税收政策的通知》（财关税［2010］28号）	自2010年7月15日起，对承担《国家中长期科学和技术发展规划纲要（2006—2020年）》中民口科技重大专项项目、课题（包括大型油气田及煤层气开发）的企业和大专院校、科研院所等事业单位（以下简称项目承担单位）使用中央财政拨款、地方财政资金、单位自筹资金以及其他渠道获得的资金进口项目（课题）所需国内不能生产的关键设备（含软件工具及技术）、零部件、原材料，免征进口关税和进口环节增值税	关税	支持可持续发展资源环境
17	对资源综合利用产品取得的收入减按90%计入收入总额	《中华人民共和国企业所得税法》（中华人民共和国主席令第六十三号）、《实施条例》（中华人民共和国国务院令第512号）	企业以《资源综合利用企业所得税优惠目录》规定的资源作为主要原材料，生产国家非限制和禁止并符合国家和行业相关标准的产品取得的收入，减按90%计入收入总额	企业所得税	支持可持续发展资源环境

续表

序号	优惠政策名称	法律法规名称、文号	优惠政策具体内容	税种	领域
18	中国清洁发展机制基金和清洁发展机制项目（CDM 项目）的企业所得税优惠	《财政部 国家税务总局关于中国清洁发展机制基金及清洁发展机制项目实施企业有关企业所得税政策问题的通知》（财税［2009］30 号）	一、关于清洁基金的企业所得税政策：对清洁基金取得的下列收入，免征企业所得税： 1. CDM 项目温室气体减排量转让收入上缴国家的部分； 2. 国际金融组织赠款收入； 3. 基金资金的存款利息收入、购买国债的利息收入； 4. 国内外机构、组织和个人的捐赠收入。 二、关于 CDM 项目实施企业的企业所得税政策： 1. CDM 项目实施企业按照《清洁发展机制项目运行管理办法》（发展改革委、科技部、外交部、财政部令第 37 号）的规定，将温室气体减排量的转让收入，按照以下比例上缴给国家的部分，准予在计算应纳税所得额时扣除：①氢氟碳化物（HFC）和全氟碳化物（PFC）类项目，为温室气体减排量转让收入的 65%；②氧化亚氮（N_2O）类项目，为温室气体减排量转让收入的 30%；③《清洁发展机制项目运行管理办法》第四条规定的重点领域以及植树造林项目等类清洁发展机制项目，为温室气体	企业所得税	支持可持续发展资源环境

续表

序号	优惠政策名称	法律法规名称、文号	优惠政策具体内容	税种	领域
			减排量转让收入的2%。 2. 对企业实施的将温室气体减排量转让收入的65%上缴给国家的HFC和PFC类CDM项目，以及将温室气体减排量转让收入的30%上缴给国家的N_{20}类CDM项目，其实施该类CDM项目的所得，自项目取得第一笔减排量转让收入所属纳税年度起，第一年至第三年免征企业所得税，第四年至第六年减半征收企业所得税。 企业实施CDM项目的所得，是指企业实施CDM项目取得的温室气体减排量转让收入扣除上缴国家的部分，再扣除企业实施CDM项目发生的相关成本、费用后的净所得。企业应单独核算其享受优惠的CDM项目的所得，并合理分摊有关期间费用，没有单独核算的，不得享受上述企业所得税优惠政策		
19	对企业购置并实际使用符合条件的环境保护、节能节水、安全生产专用设备的，允许按投资额的10%抵免企业所得税	《中华人民共和国企业所得税法》（中华人民共和国主席令第六十三号）、《实施条例》（中华人民共和国国务院令第512号）	企业购置并实际使用《环境保护专用设备企业所得税优惠目录》《节能节水专用设备企业所得税优惠目录》和《安全生产专用设备企业所得税优惠目录》规定的环境保护、节能节水、安全生产等专用设备的，该	企业所得税	支持可持续发展资源环境

续表

序号	优惠政策名称	法律法规名称、文号	优惠政策具体内容	税种	领域
			专用设备的投资额的10%可以从企业当年的应纳税额中抵免；当年不足抵免的，可以在以后5个纳税年度结转抵免		
20	对企业从事符合条件的环境保护、节能节水项目取得的收入应纳所得税额实行“三免三减半”	《中华人民共和国企业所得税法》(中华人民共和国主席令第六十三号)、(中华人民共和国国务院令第512号)	企业从事国务院财政、税务主管部门同国务院有关部门制订的环境保护、节能节水项目清单规定的符合条件的环境保护、节能节水项目的所得，自项目取得第一笔生产经营收入所属纳税年度起，第一年至第三年免征企业所得税，第四年至第六年减半征收企业所得税	企业所得税	支持可持续发展资源环境
21	对煤层气抽采企业的增值税一般纳税人抽采销售煤层气先征后退的增值税免征企业所得税	《财政部 国家税务总局关于加快煤层气抽采有关税收政策的通知》(财税［2007］16号)	对煤层气抽采企业的增值税一般纳税人抽采销售煤层气实行增值税先征后退政策。先征后退税款由企业专项用于煤层气技术的研究和扩大再生产，不征收企业所得税	企业所得税	支持可持续发展资源环境
22	对独立核算的煤层气抽采企业购进的专用设备，统一采取“双倍余额递减法”或“年数总和法”实行加速折旧	《财政部 国家税务总局关于加快煤层气抽采有关税收政策的通知》(财税［2007］16号)	对独立核算的煤层气抽采企业购进的煤层气抽采泵、钻机、煤层气监测装置、煤层气发电机组、钻井、录井、测井等专用设备，统一采取双倍余额递减法或年数总和法实行加速折旧，具体加速折旧方法可以由企业　自行决定，但一经确定，以后年度不得随意调整	企业所得税	支持可持续发展资源环境

续表

序号	优惠政策名称	法律法规名称、文号	优惠政策具体内容	税种	领域
23	颁发的环境保护等方面的奖金免征个人所得税	《中华人民共和国个人所得税法》(中华人民共和国主席令第八十五号)	省级人民政府、国务院部委和中国人民解放军军以上单位，以及外国组织、国际组织颁布的科学、教育、技术、文化、卫生、体育、环境保护等方面的奖金免征个人所得税	个人所得税	支持可持续发展资源环境
24	开采原油过程中用于加热、修井的原油，免征资源税	《中华人民共和国资源税暂行条例》(国务院令第139号)	有下列情形之一的，减征或者免征资源税：(一) 开采原油过程中用于加热、修井的原油免税	资源税	支持可持续发展资源环境
25	对冶金矿山铁矿石资源税减按60%征税	《财政部 国家税务总局关于调整铂矿石等品目资源税政策的通知》(财税[2005] 168号)	调整对冶金矿山铁矿石资源税减征政策，暂按规定税额标准的60%征收	资源税	支持可持续发展资源环境
26	对尾矿再利用的，不再计征资源税	《财政部 国家税务总局关于调整岩金矿资源税有关政策的通知》(财税[2006] 69号)	原矿已缴纳过资源税，选冶后形成的尾矿进行再利用的，只要纳税人能够在统计、核算上清楚地反映，并在堆放等具体操作上能够同应税原矿明确区隔开，不再计征资源税	资源税	支持可持续发展资源环境
27	对地面抽采煤层气暂不征收资源税	《财政部 国家税务总局关于加快煤层气抽采有关税收政策的通知》(财税[2007] 16号)	对地面抽采煤层气暂不征收资源税	资源税	支持可持续发展资源环境

续表

序号	优惠政策名称	法律法规名称、文号	优惠政策具体内容	税种	领域
28	对天然林保护工程的房产免征房产税	《财政部 国家税务总局关于天然林保护工程实施企业和单位有关税收政策的通知》（财税［2004］37号）	对长江上游、黄河中上游地区，东北、内蒙古等国有林区天然林资源保护工程实施企业和单位用于天然林保护工程的房产、土地和车船分别免征房产税、城镇土地使用税和车船使用税。对由于国家实行天然林资源保护工程造成森工企业的房产、土地闲置一年以上不用的，暂免征收房产税和城镇土地使用税	房产税	支持可持续发展资源环境
29	对财政部门拨付事业经费的地勘单位自用的房产免征房产税	《关于地质矿产部所属地勘单位征税问题的补充通知》（国税函发［1996］656号）	对财政部门拨付事业经费的地勘单位自用的房产、车船和土地，按有关规定免征房产税、车船使用税和城镇土地使用税	房产税	支持可持续发展资源环境
30	对石油、天然气生产建设的用地免征城镇土地使用税	《国家税务局关于对中国石油天然气总公司所属单位用地征免土地使用税问题的规定》（国税地字［1989］88号）	对石油、天然气生产建设的下列用地，暂免征土地使用税： 1. 石油地质勘探、钻井、井下作业、油田地面工程等施工临时用地； 2. 各种采油（气）井、注水井、水源井用地； 3. 油田内办公、生活区以外的公路、铁路专用线及输油（气、水）管道用地； 4. 石油长输管道用地； 5. 通讯、输变电线路用地。 对工矿区内的下列油、气生产、生活用地，暂免征土地使用税：	城镇土地使用税	支持可持续发展资源环境

续表

序号	优惠政策名称	法律法规名称、文号	优惠政策具体内容	税种	领域
			1. 与各种采油（气）井相配套的场面设施用地，包括油气采集、计量、接转、储运、装卸、综合处理等各种站的用地； 2. 与注水油（气）井相配套的地面设施用地，包括配水、取水、转水及供气、配气、压气、气举等各种站的用地； 3. 供（配）电、供排水、消防、防洪排涝、防风、防沙等设施用地； 4. 职工家属居住的简易房屋等用地		
31	对煤炭企业用地免征城镇土地使用税	《国家税务局关于对煤炭企业用地征免土地使用税问题的规定》（国税地字［1989］89号）	煤炭企业的下列用地，免征土地使用税： 1. 矸石山、排土场用地，防排水沟用地； 2. 矿区办公、生活区以外的公路、铁路专用线及轻便道和输变电线路用地； 3. 火炸药库库房及安全区用地； 4. 向社会开放的公园及公共绿化带用地； 5. 报废矿井占地，暂缓征土地使用税	城镇土地使用税	支持可持续发展资源环境
32	对矿山企业免征城镇土地使用税	《国家税务局关于对矿山企业征免土地使用税问题的通知》（国税地字［1989］122号）	对矿山企业的采矿场、排土场、尾矿库、炸药库的安全区、采区运矿及运岩公路、尾矿输送管道及回水系统用地，免征土地使用税；对矿山企业采掘地下矿造成的塌陷地以及荒山占地，在未利用之前，暂免征收土地使用税	城镇土地使用税	支持可持续发展资源环境

续表

序号	优惠政策名称	法律法规名称、文号	优惠政策具体内容	税种	领域
33	对盐场的盐滩、盐矿的矿井用地免征城镇土地使用税	《国家税务局关于对盐场、盐矿征免城镇土地使用税问题的通知》（国税地字［1989］141号）	对盐场的盐滩、盐矿的矿井用地，免征土地使用税	城镇土地使用税	支持可持续发展资源环境
34	对开山填海整治的土地和改造的废弃土地免征城镇土地使用税5～10年	《中华人民共和国城镇土地使用税暂行条例（2006年修订）》（中华人民共和国国务院令第483号）	下列土地免缴土地使用税：经批准开山填海整治的土地和改造的废弃土地，从使用的月份起免缴土地使用税5年至10年；由财政部另行规定免税的能源、交通、水利设施用地和其他用地。其他需要定期减免的，由省、自治区、直辖市税务机关审核后，报国家税务局批准	城镇土地使用税	支持可持续发展资源环境
35	对天然林保护工程的土地免征城镇土地使用税	《财政部 国家税务总局关于天然林保护工程实施企业和单位有关税收政策的通知》（财税［2004］37号）	对长江上游、黄河中上游地区，东北、内蒙古等国有林区天然林资源保护工程实施企业和单位用于天然林保护工程的土地免征城镇土地使用税。对上述企业和单位用于天然林资源保护工程以外，其他生产经营活动的土地仍按规定征收城镇土地使用税。对由于国家实行天然林资源保护工程造成森工企业的土地闲置一年以上不用的，暂免城镇土地使用税；闲置土地用于出租或企业重新用于天然林资源保护工程之外的其他生产经营的，应依照规定征收房产税和城镇土地使用税	城镇土地使用税	支持可持续发展资源环境

续表

序号	优惠政策名称	法律法规名称、文号	优惠政策具体内容	税种	领域
36	对林业系统用地免征城镇土地使用税	《国家税务局关于林业系统征免土地使用税问题的通知》（国税函发［1991］1404号）	对林区的林地、运材道、防火道、防火设施用地，免征土地使用税。林业系统的森林公园、自然保护区，可比照公园免征土地使用税	城镇土地使用税	支持可持续发展资源环境

三、环境保护产业税收政策应用与行业发展

环保产业包括三个方面：一是环保设备（产品）生产与经营，主要指水污染治理设备、大气污染治理设备、固体废弃物处理处置设备、噪音控制设备、放射性与电磁波污染防护设备、环保监测分析仪器、环保药剂等的生产经营。二是资源综合利用，指利用废弃资源回收的各种产品，废渣综合利用，废液（水）综合利用，废气综合利用，废旧物资回收利用。三是环境服务，指为环境保护提供技术、管理与工程设计和施工等各种服务。以废弃资源回收加工业为例，2010年至今，该行业税收总额呈下降趋势，获利水平明显上升。如图4－3，图4－4所示，资料来自中经宏观数据库。

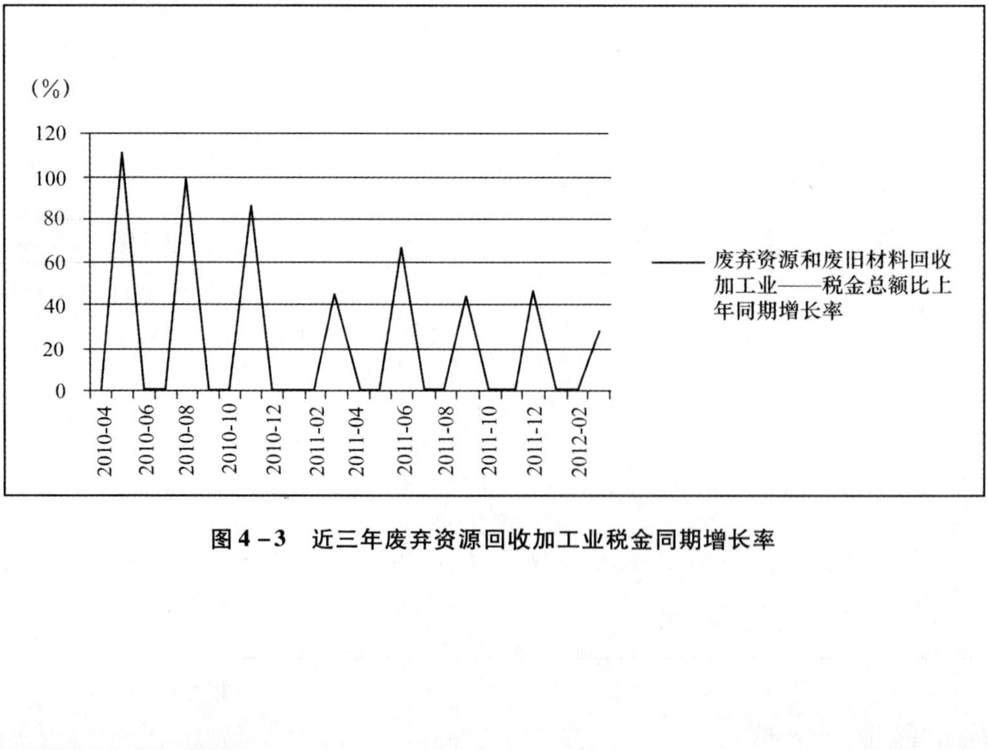

图4－3 近三年废弃资源回收加工业税金同期增长率

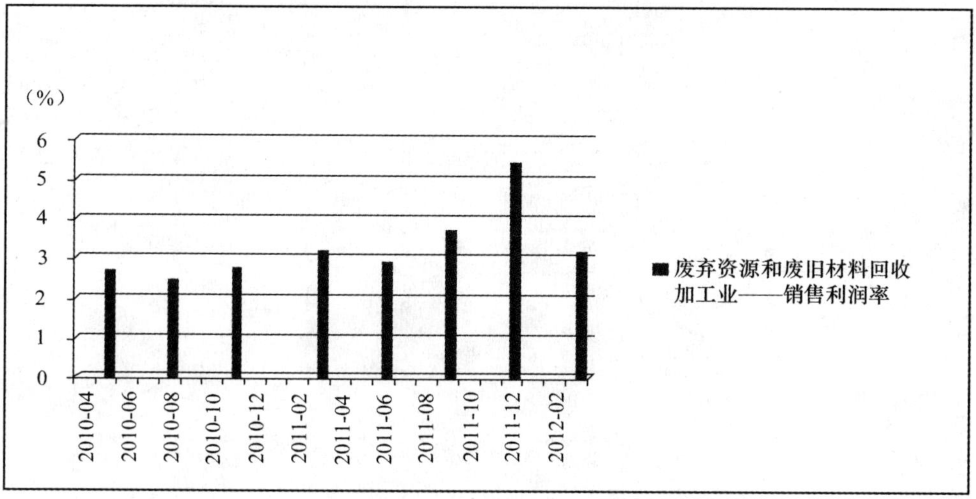

图 4-4　近三年废弃资源回收加工业销售利润率

第三篇

和谐区域税收政策应用研究

——以潍坊综合保税区为例

为促进区域经济协调发展，国家采取了区域税收优惠政策。地方可以利用国家特殊的税收优惠政策，来发展支柱产业，服务地方经济，促进社会和谐。例如，自2012年1月1日起，上海在交通运输业和部分现代服务业中开始启动营业税转增值税改革试点。而如果安徽、浙江不申请服务业增值税改革试点，可能使得上海周边的税收向上海流失。有关专家指出，江浙等长江三角省份的服务企业有可能跑到上海注册，因为在上海交纳的税率要更低。此外，周边省还需要抵扣一些税收，这对上海周边省市是双重税收损失。由此可见，上海的增值税改革的试点，出现了税改的政策洼地效应，所以区域税收政策对地方经济发展至关重要。

2012年5月29日，国务院正式同意设立济南综合保税区。这是继潍坊综合保税区之后山东省第2个综合保税区，也是全国第21个综合保税区。除济南、潍坊两个综合保税区外，山东省还有青岛和烟台两个保税港区，各类保税区已增至4席，成为全国为数不多的各拥有两个综合保税区和保税港区的省份。以各类保税区为龙头的园区经济，2011年完成进出口总额1 240亿美元，占全省外贸总额的53%；吸引到账外资62亿美元，占全省总额的56%。

综合保税区，是设立在内陆地区的具有保税港区功能的海关特殊监管区域，由海关参照有关规定对综合保税区进行管理，园区内企业能享受国外货物入区保税；国内货物入区视同出口，实行退税；区内企业之间的货物交易不征增值税和消费税等多项税收优惠政策。同时，在发生国际贸易业务中的中转、配送、采购、转口贸易和出口加工等业务时，处于综合保税区中的企业，还能享受到手续简化、流程快捷等便利。

第五次中日韩领导人会议于2012年5月13日在人民大会堂举行。三国领导人同意年内正式启动中日韩自贸区谈判，并见证签署中日韩投资协定。济南综合保税区的获批，不仅为山东外贸发展提供了更大的机遇和空间，而且也为山东省正在筹备中的中日韩自贸区先行试验区增加了砝码。

从山东全省情况看，2011年对日本和韩国的出口占到总出口额的1/4，日韩成为山东省第一大贸易经济国。来自省商务厅数据，截至今年4月，全省进出口完成737.4亿美元，同比增长34.1%，其中对日本出口增长38.8%。

目前，山东省正积极与商务部就设立中日韩自贸区进行可行性研究，在省内开展合作调研。青岛市商务局人士表示，青岛正在实施一揽子计划深化与日韩合作，在西海岸经济新区规划区域内设立中日韩区域经济合作试验区，积极争取合作兴办中日创新产业园和中韩创新产业园。

现以潍坊综合保税区为例，来分析区域税收政策的应用。

第五章
潍坊市综合保税区综述

一、潍坊市综合保税区简述

潍坊综合保税区于2011年1月25日获国务院批准设立，成为全国第14个获批的综合保税区。2011年2月23日，省政府举办新闻发布会，向社会各界进行了隆重推介。按照国务院和海关总署要求，综合保税区具有保税加工、保税物流、货物贸易、服务贸易、虚拟口岸五大主要功能，服务辐射半径在200~300千米，是目前国内开放层次最高、政策最优惠、功能最齐全、运作最灵活、通关最便捷的海关特殊监管区域。综合保税区对全市及山东西部地区发展将发挥重要的政策服务、大项目聚集和国际化平台作用。

潍坊综合保税区总规划面积16.37平方千米，其中，网内保税区5.17平方千米，网外配套区11.2平方千米。实行“特区特管”政策，享有市级经济管理权限，区内海关、国检、工商、国税、地税、银行、货代、物流、仓储等机构一应俱全，企业可在区内办理一切注册、建设及进出口等手续。

网内监管区和网外配套区满足企业充分利用国内、外两种资源，产品面向国际、国内两个市场的实际需求。潍坊综合保税区产业配套区享受国家级经济开发区和高新技术产业开发区的所有优惠政策，依托紧邻保税监管区的地理优势，充分利用综合保税区的优惠政策，运作更灵活、通关更便捷、更具有国际竞争力。综合保税区与其他海关监管区域的比较优势见表5－1。

表5－1　综合保税区与其他海关监管区域的比较

区域内容	综合保税区	出口加工区	保税物流园区
贸易公司	允许注册	不允许注册	不允许注册
生产企业	允许注册	允许注册	不允许注册
物流企业	允许注册	允许注册	允许注册
入区退税	可以退税	可以退税	可以退税

续表

区域内容	综合保税区	出口加工区	保税物流园区
设置要求	物流节点城市，加工贸易发达地区	加工贸易发达地区	对保税物流业务有需求的区域
主要功能	保税加工、保税物流、货物贸易、服务贸易、口岸功能	保税加工	保税物流
批准面积	5~10平方千米	3平方千米以下	1平方千米以下

二、潍坊综合保税区的税收优惠政策

1. 保税加工政策

免税：从境外进区的设备、原材料、基建物资和自用合理数量的办公用品免征进口关税；制成品及边角料、残次品、余料、废料销往境外免征出口关税；企业出口加工产品不征收增值税、消费税。

保税：为加工出口产品所需进境的原材料、包装物件及消耗材料，予以全额保税。

退税：从区外进入综合保税区的货物视同出口，可办理出口退税；区内企业使用水、电、气实行退税政策。

免证：货物可以在综合保税区和其他国家之间自由进出，除国家另有规定外，不需配额和许可证；海关不实行《登记手册》管理；开展加工贸易业务，不实行加工贸易银行保证金台账制度；不实行合同核销，不实行单耗管理。

2. 保税物流仓储及进出口贸易政策

区内存储货物的品种和仓储时间不受限制，可在不改变物权情况下，根据物权单位的指令，将仓储于保税仓库内的货物直接或进行简单加工后自由配送；销往区内、国内其他特殊监管区或境外，不征收增值税、消费税。

区外企业可将多种商品入区获得退税后，根据客户指令集运出口。

国内外采购商从境外采购货物，进入综合保税区，按照区外企业需要，分批次办理出库供货。

加工贸易企业将采购的国产中间产品出口到综合保税区（国内货物进区可视同出口），再由下游加工贸易企业办理进口手续，以达到出口退税的目的。

区内企业可开展研发业务，所用境外和国内的仪器、设备、材料等不受产业限制，一律享受免税、保税和退税政策；境外和区外进出的检测货物，享受保税政策；国产出口设备等货物可进入区内保税维修并复运出境。

区内与境外间进出的货物，海关实行备案制，不实行进出口配额、许可证管理。

3. 海关监管政策

海关对综合保税区与境外之间进出口货物实行备案制管理。

综合保税区内企业可向海关集中申报手续。

经海关批准，区内企业可将其进口料件和生产的半成品委托区外企业加工，经加工后返回综合保税区。区外企业也可委托区内企业加工，加工后返回区外。

海关对于综合保税区与其他海关特殊监管区或者保税区监管场所之间往来的货物，实行保税监管。

综合保税区货物不设存储期限。

4. 检验检疫政策

区内企业从境外入区的仓储物流货物以及自用的办公用品、出口加工所需原材料、零部件免予强制性产品认证。

从非保税区进入综合保税区的货物，又输往非保税区的，不实施检验。

经综合保税区转口的应检物，在区内短暂仓储，原包装转口出境并且包装密封状况良好，无破损、撒漏的，入境时仅实施外包装检疫。

对入区后又复出区进入国内市场的货物，在检验检疫有效期内免予实施检疫。

转口应检物出境时，除法律法规另有规定和输入国家或地区政府要求入境时出具我国检验检疫机构签发的检疫证书或检疫处理证书的以外，一般不再实施检验和检疫处理。

区内企业之间销售、转移进出口应检物，免予实施检验检疫。

5. 外汇管理政策

企业可开设经常项目外汇账户及资本项目外汇专用账户，经常项目外汇账户限额需核定。

进出综合保税区的免税、保税货物，以外币计价结算，其他物品进出综合保税区可以外币计价结算，也可以人民币计价结算。

企业不实行合同核销制度，与境外之间的进出境贸易项下的外汇收支，无须向外汇管理局办理收付汇的核销手续，外汇凭相关单证从银行支付。

企业有条件购汇的，允许人民币资金注册企业，以不超过其注册资本中实际到位的人民币部分购汇。

中外资企业均可开立外汇现汇账户，企业经营所得外汇实行意愿结汇，外汇收入可以全额留存。

6. 其他方面政策

启运港退税：从国内其他港口启运经潍坊综合保税区中转的货物，在离开启运地时即可办理出口退税。

离岸账户：综合保税区内允许开设离岸账户，为企业开展境外业务提供资金结算便利，跨国公司可在区内设立财务中心和结算中心。

自由流转：综合保税区内货物可以在区内企业之间自由流转。区内企业之间在转让货物时，只需向海关报送货物品名、数量、金额等电子数据信息，不需要报关办进出区手续。

三、潍坊综合保税区的五大主要功能

综合保税区具有五大主要功能：保税加工、保税物流、货物贸易、服务贸易、虚拟口岸。

1. 保税加工

综合保税区内生产企业可从事国外进口原材料保税加工后出口（或销往国内），或从国内采购原材料入区退税后加工出口。保税加工功能为利用国内外两种资源、产品面向国际、国内两个市场的生产企业提供了政策凹地。

2. 保税物流

综合保税区可为区内外进出口企业在采购原材料、产品销售的过程中，为其提供货物保税状态下的仓储、配送、增值加工、国际中转、进口复出口等物流服务，利用最低的物流成本，实现企业的利润最大化。

3. 货物贸易

综合保税区内允许注册贸易公司，区内各类企业均享有进出口经营权，可从事全球或地区性采购、分销、配送业务。对入区的货物，可进行进出口集运的综合处理或商业性的增值加工，包括分级分类、分拆分捡、分装、加刷唛码等。

4. 服务贸易

在综合保税区内从事与保税加工、保税物流、货物贸易相关的研发设计、产品测试、售后维修、设备租赁等服务贸易业务，可设立国际航运中心、采购分拨中心、营运结算中心及期货交割中心。

5. 虚拟口岸（口岸功能）

利用青岛机场和青岛前湾港的国际交通枢纽资源，引进卡车航班、卡车轮船等业务模式，将口岸功能延伸后移到潍坊综合保税区，等同于在潍坊综合保税区设立了“无跑道国际机场（虚拟机场）”和“无水国际码头（虚拟码头）”。所有进出口货物，在综合保税区即可办理完原先需到青岛口岸办理的申报、查验、放行等手续，而不需再到青岛办理。

四、潍坊综合保税区助力地方经济发展的具体措施

潍坊综合保税区立足于“加快转变经济发展方式，推进产业结构优化升级”

的政策，以建设高端制造、国际物流、商品展览展示交易、总部经济发展、商务配套服务“五大中心”为基点，充分发挥区内条件优势和政策优势，立足潍坊，服务山东，辐射全国，努力建设潍坊外向型经济新版块、山东对外开放新平台。

1. 全力加快重点项目建设

为进一步提高企业科技创新水平，延长产业链，提高产品附加值，提升企业高端制造水平，保税区突出抓好总投资40多亿元的9个工业项目。其中，歌尔科技二期项目，总投资10亿元，建筑面积22万平方米，明年可实现进出口额15亿美元；香港清华同方研发和生产基地项目，总投资12亿元，总建筑面积30万平方米，将引入清华同方消费类电子产品研发生产线，并培育电子信息等高新技术企业30~50家，年产值可达60亿~100亿元；圣和新材料项目，总投资8亿元，年产值20亿元，建设5条专业化塑胶热缩新材料生产线以及研发中心；佩特来百万台汽车发电机项目，从美国引进，总投资3亿元，年产值8亿元，主要生产船舶、大型汽车、中高端大型机械用发电机；电容式触摸屏项目，从深圳引进，美国技术，总投资2亿元，年销售收入6亿元，年产电容式触摸屏基片材料400万片。此外，已经投产的歌尔科技一期、韩国线束、国弘新能源、锂离子电池、山东金源勤上LED等项目遥相辉映，有力地促进了高科技项目的聚集，支撑了总量扩张，打造保税区国际高端制造中心的地位。

2. 构建国际配送中心

利用国家赋予的保税物流功能，潍坊综合保税区将青岛国际机场和青岛港口功能后移，进而拥有了无海港码头、无跑道机场，实现了商品、海关、商检、港口、机场的无缝衔接，大大提高了货物和集装箱周转效率。在此基础上，又引进了瑞源仓储物流、中联圣国际物流、港通达物流、邦达吉等一批国际物流项目，保税物流仓储业务开展得红红火火，业务范围涉及潍坊及周边地区。同时，新引进的总投资10亿元的香港中基集团100万吨棉花物流项目、总投资3亿元的中外运电子产品物流交易中心项目、总投资2亿元的裕源物流项目正准备开工建设。其中，中基集团棉花物流项目，主要利用潍坊综合保税区保税物流功能和优惠政策，建设保税仓储设施和棉纱加工基地，项目运营后，每年从国外进口原棉100万吨，年可实现税收11亿元人民币，年实现进口额44亿美元。目前，一个集仓储、物流配送、简单加工等于一体的全球采购和国际分拨、国际配送中心已初具规模。

3. 构建特色商品定价交易中心

综合保税区便利的通关条件和保税等政策使其成为国际贸易商经营的首选之地，从2010年4月第一批进口红酒顺利通关至今，保税区内已经进驻了近20家生活消费类商品进口企业，进口商品涉及葡萄酒、橄榄油、国外烈性酒、奶粉等，其中进口葡萄酒类企业占了多数，包括全国前十强的酒类进口公司厦门优传供应链有限公司、早先入驻的欧美业国际葡萄酒有限公司、凯瑟王葡萄酒有限公司等，进口生活消费品来自50多个国家、600余种系列，保税区还进一步丰富进口消费品类的内容，做强做大国际贸易业务，打造辐射全国的特色商品定价交易中心。

4. 大力发展总部经济

得益于良好的区位优势和政策优势，以及其“政策洼地”效应，潍坊保税区吸引了大批总部经济企业入驻，到目前为止，已有253家多家总部经济企业慕名前来。投入运营的商务办公楼远远不能满足日益增多的入驻企业的需要，该区管委会正在规划建设4栋总部经济大楼，定于今年4月份开工，预计将容纳500多家总部经济企业。保税区以筑巢引凤的政策，来努力构筑总部经济发展中心。

为完善高端国际配套功能，优化投资环境，保税区进行全面整体规划设计，立体化配套，打造国际一流的投资环境。基础设施工程与生活商务工程均已全面展开，各项建设正有条不紊地进行。届时，综合保税区辖区内各个主干道路将全面贯通，生活和产业配套功能将进一步完善，最终建成一个集国际商务金融、教育医疗、生活居住、娱乐休闲于一体的国际化商务生活区，为全市对外开放提供国际化配套环境。

目前，综合保税区按照上述“五大中心”建设，确定了33个不同类别的重点建设项目，本着“全面开工、遍地开花”的指导思想，成立工程建设指挥部，落实包靠责任，全力向前推进，实现大突破，推动大发展，为“建设四个潍坊”做出贡献。

五、案例

2012年3月20日下午，法国波尔多葡萄酒协会主席、法国经典庄主、法国波尔多名酒中心主席白雪玲、法国罗兰迪拜酒庄庄主 Mr. GuYon 一行来综合保税区参观考察。区党工委副书记、管委会副主任王守全，区领导蒋明旺及有关部门负责人陪同考察。

在考察中，就当前国际红酒业发展情况及综合保税区进口红酒产业的发展和建立国际商品展示交易中心等问题，双方交换了意见，并进行了深入探讨和交流。目前，综合保税区进口红酒产业发展势头强劲，众多国际品牌红酒经营商纷至沓来，综合保税区规划建设的国际商品展示交易中心也正在如火如荼地进行设计装修中，潍坊综合保税区进口红酒产业这一品牌已凸显，逐步彰显其发展的魅力。白雪玲一行对我区当前进口红酒发展情况和发展规划给予了充分肯定，并表示，今后将加大与我区的合作力度，积极介绍推介潍坊，吸引更多的国际知名红酒企业落户潍坊。随后，白雪玲一行又参观了我区红酒仓储设施。

第六章
潍坊综合保税区保税物流政策及应用

在物流需求急剧增长的今天，巨大的物流需求和综合保税区现有规模不匹配的现象已经显现，综合保税区要实现在既有规模限制下物流高效化的目标，必须保证物流能力发挥出最大作用。因为物流能力对于提高综合保税区物流系统的工作效率，提升企业竞争力乃至推动综合保税区周边经济的发展都具有重要作用。

一、保税物流的含义

保税制度是指经海关批准的境内企业所进口的货物，在海关监管下，在境内指定的场所储存、加工、装配，并暂缓缴纳各种进口税费的一种海关监管业务制度。因此，保税货物是未办理纳税手续进口，属于暂时免交税收，和免税有质的不同。

保税物流特指在海关监管区域内，包括保税区、保税仓、海关监管仓等，从事物流相关业务，企业享受海关实行的“境内关外”制度以及其他税收、外汇、通关方面的特殊政策，也即是物流活动处于保税的状态之下。保税物流是随着跨国公司的全球运作，制造业的升级换代，国际配送的发展，运输方式、生产方式、营销方式的创新，应运而生的物流管理模式。

基于这种特殊经济功能区域的政策优势和明显的区位优势，保税物流成为克服当前中国物流发展面临物流成本过高和物流附加值过低两大困境的一剂良药。近年来，保税物流取得了长足的发展，成为物流领域内发展日渐兴盛的一大分支，通过与一般物流形式的对比，我们可以更深入了解保税物流的特点。具体比较见表6-1。

表6-1　保税物流与一般物流的区别

区别	保税物流	一般物流
物流要素范围扩大	除一般物流要素外，还包括保税、退税、海关、监管等	运输、储存、装卸、搬运、包装、加工、配送、信息处理
通关流程差异	复运出口、合同备案、进口货物、核销结案	申报、查验、征税、放行
系统边界出现交叉	国际物流和国内物流的接力区	包括国际物流和国内物流

二、物流能力

1. 物流能力的概念

物流生产主体发现在物流系统的运作过程中都存在一定的能力约束，通过制订和实施针对性的物流能力发展策略可以使企业以较低的投入获得更具优势的运营绩效。

目前国内外针对什么是物流能力还没有定论，综合前人的研究成果，本文采用以下定义：物流能力是物流供给主体向物流需求主体提供物流服务的最大能力，发挥物流能力的效用必须合理、有效地组织和运用物流系统的各种资源。

2. 物流能力的特点

物流能力具有独特性和整体性。不同的物流系统其物流能力在质与量上是大相径庭的；同时，物流能力并不是系统内部各功能要素能力的简单叠加，它是物流系统整体能力的综合反映。

物流能力具有时效性。事物是不断变化发展的，物流能力也是如此。随着外部竞争环境、内部战略方向等方面的改变，物流系统中的软硬件资源也应做到与时俱进。例如，随着使用年限的增长，物流设施设备即使享受定时定期的检修，仍然面临设备老化、处理能力下降的问题；甚至于面对科技的快速发展，设备更新换代的频率也逐步升高，使得某些运行正常的设备也会被新的更加节能高效的设备所取代。物流能力的变化直接带来企业运营效率的变化，对物流能力的重视将会降低企业出现瓶颈作业的风险。

物流能力具有相对稳定性。与物流能力的时效性并不矛盾。时效性是从长期发展的角度看待物流能力的变化；而相对稳定性则指在物流系统保持稳定的前提下，其能力只是在一个较小的范围内波动，不会对整个系统的物流能力产生巨大的影响。

3. 物流能力的分类

按照物流研究的范围大小分类。物流能力可以划分为微观、中观和宏观物流能力。微观物流能力是指某一微观经济实体（如企业、供应链）的物流能力；中观物流能力范围更广，处于区域性社会再生产过程中，是指区域性物流能力；宏观物流能力则站在经济社会整体的角度。

按照物流能力对组织作用分类。物流处理能力主要是指仓储、配送、运输等物流系统所具备的基本物流能力；物流价值增值能力指在包装、流通加工能力等提供附加价值物流活动的能力，可以提高物流服务的效益。

按照物流能力各构成要素的特点分类。根据物流能力各构成要素的特点，物流能力包括物流要素和物流运作能力。物流要素是指企业能够用购买或者租赁的方式输入物流系统的各种资源的总和，这些资源包括各种物流硬件设施，这往往与企业的规模有关。物流运作能力主要是为了物流资源的优化，通过物流计划、组织、控制等手段，为客户提供更低成本且更高效率的服务。

4. 物流能力的构成

物流产业泰斗马士华教授从供应链的物流能力出发，将物流能力要素分为两大类：要素能力（有形要素）和运作能力（无形要素）。

物流要素能力。物流要素能力实质上是一种有形的资源能力，表现为物流系统中投入的各种资源要素，包括机械设备、物流设施、劳动力、能源、燃料、资金和信息等静态能力。作为完成各项物流活动所依赖的物质基础，物流要素广泛分布在物流活动的各个环节之中。

物流运作能力。物流运作能力以物流要素能力为基础，利用物流操作人员的熟练技术、物流管理者的个人经验、物流领导者的先进理念相互合作，对整个物流活动进行优化配置，最终实现在保证优质服务的前提下最大限度降低成本的目标。因此，物流运作能力包括一对矛盾体：提高物流服务水平和降低物流成本。而矛盾的焦点就是要确定一个最优的物流服务水平，既使顾客满意，又使自己的利益最大化，在市场中获得竞争优势。

三、综合保税区物流能力

1. 综合保税区的特点（综合保税区和一般物流园区的区别）

定义方面。我国目前对物流园区尚无明确和统一的定义，本文采用以下定义：物流园区是城市物流功能区域，以经济开发为目的进行物流节点的规划建设；同时，物流园区是具有产业发展性质的经济功能区，提供加工、采购等一系列的物流服务，降低企业的物流成本、提高其物流效率。综合保税区的经营范围更明确，更具有针对性，而且管理更加规范。

功能方面。物流园区和综合保税区都要为客户提供最低的物流成本和最好的物流服务，但二者的功能仍有区别。物流园区主要以内陆贸易为主，大多采取陆路货运，并发挥相关物流企业及物流服务企业的集聚效应。综合保税区业务类型面向国外，主要以海陆联运和空路联运为主，突出“保税”职能，是综合性对外开放经济区域。

2. 物流能力的界定范围

综合保税区物流运作的全过程，是将物资产品经由供应商送到最终用户手中的结构模式，在这个结构模式中，要抓住物流、现金流两大主线。

物流能力贯穿物流活动所有的运作过程，因此综合保税区的物流能力不仅仅包括货物的中转、配送能力以及综合保税区内部的产品供付、增值服务、内部配送其他运作管理能力，还包括客户资源的获取能力。

3. 综合保税区物流能力的内涵

综合保税区是由一家主体运营商为综合保税区内部的生产企业、物流企业、贸易企业提供服务的平台。综合保税区物流能力的内涵是指综合保税区的主要运营商在实现创造顾客价值的过程中，对物流活动所涉及的物流资源进行计划、控制及过程实施的能力。

综合保税区拥有先进的现代经营理念和众多先试先行的优惠政策。然而，随着经济的发展和开放范围的扩大，优惠政策的普惠制化已成为一种不可逆转的趋势，优惠政策的吸引力将逐渐弱化。所以，当前综合保税区的物流能力必须更有效率、更有独创性，通过可持续发展保持领先地位。

综合保税区物流能力是指为开展物流活动的综合保税区企业在一定时期内，向企业内部和外部客户提供其所需要的物流服务的能力，其利用自身物流系统的各种资源努力为顾客创造最大的价值的能力。

综合保税区的物流能力由物流要素能力和物流运作能力构成。物流要素能力是静态能力，物流运作能力是对物流活动进行管理的能力，是在静态能力的基础上的动态提升。

四、潍坊综合保税区物流能力的改善

目前潍坊综合保税区的整体物流能力良好。然而，优势不能长存，机会稍纵即逝。综合保税区要从发展的观点出发，把握现有的优势和机会，也必须积极转变劣势、应对威胁，最终实现综合保税区又好又快的发展。本文针对提高潍坊综合保税区物流能力提出以下几点措施：

1. 搞好基础设施建设，实施物流产业集聚

潍坊综合保税区现已建设了相当齐全的基础设施及配套设施，包括标准、恒温、危险品等各类仓储设施。为使潍坊综合保税区成为潍坊周边货物向一线口岸集散的辅助港和集散中心，需要做到以下几点：

一是潍坊综合保税区要以虚拟空港、虚拟海港为依托，积极引进大型生产企业和国际资本，集成包括海、路、空、铁、水等多式联运技术，推进功能的集成和自由度的提升。

二是通过实体市场和网络交易平台的大量建设，力争区内各家物流企业各展所长，成为供仓储、商业加工、配送、货代、报关等一条龙服务的物流枢纽，为区内的生产企业、贸易企业提供货路畅通、高效低价的物流服务平台。

三是发挥综合保税区的功能优势，推动潍坊综合保税区加入到生物医药、新材料等新兴产业，发展国际国内两个市场，实现综合保税区和地方经济的经济联动和产业融合，推动潍坊经济发展的转型升级。

2. 虚拟口岸功能的拓展

从国际形势看，随着后金融危机时期的到来，国际市场的需求结构将面临深度调整，全球产业格局将面临激烈竞争和重新洗牌，全球经济将进入“结构再平衡”和“新产业革命”阶段；从国内形势看，“十二五”将是我国经济发展进入“结构优化调整”和“产业升级创新”的关键时期。潍坊综合保税区必须在产业调控和引导政策等方面积极把握，争取政策优惠，为综合保税区的发展拓展有利空间。潍坊开放型经济随着中国对外开放逐步深入而迅猛发展，然而，潍坊面临没有海港、空港的现实，为打破这一制约潍坊对外经济发展的瓶颈，创新出“虚拟口岸”，引入陆空联运、海陆联运等多式联运模式，以潍坊作为“目的港”“始发港”，积极同周边海港、空港合作，将潍坊没有海港和空港的软肋转化为利器，实现虚拟口岸功能的实体化。虚拟口岸包括虚拟海港和虚拟空港。

虚拟海港是没有海岸的国际港口，又称为“区港联动”，是指将综合保税区视为一线海港向内陆延伸的虚拟海港，目前对于潍坊综合保税区来说，就是将青岛港的港口功能延伸至潍坊综合保税区，使其成为具有报关、报检、订舱、集疏港、储运、包装、分送等功能的海运始发点和目的地，对进出口货物实行“一次报检、一次检验检疫、一次放行”的直通放行模式和“一次报关、一次查验、一次放行”的便利化通关流程，形成青岛港口与潍坊综合保税区物流的无缝对接。

虚拟空港是没有跑道的国际机场，又称为“空陆联程”，是指将综合保税区视为虚拟国际空港，使用国际航空组织（IATA）规定的潍坊城市代码为标识，货物抵达周边国际机场后，与各家机场的地面代理服务公司搭建起定时定点的“卡车航班”，由航空公司以卡车航班的形式直接中转至潍坊综合保税区。

3. 加快业务转型，发展国际物流

综合保税区是设立在内陆地区的具有保税港区功能的海关特殊监管区域，由海关参照有关规定对综合保税区进行管理，执行保税港区的税收和外汇政策，集保税区、出口加工区、保税物流区、港口的功能于一身，可以发展国际中转、配送、采购、转口贸易和出口加工等业务。物流归根结底会向国际物流发展，而国际物流功能是我国综合保税区的核心竞争力。

潍坊综合保税区发展国际物流的过程中，必须做到以下几点：

一是从政策层面鼓励和促进综合保税区内部物流企业由传统低效向现代高效物流企业转型，实现功能整合和服务延伸；二是推动建立物流服务标准体系，支持内部企业参与制定物流服务国家标准、行业标准，提高物流业的标准化管理水平；三是加强对行业协会工作的支持，积极引导物流业在行业协会的指导下，加强行业自律，提升服务水平。四是在引入国际知名物流企业入驻综合保税区的同时，发挥强大的供应链管理力量，打造综合保税区物流服务供应的国际品牌，提升发展国际物流的标准，扩大国际物流产业的规模，优化国际物流业务的质量。

4. 物流人才的集聚

综合保税区内的物流活动涉及仓储、运送、包装、拆卸等多个环节，需要大量的各专业的基层工作人员；同时综合保税区的运营管理和战略规划需要中高级管理人才。在潍坊物流人才供需矛盾突出的大环境下，力求建立宽松的人才发展环境，利用周边高教区院校和企业等多方资源，通过引进、培养、培训等多种方式，集聚高层次的商贸物流人才，构建适合潍坊综合保税区商贸物流业发展的人才梯队，成为吸纳、培养人才的高地。

对其人力资源进行有效管理不但将对区内各家企业物流运作能力产生直接的影响，甚至影响着综合保税区的整体竞争力。综合保税区运营商和区内企业应该联手衡量各种专业人才所占比例、高级人才所占比例、人才吸引力、人才培训体系健全程度等。经过良好教育和培训的物流操作人员可以保证物流设备和设施的高效率和高可靠性；同时，物流管理者的物流运作能力也是整个物流能力的重要组成部分。在人才培养和引进方面应做好以下工作：建立职业教育公共服务平台。潍坊综合保税区应加大与各职业技术学校的合作，继续加大产学研结合，构建园区商贸物流业发展的人才梯队，实现人才培养本地化；制订人才培训计划，加大培训力度，增加对专业人才的培养力度。同时应出台相关激励措施积极引进引进各类海归创新、创业人才。

五、潍坊综合保税区促进区域经济发展的意义

随着中国与日本、韩国等东亚国家合作的深入，山东潍坊作为一个区域整体，在区域合作、经贸往来等方面发挥着内接山东中、西部广阔的内陆腹地，外接环渤海经济带的巨大作用，更有利于发挥该区域对东亚国家的吸引力、影响力，成为中国和东亚国家合作的核心区域之一。

1. 从宏观角度看潍坊综合保税区的意义

（1）面向中国与东亚开放合作的重要平台

中国与日、韩经贸往来日益频繁，东亚国家已成为中国最大的贸易伙伴之一。中国在山东潍坊设立综合保税区，就可以直接地、更好地与东亚国家开展更高层次的经贸合作，成为开放合作的重要平台。建设好潍坊综合保税区，促使产品、资源、劳动力、技术、人才、信息在中国与东亚国家更好地流动与整合，有利于中国与东亚国家经济的共赢，有利于推进中、日、韩自由贸易区的进程。

（2）促进环渤海湾湾区域产业结构优化

通过潍坊综合保税区可以有效整合国际资源，促进环渤海湾区域产业结构优化，积极参与国际分工，成为国际供应链中重要的一环。山东环渤海地区抓住发展机遇，积极发展比较优势产业。

（3）综合保税区的辐射作用和积聚效应

山东潍坊综合保税区能够吸引大量的跨国公司到综合保税区内外设立国际采购、分拨、配送和加工中心，形成国际物流枢纽集散平台，促使其关联企业在区外设立国内物流配送中心。发挥协同效应，形成国内配套产业集群，促进国际资本、技术、信息向整个环渤海湾乃至西南地区延伸和辐射。

（4）吸引国外资金、技术和管理

由于综合保税区的优惠政策，会吸引一批大型跨国企业来山东潍坊综合保税区内及周边地区投资，国外优秀企业带来先进的技术、管理方式的和服务理念，带动区域内其他企业发展。

2. 从企业角度看山东潍坊综合保税区的意义

（1）降低企业税收成本

保税区能够有效地加快货物的周转速度，降低加工贸易企业的成本，有利于深加工结转业务的发展。外向型加工企业将成品或半成品转至国内另一家加工企业完成深加工活动，按照中国现行海关政策，对国内之间的深加工结转业务出口方企业不予退税，这给企业带来了极大的资金压力。通过潍坊综合保税区进行结转，综合保税区上游企业的货物入区就可以获得退税，而下游企业从保税区进口货物并获得发票，即可向海关办理“进料加工”并享受进口料件保税，从而减轻了这类企业的税收负担。

（2）加快企业资金周转

货物出口。国内企业的货物入潍坊综合保税区后凭海关签发的出口退税报关单证明联即可办理退税，改变了现行的离境退税方式，减少了出口企业的营运资金占用，加快资金周转，降低出口企业的市场风险。

货物进口。当采购自海外的货物清关进口时，企业需立刻缴纳关税和相应的商品的保值税为货值的 17% 的增值税。由于每种货物都有一定的采购批量，进口的货物放在保税区保管缓交税赋。企业真正有需求时，再根据每天实际需要量二线报关（从潍坊综合保税内报至国内），将保税货物分批拨至工厂，同时交纳关税，避免过早地缴付关税而产生高额利息费用。小批量运输可以避免提前交纳增值税，但由于运输不具规模经济使得单位运输成本较高，导致了物流成本整体上升。因此，大批量运输后，在保税区存放货物，根据市场需求分批配送，成为企业优先的选择。

（3）企业更多的经营便利和商业机会

经营便利。潍坊综合保税区在经营环境上的自由和宽松及管理上的简便高效，与完备的基础设施相配合，为区内企业带来区外企业所难以获得的经营便利。如可利用淡季购买较多的物资放在综合保税区进行保税存储，然后在旺季时再清关出区。

商业机会。在潍坊综合保税区建立大型的商品展示场馆，使国内客户不出国门就可以在区内直接就地观摩世界各国的商品，并可以在看样后当即签订合同，办理进口手续；境外客户也可以在区内看样后与国内企业签订出口合同。利用山东潍坊综合保税区的展销设施，广泛接触潜在买主，提供样品，实现直接销售，获取更多的订单等。

（4）有利于国际采购与分销

国际采购是指利用全球的资源，在全世界范围内去寻找供应商，寻找质量最好、价格合理的产品与服务。利用综合保税区政策优势，跨国采购商、物流商在潍坊综合保税区设立国际采购与配送中心，可以将国外、国内采购的货物以一致的保税状态集中到潍坊综合保税区内，并进行分级分类、分拆分拣、分装、计量、组合包装、打膜、加刷唛码、刷贴标志、改换包装、拼装等具有商业增值的辅助性作业，然后集中配送至国内外的终端客户。

（5）有利于开展国际转口贸易

进入综合保税区内的企业都被赋予国际转口贸易功能，可以开展转口贸易业务。对进入潍坊综合保税区的境外货物进行分拆、集拼、开展中转货物集运、多国别货物快速集并和国际联合快运等业务。中转集装箱在综合保税区内可以自由拆拼箱，改变以往只能整箱装卸的状况，并且堆存无时间限制，有利于吸引国际中转箱源的集散。

六、完善山东潍坊综合保税区的对策

1. 分片围网监管

实现封闭式管理，在保税区与其他区域之间设置了符合海关监管要求的隔离设施和卡口，货物、车辆、人员一律要从海关确认的卡口进出，并接受查验。严格按照海关总署的要求，为实现高效率、低成本和确保有效监管，山东潍坊综合保税区根据综合保税区的功能需要，加强综合保税区内各个功能区域的统筹规划，配备保税物流区、保税加工区、口岸作业区和综合服务区。各功能区建独立物理围网，并通过信息数据平台实现全封闭联网监管。

2. 建设高效的信息化平台

建设高效的信息化平台，实现货物、运输、仓储等信息共享，潍坊综合保税区和口岸之间、与综合保税区内企业之间，信息传递实时共享，提高信息的收集、处理和服务能力，缩短信息交换与作业时间，建设一个高效、低成本的运营环境。实现数据采集、传输、运行和管理自动化，促使货物在不同监管区域和场所间有序地流动，使货物得到科学、高效的监管和高效服务，确保综合保税区保税物流水平与国际接轨。

3. 通过优惠政策，吸引大型生产企业、贸易企业和物流企业入驻

通过优惠政策，吸引大型生产企业、贸易企业和物流企业入驻潍坊综合保税区。通过对大型企业企业的引进，带来资金、先进的技术、管理方式的和服务理

念，带动区域内其他企业发展。通过企业之间相互合作和竞争，取长补短，发现市场机会以促进企业改进产品和提高服务，增强企业竞争力，形成产业外部经济效益。引进国际化的物流服务理念、管理模式、优胜劣汰的竞争机制，吸引跨国公司把地区总部、研发中心、采购中心及分拨中心转移到潍坊综合保税区，构建区域性国际采购中心、国际分拨中心和国际配送中心。

4. 建立统一的物流设备标准和实施建设标准

山东潍坊综合保税区内建设标准化的卸货月台、物流仓库、货场、货架等物流设施设备，使用标准化车辆，在包装、装卸、堆码、运输操作采用国际标准，商品使用国际编码，物流单据、信息、票证的国际标准化。实现物流标准化后，由于物流流通速度加快、中间装卸、搬运、暂存费用降低、中间损失降低，从而使物流成本大大降低。

5. 引进和培养各类优秀的专业人才

人才是保证潍坊综合保税区持续高效运转的关键，然而人才匮乏成为制约综合保税区发展的一大瓶颈。目前比较缺乏物流、国际贸易、电子商务、国际资本营运、涉外金融、涉外法律、外语、计算机等专业的优秀人才。潍坊综合保税区可利用综合保税区品牌优势，凭借各种优惠政策，通过引进、培训、培养等多种方式，构建适合综合保税区商贸物流业发展的人才梯队，为山东潍坊综合保税区的建设和运营提供人才支撑，保证山东潍坊综合保税区有长期的发展竞争力。

6. 做好潍坊综合保税区的软环境建设

做好潍坊综合保税区的软环境建设，软环境也是生产力。潍坊综合保税区办事机构必须精简，配备高素质高水平的监管队伍，分工明确，统一管理，每周七天均能办理业务，强化为企业服务的理念。简化海关的监管手续，使得区内物流自由流动，减少审批程序和办事环节，提高整体办事效率，提高服务水平。

7. 依托山东潍坊综合保税区发展比较优势产业

依托潍坊综合保税区，吸引更多的企业在综合保税区附近投资建厂，加快区内区外的配套，实现相关行业和上下游产业链的互动，包括零部件、机器和服务等专业化投入的供应商和专业化基础设施的提供者，与保税区内外企业发展协调发展，将潍坊打造成为山东乃至中国与东亚国家开展经济合作的重要基地，提升开放水平。

利用区位优势，鼓励发展生产机械、电子、服装、家电、造纸、建材、新型节能材料等日、韩等国家需要的商品，形成面向东亚的产业经济带。按照低碳经济发展的要求，以引进电子信息产品、新型节能材料及环保产品的企业为主，把出口科技含量高、带动能力强、资金密集的大型出口加工企业引入产业园区，不允许高能耗、高污染、高碳排放和劳动密集型的企业的入驻产业园区。

保税区是中国经济融入世界、参与国际竞争的重要结点和桥头堡，是国际物流与国内物流的接力区。保税区在连接国内外市场、促进国际贸易、引进外资和技术、促进中国经济适应全球化等方面皆发挥着重要作用。

山东潍坊综合保税区是连接胶东半岛与内陆城市陆路通道上的重要节点，通过山东潍坊综合保税区点的发展带动产业经济线的发展，最后辐射和扩散整个环渤海湾经济圈。建设好山东潍坊综合保税区，既是对外贸易不断发展的内在需要，又是带动这一区域经济发展、深化中国与东亚等国家合作的要求。潍坊综合保税区应当抓住发展机遇，积极进行产业调整，优化结构，发展比较优势产业，率先形成环渤海湾经济区重要的增长极，成为带动和支撑潍坊经济发展的战略高地。

第四篇

和谐企业税收政策应用研究

第七章
会计政策选择层面上的税收政策应用策略

第一节　会计政策的选择对企业税负的影响①

会计政策的选择对企业税负会产生一定的影响。研究会计政策的选择对降低企业税负具有重要意义。现以存货计价方法的选择为例，通过案例分析影响存货计价的因素，指出根据企业不同情况，选择不同的存货计价方法，会给企业带来节税等效应。

一、会计政策的选择对企业税负的影响概述

会计政策，指的是企业在会计确认、计量及报告中采用的原则、基础和会计处理方法等。企业所采用的会计计量基础，也属于会计政策。

对企业税负有影响的会计政策具体包括：①资产项目：应收款项、存货计价、投资、固定资产计价及折旧、无形资产计价及摊销、递延资产的处理；②负债项目：应付项目、或事项和承诺事项、退休金；③损益项目：收入确认、修理和更新支出、财产处理损益、非常损益。

二、存货计价方法选择应考虑的因素

（一）存货价格变动因素

预测存货价格不同的变动趋势，企业应该采取不同的计价方法。根据会计的谨慎性原则，基于经济效益考虑，在预测购进货物价格下降的情况下，应当采用先进先出法；在预测价格上升的情况下，应当采用加权平均法；在价格变化不定

① 侯君邦．会计政策选择对企业税负的影响分析——以存货计价方法的选择为例．财会通讯．综合（上），2011.10

且单位价格较高的情况下，应当采用个别计价法。

（二）税率变动因素

出于合理避税的考虑，如果物价上涨，在预测未来适用税率上升的情况下，应当选择先进先出法；在预测未来适用税率下降的情况下，应当采用加权平均法。这里所说的税率变动，既包括国家调整的所得税税率，也包括企业适用的实际所得税税率的变化。比如企业适用的所得税税率为25%，但若处于免税期间，则其适用的实际所得税税率为0，免税期后适用的实际所得税税率为25%，在免税期内选择存货计价方法时要考虑到免税期过后所得税税率上升的因素。

（三）税法限制性因素

根据《所得税税前扣除办法》，在实际会计操作中，企业会计准则和新企业所得税法在存货的计价方法的选择上，都不得采用后进先出法。纳税人的存货计价方法一经确定，不得随意更改，如果确需更改的，则应在下一个纳税年度开始之前报主管税务机关批准。否则，对应纳税所得额造成影响的，税务机关有权调整。

三、存货计价方法选择对企业税负影响的案例分析

（一）企业处于非减免税期间的存货计价方法选择

企业处于非减免税的盈利期间，由于存货成本能从所得额中税前扣除，即存货成本的抵税效应能够完全发挥。因此，在选择计价方法时，应着眼于使成本费用的抵税效应尽可能早地发挥作用，即选择前期成本较大的计价方法。例如在通货膨胀时期，可选择加权平均法或个别计价法；在通货紧缩时期，可选择先进先出法。

案例分析：企业处于盈利年度且进货物价上涨的情况下

云达科技公司2009年5月和10月分别购进货物1吨，进货价格分别为1 300万元/吨和1 600万元/吨，此前此货物库存为0。云达科技公司在2009年11月和2010年2月各出售1吨此货物，价格分别为1 700万元/吨和2 100万元/吨。云达科技公司2009年和2010年均处于非减免税期间，且处于盈利年度，所得税税率为25%，企业折现率为10%。各项目在“加”和“先”两种方法下的比较如表7－1所示。

表 7 – 1　　**加权平均法与先进先出法下的各项目的比较**　　**单位：万元**

方法／项目	加权平均法			先进先出法		
	2009 年	2010 年	合计	2009 年	2010 年	合计
销售收入	1 700	2 100	3 800	1 700	2 100	3 800
销售成本	1 450	1 450	2 900	1 300	1 600	2 900
税前利润	250	650	900	400	500	900
企业所得税	62. 5	162. 5	225	100	125	225
复利现值系数	0. 909 1	0. 826 4		0. 909 1	0. 826 4	
税金支出现值	56. 82	134. 29	191. 11	90. 91	103. 3	194. 21

通过表 7 – 1 的比较可知，本案例中采用先进先出法比加权平均法企业所得税支出现值多 194. 21 – 191. 11 = 3. 1（万元），因此，应当选择加权平均法。

案例分析：企业处于盈利年度且进货物价下跌的情况下

云达科技公司 2009 年 5 月和 10 月分别购进货物 1 吨，进货价格分别为 1 400 万元/吨和 1 100 万元/吨，此前此货物库存为 0。云达科技公司在 2009 年 11 月和 2010 年 2 月各出售 1 吨此货物，价格分别为 1 900 万元/吨和 1 500 万元/吨。云达科技公司 2010 年和 2011 年均处于盈利年度，且处于非减免税期间，所得税税率为 25%，企业折现率为 10%。2009 年和 2010 年此时，各项目在“加”和“先”两法下的比较如表 7 – 2。

表 7 – 2　　**加权平均法与先进先出法下的各项目的比较**　　**单位：万元**

方法／项目	加权平均法			先进先出法		
	2009 年	2010 年	合计	2009 年	2010 年	合计
销售收入	1 900	1 500	3 400	1 900	1 500	3 400
销售成本	1 250	1 250	2 500	1 400	1 100	2 500
税前利润	650	250	900	500	400	900
企业所得税	162. 5	62. 5	225	125	100	225
复利现值系数	0. 909 1	0. 826 4		0. 909 1	0. 826 4	
税金支出现值	147. 73	51. 65	199. 38	113. 64	82. 64	196. 28

通过表 7 – 2 的比较可知，本案例中采用先进先出法比加权平均法企业所得税支出现值少 199. 38 – 196. 28 = 3. 1（万元），因此，应当选择先进先出法。

（二）企业处于减免税年度情况下的存货计价方法选择

企业处于享受所得税优惠政策期间，由于减免税期内成本费用的抵税效应会全部或部分地被减免优惠所抵消，因此，应选择减免税期成本少，非减免税期成本多的计价方法。

案例分析：企业处于减免税年度且进货物价上涨的情况下

云达科技公司2009年5月和10月分别购进货物1吨，进货价格分别为1 300万元/吨和1 600万元/吨，此前此货物库存为0。云达科技公司在2009年11月和2010年2月各出售1吨此货物，价格分别为2 100万元/吨和1 700万元/吨。云达科技公司2009年处于免税期间；2010年均处于减半征收期间，且处于盈利年度，所得税税率为25%。企业折现率为10%企业处于“加”和“先”两种方法下的比较如表7－3所示。

表7－3　加权平均法与先进先出法下的各项目的比较　单位：万元

项目＼方法	加权平均法			先进先出法		
	2009年	2010年	合计	2009年	2010年	合计
销售收入	1 700	2 100	3 800	1 700	2 100	3 800
销售成本	1 450	1 450	2 900	1 300	1 600	2 900
税前利润	250	650	900	400	500	900
企业所得税	0	81.25	81.25	0	62.5	62.5
复利现值系数	0.9091	0.909 1		0.909 1	0.909 1	
税金支出现值	0	73.86	73.86	0	56.82	56.82

通过表7－3的比较可知，本案例中采用先进先出法比加权平均法企业所得税支出现值少73.86－56.82＝17.04万元，因此，应当选择先进先出法。

案例分析：企业处于减免税年度且进货物价下跌的情况下

云达科技公司2009年5月和10月分别购进货物1吨，进货价格分别为1 400万元/吨和1 100万元/吨，此前此货物库存为0。云达科技公司在2009年11月和2010年6月各出售1吨此货物，价格分别为1 900万元/吨和1 500万元/吨。云达科技公司2009年处于免税期间；2010年均处于减半征收期间，且处于盈利年度，所得税税率为25%。企业折现率为10%企业处于“加”和“先”两种方法下的比较如表7－4所示。

表 7－4　　加权平均法与先进先出法下的各项目的比较　　单位：万元

项目＼方法	加权平均法			先进先出法		
	2009 年	2010 年	合计	2009 年	2010 年	合计
销售收入	1 900	1 500	3 400	1 900	1 500	3 400
销售成本	1 250	1 250	2 500	1 400	1 100	2 500
税前利润	650	250	900	500	400	900
企业所得税	0	31.25	31.25	0	50	50
复利现值系数		0.909 1			0.909 1	
税金支出现值		28.41	28.41		45.46	45.46

通过表 7－4 的比较可知，本案例中采用先进先出法比加权平均法企业所得税支出现值多 45.46－28.41＝17.05（万元），因此，应当选择加权平均法。

第二节　存货的税收政策应用[①]

存货是指企业在日常活动中持有以备出售的产成品或商品、处在生产过程中的在产品、在生产过程或提供劳务过程中耗用的材料和物料等。存货包括库存的、加工中的、在途的各类原材料、商品、在产品、半成品、产成品、包装物、低值易耗品等。以下主要从存货的采购、存货的非正常损失、包装物分离、低值易耗品摊销等角度，对存货的税收政策进行应用。

一、存货采购对象选择的税收政策应用

增值税一般纳税人如果从一般纳税人购入原材料等存货，取得增值税专用发票，可以按买价的 17% 或 13% 抵扣进项税；而如果从小规模纳税人处购入，则不能抵扣进项税，即便能够取得由税务机关代开的专用发票，也只能按买价的 3% 抵扣进项税。

不同的进项税抵扣额，会影响到企业的增值税税负，最终会影响到企业现金净流量。但是，若从小规模纳税人的货物比一般纳税人的货物便宜很多，则购货方从小规模纳税人处采购也可能更为划算。因此，选择存货采购对象时要

① 梁文涛．存货业务纳税筹划浅析．财会月刊．会计（中），2010.8

综合考虑，最终选择使得企业净利润最大或现金净流量最大的购货对象。

案例分析：甲公司为增值税一般纳税人，购买原材料时，若从一般纳税人乙公司购进，则每吨的含税价格为2.2万元，乙公司货物适用增值税税率为17%；若从丙公司（小规模纳税人）购进，含税价格为1.8万元，可取得由税务机关代开的税率为3%的专用发票。甲公司用此原材料生产的产品每吨不含税销售额为4.2万元，其他相关费用0.5万元。假设甲企业以利润最大化为目标，请对甲公司购货对象选择进行税收政策应用。（城建税税率为7%，教育费附加征收率为3%）

方案一：从一般纳税人乙公司购进材料

净利润＝｛4.2－2.2÷（1＋17%）－0.5－［4.2×17%－2.2÷（1＋17%）×17%］×（7%＋3%）｝×（1－25%）＝1.34（万元）

方案二：从小规模纳税人丙公司购进材料

净利润＝｛4.2－1.8÷（1＋3%）－0.5－［4.2×17%－1.8÷(1＋3%）×3%］×（7%＋3%）｝×（1－25%）＝1.41（万元）

由此可见，方案二比方案一多获净利润0.7万元（1.41－1.34)，因此，应当选择方案二。

应当注意的是，选择存货的采购对象不能仅考虑税负、净利润或现金净流量，还应考虑购货质量、售后服务、运输成本等多种因素。

二、存货非正常损失的税收政策应用

非正常损失的购进货物及相关的应税劳务的进项税额，非正常损失的在产品、产成品所耗用的购进货物或者应税劳务的进项税额，不得从销项税额中抵扣，若已抵扣了进项税额，应当将该项购进货物或者应税劳务的进项税额从当期的进项税额中扣减（转出)。所谓非正常损失，是指生产经营过程中正常损耗以外的损失，包括自然灾害损失，因管理不善而造成的货物盗窃、发生霉烂变质等损失和其他的非正常损失。

由于非正常损失存货进项税额不能抵扣，因此，在合理且精确地计算存货非正常损失额的基础上，尽量降低非正常损失存货的会计核算额具有重要意义。

案例分析：甲公司为增值税一般纳税人，适用17%的增值税税率。2009年7月，甲公司购入一批原材料，不含税价格为200万元，取得的增值税专用发票注明的增值税额为34万元，并认证通过后已经作为进项税抵扣。2010年2月，该批原材料由于仓库发生火灾导致发生损失，甲企业对其进行盘存清理，发现有不含税价格30万的原材料经过一定处理仍能使用，为回笼资金决定变价卖出。2010年2月，甲公司其他业务增值税销项税为100万元，可抵扣进项税为40万元。请进行税收政策应用。

方案一：会计核算上按照200万元作为非正常损失

进项税转出额＝200×17%＝34（万元）

30万的原材料变价销售的销项税＝30×17%＝5.1（万元）

应纳增值税＝100＋5.1－（40－34）＝99.1（万元）

方案二：会计核算上按照170（200－30）万元作为非正常损失

进项税转出额＝170×17%＝28.9（万元）

30万的原材料变价销售的销项税＝30×17%＝5.1（万元）

应纳增值税＝100＋5.1－（40－28.9）＝94（万元）

由此可见，方案二比方案一少纳增值税5.1万元（99.1－94），因此，应当选择方案二。

应当注意的是，尽量降低非正常损失存货的会计核算额的前提在于合理且精确地将报废的存货和仍能使用的存货分开，并在会计核算上能按照数量、单价和金额正确体现。

三、包装物分离的税收政策应用

《中华人民共和国消费税暂行条例实施细则》第十三条规定，应税消费品连同包装物销售的，无论包装物是否单独计价以及在会计上如何核算，均应并入应税消费品的销售额中缴纳消费税。

由于随同应税消费品一并销售包装物的价值应并入应税消费品的销售额中征收消费税，所以税收政策应用的着眼点在于将包装物的价值与应税消费品的销售额分离。这里有两种方式可以选择：一是将“先包装后销售”变为“先销售后包装”，即先将应税消费品和包装物分别销售给商家，再由商家包装后对外销售。这一过程改变了包装的地点，将应税消费品和包装物在销售环节分别开具发票，在账务处理环节对不同的产品分别核算销售收入。二是本企业仅将应税消费品销售给商家，由商家从另一生产包装物的企业购买包装物，自己包装后对外销售。

案例分析：甲公司2010年1月销售给乙商场化妆品一批，取得不含增值税销售收入5万元，其中包括价值4万元的化妆品和价值1万元的包装物。化妆品消费税税率为30%，请进行税收政策应用。

方案一：先包装后销售

应纳消费税＝5×30%＝1.5（万元）

方案二：先销售后包装，即将包装物与应税消费品分离

此时，包装物不属于应税消费品，不缴纳消费税。

应纳消费税＝4×30%＝1.2（万元）

由此可见，方案二比方案一少纳消费税0.3万元（1.5－1.2），因此，应当

选择方案二。

应当注意的是，如果税务机关比较严格的话，先销售后包装的方案具有一定的税收政策应用风险，为规避此类风险，我们可以采用以下方案：本企业仅将应税消费品销售给商家，由商家从另一生产包装物的企业购买包装物，自己包装后对外销售。

四、低值易耗品摊销的税收政策应用

《企业会计准则第 1 号——存货》第 20 条规定：企业应当采用一次转销法或者五五摊销法对低值易耗品进行摊销，计入相关资产的成本或者当期损益。

采用不同的摊销方法，当期会产生不同大小的成本费用，从而影响到企业当期的应纳税所得额，进而影响企业当期的企业所得税。摊销方法的选择应立足于使折旧费用的抵税效应得到最充分或最快的发挥。

案例分析：甲企业 2009 年 1 月购进并领用一批低值易耗品 30 件，每件价值为 800 元，预计 2010 年 7 月报废，对其摊销可以采用一次转销法或者五五摊销法。预计每年税前未扣除低值易耗品摊销额前的会计利润均为 100 000 元，且没有纳税调整项目。假设折现率为 10%，且报废时无残值。请进行税收政策应用。

方案一：采用五五摊销法

2009 年企业所得税 =（100 000 − 30 × 800 ÷ 2）× 25% = 2.2（万元）

2010 年企业所得税 =（100 000 − 30 × 800 ÷ 2）× 25% = 2.2（万元）

企业所得税支出折合到 2009 年初的现值 = 2.2 ×（*P/S*，10%，1）+ 2.2 ×（*P/S*，10%，2）= 2.2 × 0.909 1 + 2.2 × 0.826 4 = 3.818 1（万元）

方案二：采用一次转销法

2009 年企业所得税 =（100 000 − 30 × 800）× 25% = 1.9（万元）

2010 年企业所得税 = 100 000 × 25% = 2.5（万元）

企业所得税支出折合到 2009 年初的现值 = 1.9 ×（*P/S*，10%，1）+ 2.5 ×（*P/S*，10%，2）= 1.9 × 0.909 1 + 2.5 × 0.826 4 = 3.793 3（万元）

由此可见，方案二比方案一企业所得税支出现值共少 0.024 8 万元（3.818 1 − 3.793 3），因此，应当选择方案二。

应当注意的是，采用一次转销法的节税思路是基于正常经营年度的前提下实现的，如果摊销的第一年正好处于减免税期间的最后一年则另当别论。

第三节　固定资产折旧的税收政策应用[①]

一、固定资产折旧年限的税收政策应用

《企业所得税法实施条例》第六十条规定，除国务院财政、税务主管部门另有规定外，固定资产计提折旧的最低年限如下：①房屋、建筑物20年；②飞机、火车、轮船、机器、机械和其他生产设备10年；③与生产经营活动有关的器具、工具、家具等5年；④飞机、火车、轮船以外的运输工具4年；⑤电子设备3年。

固定资产的折旧年限直接影响各期应计提的折旧额，从而影响企业的利润，进而影响当期应纳的企业所得税，企业可以在盈利期间采用缩短折旧年限的方法，使得折旧额尽早地抵减企业所得税，这样可以起到延期纳税的作用，从而充分地利用资金的时间价值。

案例分析：甲企业2011年拥有一台账面价值为105万元的生产设备，预计净残值5万元，预计使用年限20年，按直线法计提折旧，假定该公司的资金成本率为8%，且企业每年实现的利润均为150万元（未扣除折旧），无其他纳税调整事项。请对其进行税收政策应用。

方案一：按20年计提折旧

每年折旧额＝（105－5）÷20＝5（万元）

每年应纳企业所得税＝（150－5）×25%＝36.25（万元）

应纳的企业所得税折合为现值＝36.25×（P/A，8%，20）＝36.25×9.818＝355.90（万元）

方案二：将折旧年限缩短为10年

前10年每年折旧额＝（105－5）÷10＝10（万元）

前10年每年应纳企业所得税＝（150－10）×25%＝35（万元）

后10年每年应纳企业所得税＝150×25%＝37.5（万元）

应纳的企业所得税折合为现值＝35×（P/A，8%，10）＋37.5×（P/A，8%，10）×（P/F，8%，10）＝35×6.710＋37.5×6.710×0.463＝234.85＋116.50＝351.35（万元）

由此可见，甲公司采用方案二比方案一少缴企业所得税4.55万元(355.90－351.35)，因此，应当选择方案二。

应当注意的是，当企业处于盈利期间且未处于减免税期间时，缩短折旧年限

---

① 本节由梁文涛、孙丕顺共同撰写

可以加速固定资产成本的回收，尽早地发挥折旧的抵税作用。

二、固定资产折旧方法的税收政策应用

《中华人民共和国企业所得税法》第三十二条及《企业所得税法实施条例》第九十八条规定，企业固定资产由于技术进步、产品更新换代较快等原因，确需加速折旧的，可以采取加速折旧的方法。

采用不同的固定资产折旧方法，会使各期折旧额不同，从而影响企业的利润，进而影响当期应纳的企业所得税。企业可以在盈利的期间采用加速折旧的方法，使得折旧额尽早地抵减企业所得税，这样可以起到延期纳税的作用，充分地利用资金的时间价值。

案例分析：甲公司 2011 年拟购入一批技术先进、产品更新换代较快的生产设备，该批设备原值 100 万元，预计净残值 5 万元，预计使用寿命 10 年，与税法规定的最低年限相同，假定该公司的资金成本率为 10%，每年的税前会计利润均为 150 万元（未扣除折旧），无其他纳税调整事项。请对其进行税收政策应用。

方案一：按年限平均法计提折旧

每年的折旧额 =（100 − 5）÷ 10 = 9.5（万元）

每年税前利润 = 150 − 9.5 = 140.5（万元）

每年应纳企业所得税 = 140.5 × 25% = 35.125（万元）

累计所得税折现值合计 = 35.125 ×（P/F，10%，1）+ 35.125 ×（P/F，10%，2）+ 35.125 ×（P/F，10%，3）+ 35.125 ×（P/F，10%，4）+ 35.125 ×（P/F，10%，5）+ 35.125 ×（P/F，10%，6）+ 35.125 ×（P/F，10%，7）+ 35.125 ×（P/F，10%，8）+ 35.125 ×（P/F，10%，9）+ 35.125 ×（P/F，10%，10）= 35.125 × 0.909 + 35.125 × 0.826 + 35.125 × 0.751 + 35.125 × 0.683 + 35.125 × 0.621 + 35.125 × 0.565 + 35.125 × 0.513 + 35.125 × 0.467 + 35.125 × 0.424 + 35.125 × 0.386 = 215.843（万元）

方案二：按双倍余额递减法计提折旧

第 1 年折旧额 = 100 × 2/10 = 20（万元）

税前利润 = 150 − 20 = 130（万元）

应纳企业所得税 = 130 × 25% = 32.5（万元）

第 2 年折旧额 =（100 − 20）× 2/10 = 16（万元）

税前利润 = 150 − 16 = 134（万元）

应纳企业所得税 = 134 × 25% = 33.5（万元）

第 3 年折旧额 =（100 − 20 − 16）× 2/10 = 12.8（万元）

税前利润 = 150 − 12.8 = 137.2（万元）

应纳企业所得税 = 137.2 × 25% = 34.3（万元）

第 4 年折旧额 =（100 − 20 − 16 − 12.8）× 2/10 = 10.24（万元）

税前利润 = 150 − 10.24 = 139.76（万元）

应纳企业所得税 = 139.76 × 25% = 34.94（万元）

第 5 年折旧额 =（100 − 20 − 16 − 12.8 − 10.24）× 2/10 = 8.19（万元）

税前利润 = 150 − 8.19 = 141.81（万元）

应纳企业所得税 = 141.81 × 25% = 35.452 5（万元）

第 6 年折旧额 =（100 − 20 − 16 − 12.8 − 10.24 − 8.19）× 2/10 = 6.55（万元）

税前利润 = 150 − 6.55 = 143.45（万元）

应纳企业所得税 = 143.45 × 25% = 35.862 5（万元）

第 7 年折旧额 =（100 − 20 − 16 − 12.8 − 10.24 − 8.19 − 6.55）× 2/10 = 5.24（万元）

税前利润 = 150 − 5.24 = 144.76（万元）

应纳企业所得税 = 144.76 × 25% = 36.19（万元）

第 8 年折旧额 =（100 − 20 − 16 − 12.8 − 10.24 − 8.19 − 6.55 − 5.24）× 2/10 = 4.20（万元）

税前利润 = 150 − 4.20 = 145.8（万元）

应纳企业所得税 = 145.8 × 25% = 36.45（万元）

第 9 年、第 10 年折旧额 =（100 − 20 − 16 − 12.8 − 10.24 − 8.19 − 6.55 − 5.24 − 4.20 − 5）÷ 2 = 5.89（万元）

每年税前利润 = 150 − 5.89 = 144.11（万元）

每年应纳企业所得税 = 144.11 × 25% = 36.027 5（万元）

累计所得税折现值合计 = 32.5 ×（P/F，10%，1）+ 33.5 ×（P/F，10%，2）+ 34.3 ×（P/F，10%，3）+ 34.94 ×（P/F，10%，4）+ 35.452 5 ×（P/F，10%，5）+ 35.862 5 ×（P/F，10%，6）+ 36.19 ×（P/F，10%，7）+ 36.45 ×（P/F，10%，8）+ 36.027 5 ×（P/F，10%，9）+ 36.027 5 ×（P/F，10%，10）= 32.5 × 0.909 + 33.5 × 0.826 + 34.3 × 0.751 + 34.94 × 0.683 + 35.452 5 × 0.621 + 35.862 5 × 0.565 + 36.19 × 0.513 + 36.45 × 0.467 + 36.027 5 × 0.424 + 36.027 5 × 0.386 = 213.89（万元）

方案三：按年数总和法计提折旧

第 1 年折旧额 =（100 − 5）× 10/55 = 17.27（万元）

税前利润 = 150 − 17.27 = 132.73（万元）

应纳企业所得税 = 132.73 × 25% = 33.182 5（万元）

第 2 年折旧额 =（100 − 5）× 9/55 = 15.55（万元）

税前利润 = 150 − 15.55 = 134.45（万元）

应纳企业所得税 = 134. 45 × 25% = 33. 612 5（万元）

第 3 年折旧额 =（100 − 5）× 8/55 = 13. 82（万元）

税前利润 = 150 − 13. 82 = 136. 18（万元）

应纳企业所得税 = 136. 18 × 25% = 34. 045（万元）

第 4 年折旧额 =（100 − 5）× 7/55 = 12. 09（万元）

税前利润 = 150 − 12. 09 = 137. 91（万元）

应纳企业所得税 = 137. 91 × 25% = 34. 477 5（万元）

第 5 年折旧额 =（100 − 5）× 6/55 = 10. 36（万元）

税前利润 = 150 − 10. 36 = 139. 64（万元）

应纳企业所得税 = 139. 64 × 25% = 34. 91（万元）

第 6 年折旧额 =（100 − 5）× 5/55 = 8. 64（万元）

税前利润 = 150 − 8. 64 = 141. 36（万元）

应纳企业所得税 = 141. 36 × 25% = 35. 34（万元）

第 7 年折旧额 =（100 − 5）× 4/55 = 6. 91（万元）

税前利润 = 150 − 6. 91 = 143. 09（万元）

应纳企业所得税 = 143. 09 × 25% = 35. 772 5（万元）

第 8 年折旧额 =（100 − 5）× 3/55 = 5. 18（万元）

税前利润 = 150 − 5. 18 = 144. 82（万元）

应纳企业所得税 = 144. 82 × 25% = 36. 205（万元）

第 9 年折旧额 =（100 − 5）× 2/55 = 3. 45（万元）

税前利润 = 150 − 3. 45 = 146. 55（万元）

应纳企业所得税 = 146. 55 × 25% = 36. 637 5（万元）

第 10 年折旧额 =（100 − 5）× 1/55 = 1. 73（万元）

税前利润 = 150 − 1. 73 = 148. 27（万元）

应纳企业所得税 = 148. 27 × 25% = 37. 067 5（万元）

累计所得税折现值合计 = 33. 182 5 ×（*P/F*，10%，1）+ 33. 612 5 ×（*P/F*，10%，2）+ 34. 045 ×（P/F，10%，3）+ 34. 477 5 ×（P/F，10%，4）+ 34. 91 ×（*P/F*，10%，5）+ 35. 34 ×（P/F，10%，6）+ 35. 772 5 ×（*P/F*，10%，7）+ 36. 205 ×（*P/F*，10%，8）+ 36. 637 5 ×（*P/F*，10%，9）+ 37. 067 5 ×（*P/F*，10%，10）= 33. 182 5 × 0. 909 + 33. 612 5 × 0. 826 + 34. 045 × 0. 751 + 34. 477 5 × 0. 683 + 34. 91 × 0. 621 + 35. 34 × 0. 565 + 35. 772 5 × 0. 513 + 36. 205 × 0. 467 + 36. 637 5 × 0. 424 + 37. 067 5 × 0. 386 = 213. 79（万元）

三种不同折旧方法比较如表 7 − 5 所示。

表 7－5　三种不同折旧方法下相关项目的比较　单位：万元

年份	方案一：年限平均法				方案二：双倍余额递减法				方案三：年数总和法		
	折旧	税前利润	所得税	所得税折现值	折旧	税前利润	所得税	所得税折现值	折旧	税前利润	所得税	所得税折现值
第1年	9.5	140.5	35.125	31.93	20	130	32.5	29.54	17.27	132.73	33.182 5	30.16
第2年	9.5	140.5	35.125	29.01	16	134	33.5	27.67	15.55	134.45	33.612 5	27.76
第3年	9.5	140.5	35.125	26.38	12.8	137.2	34.3	25.76	13.82	136.18	34.045	25.57
第4年	9.5	140.5	35.125	23.99	10.24	139.76	34.94	23.86	12.09	137.91	34.477 5	23.55
第5年	9.5	140.5	35.125	21.81	8.19	141.81	35.452 5	22.02	10.36	139.64	34.91	21.68
第6年	9.5	140.5	35.125	19.85	6.55	143.45	35.862 5	20.26	8.64	141.36	35.34	19.97
第7年	9.5	140.5	35.125	18.02	5.24	144.76	36.19	18.57	6.91	143.09	35.772 5	18.35
第8年	9.5	140.5	35.125	16.40	4.20	145.8	36.45	17.02	5.18	144.82	36.205	16.91
第9年	9.5	140.5	35.125	14.893	5.89	144.11	36.027 5	15.28	3.45	146.55	36.6375	15.53
第10年	9.5	140.5	35.125	13.56	5.89	144.11	36.027 5	13.91	1.73	148.27	37.067 5	14.31
合计	95	1 405	351.25	215.843	95	1 405	351.25	213.89	95	1 405	351.25	213.79

由此可见，方案三比方案一所得税折现值少 2.053 万元（215.843 - 213.79），比方案二所得税折现值少 0.1 万元（213.89 - 213.79），因此，应当选择方案三。

应当注意的是，在盈利期间采用加速折旧法会给企业带来更明显的抵税效应，起到了延期纳税的作用，但是，当企业处于减免税期间或亏损期间时，则不适合采用加速折旧法。

第八章
战略经营层面上的税收政策应用策略[①]

第一节　企业筹资税收政策应用

企业筹集所需资金可以采用利润留存、向金融机构借款、向非金融机构或企业借款、发行股票和债券、租赁等多种筹集方式。进行筹资决策时，企业必须计算资金成本。税收是影响企业资金成本的重要因素，对筹资过程中涉及的税务问题进行研究，从而使得筹资决策更加科学合理。

一、债务筹资的税收政策应用

（一）债务筹资税收政策应用的主要内容

当前，我国企业债务筹资方式多种多样，从单一的向银行贷款逐渐发展到向其他企业借款、发行债券、租赁等多种形式。

1. 银行借款的税收政策应用

银行借款的资金成本主要是利息，利息可以税前扣除，所以具有抵减企业所得税的作用。企业可以通过选择不同的还本付息方式来减轻税负，以不同还本付息方式下的应纳企业所得税总额为主要选择标准，选择应纳企业所得税现值总额最小的方案，同时将不同还本付息方式下现金流出的时间和数额作为辅助判断标准。

2. 发行债券的税收政策应用

根据税法规定，债券利息可以在税前扣除。企业债券的付息方式分为到期一次性还本付息和分期付息两种。若企业选择到期一次性还本付息，则可以在债券有效期内享受债券利息税前扣除收益，且不需要实际付息，减轻了企业所得税税负，因此企业可以优先考虑选择该方式。

---

① 根据财政部会计资格评价中心，财务管理，中国财政经济出版社，2011. 11 改编

3. 企业间资金的税收政策应用

企业间资金借用一般应通过正规、合法的金融机构进行，在利息计算及资金回收等方面与银行贷款相比有较大弹性和回旋空间，此种方式对于设有财务公司或财务中心（结算中心）的集团企业来说，税收利益尤为明显。因为集团企业的财务公司或财务中心（结算中心）能起到“内部”银行的作用，利用集团资源和信誉优势实现整体对外筹资，再利用集团内各企业在税种、税率及优惠政策等方面的差异，调节集团资金结构和债务比例，既能解决资金难题，又能实现集团整体税收利益。

4. 借款费用的税收政策应用

企业发生的借款费用大部分可以在税前直接扣除，但有些借款费用则需要计入资产成本，分期扣除。如企业为购置、建造固定资产、无形资产和经过 12 个月以上的建造才能达到预定可销售状态的存货发生借款的，在有关资产购置、建造期间发生的合理的借款费用，应当作为资本性支出计入资产成本。

5. 租赁的税收政策应用

租赁可以分为融资租赁和经营租赁两类，它也是企业减轻税负的重要手段。对承租人来讲，经营租赁的租金可以在税前扣除，减少税基，从而减少应纳税额，降低企业所得税税负。融资租赁资产可以计提折旧计入成本费用，也能降低企业所得税税负。

（二）债务筹资的税收政策应用

案例分析：大成企业投资总额 5 000 万元，当年息税前利润 800 万元，企业所得税税率为 25%。假设投资总额由以下两种方式获得：①投资总额全部由投资者投入；②投资总额中由投资者投入 3 000 万元，银行借款投入 2 000 万元，借款年利率 10%。请对其进行税收政策应用。

方案一：若投资全部为权益资本，不存在纳税调整项

则当年应税所得额为 800 万元，应纳所得税 $=800\times25\%=200$（万元）

则权益资本收益率（税前）$=800\div5\ 000=16\%$

权益资本收益率（税后）$=800\times(1-25\%)\div5\ 000=12\%$

方案二：若企业投资总额仍为 5 000 万元，其中权益资本 3 000 万元，另外 2 000万元为负债融资，借款年利率 10%，因此增加利息支出 200 万元

则当年应税所得额为 600 万元，应纳所得税 $=600\times25\%=150$（万元）

则权益资本收益率（税前）$=600\div3\ 000=20\%$

权益资本收益率（税后）$=600\times(1-25\%)\div3\ 000=15\%$

由此可见，由于企业利用了债务融资，资本收益率反而提高，充分体现出负债的财务杠杆效应。但是，企业在使用债务融资时还应该考虑财务风险承受能力。

案例分析：中天企业要上一新项目需投资2 000万元，项目寿命期为5年，预期第一年可获得息税前利润360万元，以后逐年增加100万元，企业所得税税率为25%。项目所需资金从银行借款，借款年利率10%。目前有四种计息方式可以选择：方案一：复利计息，到期一次还本付息；方案二：复利年金法，每年等额偿还本金和利息527.6万元；方案三：每年等额还本400万元，并且每年支付剩余借款的利息；方案四：每年付息，到期还本。请对其进行税收政策应用。

方案一：复利计息，到期一次还本付息。具体情况如表8－1所示。

表8－1　　单位：万元

①年数	②年初所欠金额	③当年利息＝②×10%	④当年所还金额	⑤当年所欠金额＝②＋③－④	⑥当年投资收益（即息税前利润）	⑦当年税前利润＝⑥－③	⑧当年应交所得税＝⑦×25%
1	2 000	200	0	2 200	360	160	40
2	2 200	220	0	2 420	460	240	65
3	2 420	242	0	2 662	560	318	79.5
4	2 662	266.2	0	2 928.2	660	393.8	98.45
5	2 928.2	292.82	3 221.02	0	760	467.18	116.795
合计	—	1 221.02	—	—	—	1 578.98	394.745

方案二：复利年金法，具体情况如表8－2所示。

表8－2　　单位：万元

①年数	②年初所欠金额	③当年利息＝②×10%	④当年所还金额	⑤当年所欠金额＝②＋③－④	⑥当年投资收益	⑦当年税前利润＝⑥－③	⑧当年应交所得税＝⑦×25%
1	2 000	200	527.6	1 672.4	360	160	40
2	1 672.4	167.24	527.6	1 312.04	460	292.76	73.19
3	1 312.04	131.201	527.6	915.64	560	428.799	107.2
4	915.644	91.56	527.6	479.6	660	568.44	142.11
5	479.604	47.96	527.564	0	760	712.04	178.01
合计	—	637.961	—	—	—	2 162.039	540.51

方案三：每年等额还本400万元，并且每年支付剩余借款的利息。具体情况如表8－3所示。

表 8 -3　　单位：万元

①年数	②年初所欠金额	③当年利息 = ②×10%	④当年所还金额	⑤当年所欠金额 = ② + ③ -④	⑥当年投资收益	⑦当年税前利润 = ⑥ - ③	⑧当年应交所得税 = ⑦×25%
1	2 000	200	600	1 600	360	160	40
2	1 600	160	560	1 200	460	300	75
3	1 200	120	520	800	560	440	110
4	800	80	480	400	660	580	145
5	400	40	440	0	760	720	180
合计	—	600	—	—	—	2 200	550

方案四：每年付息到期还本。具体情况如表 8 -4 所示。

表 8 -4　　单位：万元

①年数	②年初所欠金额	③当年利息 = ②×10%	④当年所还金额	⑤当年所欠金额 = ② + ③ -④	⑥当年投资收益	⑦当年税前利润 = ⑥ - ③	⑧当年应交所得税 = ⑦×25%
1	2 000	200	200	2 000	360	160	40
2	2 000	200	200	2 000	460	260	65
3	2 000	200	200	2 000	560	360	90
4	2 000	200	200	2 000	660	460	115
5	2 000	200	2 200	0	760	560	140
合计	—	1 000	—	—	—	1 800	450

由以上计算可知，从节税减负角度看，方案一税负最轻，其次是方案四，然后是方案二、方案三。

二、权益筹资的税收政策应用

（一）权益筹资税收政策应用的主要内容

1. 发行股票的税收政策应用

企业发行股票所支付的股息不能在税前直接扣除，只能从企业税后利润中支付，同时股票在发行过程中存在的评估费、发行费、审计费、公证费等中介费用的税务问题。

2. 留存收益筹资的税收政策应用

企业通过留存收益筹资可以避免收益向外分配时存在的双重纳税问题。因此，在特定税收条件下它是一种减轻投资者税负的方案。

3. 吸收直接投资的税收政策应用

企业通过吸收直接投资筹集到的资金构成企业的权益资金，其支付的红利不能在税前扣除，因而不能获得税收收益。企业吸收直接投资时应考虑自身的资本结构，衡量权益融资和债务融资的资金成本以及两者间的比例关系，在控制财务风险的前提下，实现合理降低税负的目的。

（二）权益筹资的税收政策应用

案例分析： 新维股份有限公司共有普通股300万股，每股10元，没有负债。由于产品市场行情十分可观，欲扩大经营规模，假设公司下一年度的资金预期盈利4 200万元，企业所得税税率为25%。该公司董事会经过研究，设定了以下两个筹资方案：方案一：发行股票800万股（每股10元），共8 000万元。方案二：发行股票400万股（每股10元），发行债券4 000万元（债券利率为8%）。请对其进行税收政策应用。

方案一：发行股票800万股

应纳企业所得税 = 4 200 × 25% = 1 050（万元）

税后利润 = 4 200 − 1 050 = 3 150（万元）

每股股利 = 3 150万元 ÷ 1 100万股 = 2.86（元/股）

方案二：发行股票400万股，发行债券4 000万元

利息支出 = 4 000 × 8% = 320（万元）

应纳企业所得税 =（4 200 − 320）× 25% = 970（万元）

税后利润 = 4 200 − 320 − 970 = 2 910（万元）

每股股利 = 2 910万元 ÷ 700万股 = 4.16（元/股）

不同资本结构下，公司的每股净利不同，通过负债融资可以增大公司的每股净利，因此方案二较为理想。

第二节　企业投资税收政策应用

一、研发的税收政策应用

（一）研发税收政策应用的主要内容

我国企业所得税法规定，开发新技术、新产品、新工艺发生的研究开发费

用，可以在计算应纳税所得额时加计扣除。具体办法为：企业为开发新技术、新产品、新工艺发生的研究开发费用，未形成无形资产的计入当期损益，在按照规定据实扣除的基础上，再按照研究开发费用的50%加计扣除；形成无形资产的，按照无形资产成本的150%摊销。同时根据国税函［2009］98号文件，对于企业由于技术开发费加计扣除形成企业年度亏损部分作为纳税调减项目处理。

（二）研发税收政策应用

案例分析：华宇公司按规定可享受技术开发费加计扣除的优惠政策。2010年，企业根据产品的市场需求，拟开发出一系列新产品，产品开发计划两年，科研部门提出技术开发费预算需1 000万元，据预测，在不考虑技术开发费的前提下，企业第一年可实现利润500万元，企业第二年可实现利润1 500万元。假定企业所得税税率为25%，且无其他纳税调整事项，预算安排不影响企业正常的生产进度。以下有两个方案可供选择：方案一：第一年预算480万元，第二年预算为520万元。方案二：第一年预算为270万元，第二年预算为730万元。请对其进行税收政策应用。

方案一：第一年发生的技术开发费480万元，加上可加计扣除50%即240万元，则可税前扣除额720万元。

应纳税所得额＝500－（480＋240）＝－220＜0

所以该年度不交企业所得税，亏损留至下一年度弥补。

第二年发生的技术开发费520万元，加上可加计扣除的50%即260万元，则可税前扣除额为780万元。

应纳税所得额＝1 500－（520＋260）－220＝500（万元）

应交所得税＝500×25%＝125（万元）

方案二：第一年发生的技术开发费270万元，加上可加计扣除的50%即135万元，则可税前扣除额405万元。

应纳税所得额＝500－（270＋135）＝95（万元）

应交所得税＝95×25%＝23.75（万元）

第二年发生的技术开发费730万元，加上可加计扣除的50%即365万元，则可税前扣除额1 095万元。

应纳税所得额＝1 500－（730＋365）＝405（万元）

应交所得税＝405×25%＝101.25（万元）

由上例可以看出，尽管企业技术开发费享受加计扣除优惠总额相同，但由于发生时间不同，造成企业每一年度应交所得税额不同。从节税的角度考虑，方案一整体上能够晚交税。

二、直接投资的税收政策应用

（一）直接投资税收政策应用的主要内容

直接投资可以分为对内直接投资和对外直接投资。对内直接投资是企业将资金投向生产经营性资产以期获得收益的行为，如投资固定资产、垫付营运资金等。对外直接投资如企业间的合作、联营等。

1. 投资方向的税收政策应用

税收作为重要的经济杠杆，体现着国家的经济政策和税收政策。为了优化产业结构，国家往往通过税收政策影响企业投资方向的选择。如税法规定，对于创业投资企业从事国家需要重点扶持和鼓励的投资，可以按投资额的70%比例抵扣应纳税所得额。

2. 投资地点的税收政策应用

企业进行投资决策时，需要对投资地点的税收待遇进行考虑，充分利用优惠政策。国家为了支持某些地区的发展，在一定时期内实行税收政策倾斜。如税法规定，对经济特区和上海浦东新区，在2008年1月1日（含）之后完成登记注册的国家需要重点扶持的高新技术企业（以下简称新设高新技术企业），在经济特区和上海浦东新区内取得的所得，自取得第一笔生产经营收入所属纳税年度起，第一年至第二年免征企业所得税，第三年至第五年按照25%的法定税率减半征收企业所得税。

3. 投资方式的税收政策应用

企业可以采取货币、实物、知识产权、土地使用权等投资方式。根据税法对不同投资方式的规定，合理选择投资方式，可以达到减轻税收负担的目的。如以无形资产、不动产投资入股，接受投资方利润分配，共同承担投资风险的行为，不征收营业税。

4. 企业组织形式的税收政策应用

企业在发展到一定规模后需要设立分支机构，如果分支机构具有法人资格，例如子公司，可独立申报缴纳企业所得税，如果不具有法人资格，例如分公司，则需由总机构汇总计算并缴纳企业所得税。因此，根据企业分支机构可能存在的盈亏不均、税率差别等因素来决定分支机构的设立形式，将会合理、合法地降低税收成本。

（二）直接投资税收政策应用

案例分析：万隆企业（非房地产开发企业）准备将一处房地产转让给天宇公司，房地产公允市价为8 000万元，城建税及教育费附加分别为7%和3%。企业面临两种选择：一种是直接将房地产按照8 000万元的价格销售给天宇公司；另一种是将房地产作价8 000万元投入天宇公司，然后将持有的股权以8 000万元转让给天宇公司的母公司，请对其进行税收政策应用。

方案一：企业直接销售房地产

应交营业税、城建税及教育费附加 = 8 000 × 5% × （1 + 7% + 3%） = 440（万元）

应交印花税 = 8 000 × 0.05% = 4（万元）

合计应交税金 = 440 + 4 = 444（万元）

方案二：企业先将房地产投资入股然后转让其股权

企业以房地产作为出资并承担风险和分享利润，按照营业税规定无需交纳营业税、城建税及教育费附加，但需交纳印花税，投资后转让其持有的股权时仍不需交纳流转税，但需交纳印花税。

企业应交纳的税费：

房产投资时应交印花税 = 8 000 × 0.05% = 4（万元）

股权转让时应交印花税 = 8 000 × 0.05% = 4（万元）

合计应交税金 = 4 + 4 = 8（万元）

由此可见，企业采用方案二的投资方式更适合。

案例分析：华盛企业为扩大产品销售规模，打算在广州和上海设销售代表处。根据企业财务预测：2010年广州代表处将盈利300万元，而上海代表处由于竞争对手众多，2010年将暂时亏损150万元，同年总部将盈利450万元。企业可以选择将销售代表处设立分公司形式或者子公司形式。假设不考虑应纳税所得额的调整因素，且企业所得税税率为25%。请对其进行税收政策应用。

方案一：假设两分支机构都采取分公司形式设立销售代表处，则均不具备独立纳税人条件，年企业所得额需要汇总到企业总部集中纳税。

则2010年公司总部应缴所得税 = （300 − 150 + 450） × 25% = 150（万元）

方案二：假设广州分支机构采取分公司形式设立，上海分支机构采取子公司形式设立。

则企业总部应缴所得税为：（300 + 450） × 25% = 187.5（万元）

上海分支机构当年亏损所以不需要缴纳所得税，其亏损额需留至下一年度税前弥补。

方案三：假设广州分支机构采取子公司形式设立，上海分支机构采取分公司形式设立。

则企业总部应缴所得税为：（ − 150 + 450） × 25% = 75（万元）

广州分支机构当年应缴所得税为：300 × 25% = 75（万元）

方案四：假设两分支机构都采取子公司形式设立销售代表处，则均为独立法人，具备独立纳税条件从而实行单独纳税。

则企业总部应缴所得税为：450 ×25% =112.5（万元）

广州分支机构当年应缴所得税为：300 ×25% =75（万元）

上海分支机构当年亏损所以不需要缴纳所得税，其亏损额需留至下一年度税前弥补。

通过上述分析比较，上海分支机构设立为分公司形式对企业更有利。

三、间接投资的税收政策应用

间接投资（证券投资）是企业用资金购买股票、债券等金融资产而不直接参与该企业生产经营管理的一种投资活动。与直接投资相比，间接投资考虑的税收因素较少，但也有税收政策应用的空间。如企业所得税法规定，国债利息收入免征企业所得税，而购买企业债券取得的利息收入需要缴纳企业所得税，符合条件的居民企业之间的股息、红利等权益性投资收益及在中国境内设立机构、场所的非居民企业从居民企业取得与该机构、场所有实际联系的股息、红利等权益性投资收益（该收益不包括连续持有居民企业公开发行并上市流通的股票不足12个月取得的投资收益）均为免税收入。

案例分析：万通公司目前有2 500万元的闲置资金，打算近期进行投资。其面临两种选择：一种选择是国债投资，已知国债年利率4%，另一种选择是投资金融债券，已知金融债券年利率为5%，企业所得税税率25%。请对其进行税收政策应用。

方案一：若企业投资国债

投资收益 =2 500 ×4% =100（万元）

根据税法规定国债的利息收入免交所得税，所以税后收益100万元。

方案二：若企业投资金融债券

投资收益 =2 500 ×5% =125（万元）

税后收益 =125 ×（1 -25%）=93.75（万元）

由此可见，选择国债投资对于企业更有利。

第三节　企业营运税收政策应用

企业在购产销活动中，若采用不同的结算方式、购销方式、计价核算方式等，则会导致企业在税收待遇和税收负担上存在差异。因此，为了降低税收负担、实现企业价值最大化目标，企业在购产销过程中，要充分考虑税收因素。

一、采购过程的税收政策应用

（一）采购过程税收政策应用的主要内容

采购是企业日常生产经营活动中供、产、销的“供应”部分。采购主要影响流转税中增值税进项税额，企业采购过程中需要注意以下税收问题。

1. 购货对象的税收政策应用

根据会计核算和经营规模不同，增值税纳税人可分为一般纳税人和小规模纳税人两类，二者分别采用不同的增值税计税方法。企业从不同类型的纳税人采购货物，所承担的税收负担也不同。例如，由于小规模纳税人不能开具增值税专用发票，一般纳税人从小规模纳税人采购的货物，增值税不能抵扣（由税务机关代开的除外）。因此，企业采购时不仅需要考虑产品的价格、质量、付款时间和方式，还要从进项税能否抵扣等税收方面进行综合考虑。

2. 购货运费的税收政策应用

按照我国税法规定，购进免税产品的运费不能抵扣增值税额，而购进原材料的运费则可以抵扣。企业采购时应注意区分免税产品和应税产品，同时注意对于随运费支付的装卸费、保险费等杂费能否抵扣增值税额的问题。

3. 代购方式的税收政策应用

企业在生产经营活动中需要大量购进各种原、辅助材料，但由于购销渠道限制，经常需要委托企业代购各种材料。委托代购业务可分为两种形式：受托方只收取手续费和受托方按正常购销价格结算。虽然两种代购形式都不影响企业生产经营，但财务核算和税收管理却存在很大差异。

4. 结算方式的税收政策应用

目前，结算方式有赊购、现金、预付等方式。当赊购与现金或预付采购没有价格差异时，赊购最有利于利用货币的时间价值。其税负不产生影响；当赊购价格高于现金采购价格时，在获得推迟付款、充分利用货币的时间价值的同时，也会导致税负现值的不同，此时企业需要进行比较其税负现值以权衡利弊。

5. 采购时间的税收政策应用

现行的增值税采用购进扣税法，因此，当预计销项税额大于进项税额时，适当提前购货可以推迟纳税。所以应综合比较由于推迟纳税所获得的货币时间价值与提前购货付款所失去的货币时间价值。

6. 增值税专用发票管理

在购买商品、接受劳务或从事其他经营活动支付款项时，应当向销售方索取符合规定的增值税专用发票，对于不符合规定的发票，不得作为抵扣凭证抵减进项税额。同时需要注意增值税一般纳税人申报抵扣的时间，必须自专用发票开具之日起180日内到税务机关认证，否则不予抵扣进项税额。

（二）采购过程税收政策应用举例

案例分析：西庆服装厂为增值税一般纳税人，适用增值税税率17%，预计每年可实现含税销售收入1 600万元，同时需要外购棉布500吨。现有A、B两个企业提供货源，其中A为生产棉布的一般纳税人，能够开具增值税专用发票，适用税率17%，B为生产棉布的小规模纳税人（2009年起小规模纳税人增值税征收率3%），能够委托主管税务局代开增值税征收率为3%的专用发票，A、B两个企业提供的棉布质量相同，但是含税价格却不同，分别为每吨3万元、2.5万元。请对其进行税收政策应用。

方案一：从A企业购进

应纳增值税额 = 1 600 ÷（1 + 17%）× 17% − 500 × 3 ÷（1 + 17%）× 17% = 14.53（万元）

净利润 = ［1 600 ÷（1 + 17%）− 3 ÷（1 + 17%）× 500 − 14.53 ×（7% + 3%）］×（1 − 25%）= 63.01（万元）

方案二：从B企业购进

应纳增值税额 = 1 600 ÷（1 + 17%）× 17% − 500 × 2.5 ÷（1 + 3%）× 3% = 196.07（万元）

净利润 = ［1 600 ÷（1 + 17%）− 2.5 ÷（1 + 3%）× 500 − 196.07 ×（7% + 3%）］×（1 − 25%）= 100.74（万元）

由此可见，由于采购对象不同，造成企业应纳增值税税额差异较大。

案例分析：永盛公司（一般纳税人）采购货物时面临两种运输方式：自行选择运输公司运输和直接由销货方运输。若自行选择运输公司运输，则货物采购价格为300万元（含增值税），运费15万元，若由销货方运输，则货物采购价格和运费合计316万元（含增值税，可开具一张货物销售发票），增值税税率17%。请对其进行税收政策应用。

永盛公司的账务处理如下：单位：万元

方案一：自行选择运输公司运输

借：原材料　　270.36（300 ÷ 1.17 + 15 × 0.93）

应交税费——应交增值税（进项税额）　　44.64（300 ÷ 1.17 × 0.17 + 15 × 0.07）

　　贷：银行存款　　315

设收入为 a（不含税），则净利润 = ［a − 270.36 −（a × 17% − 44.64）×（7% + 3%）］×（1 − 25%）= 0.74a − 199.42

方案二：直接由销货方运输

借：原材料　　270.09（316 ÷ 1.17）

　　应交税费——应交增值税（进项税额）45.91（316 ÷ 1.17 × 0.17）

贷：银行存款　　　　　　　　　　316

设收入为 a（不含税），则净利润 = ［a − 270.09 −（a × 17% − 45.91）×（7% + 3%）］×（1 − 25%）= 0.74a − 199.13

由此可见，方案二比方案一多获取净利润 0.29 万元［（0.74a − 199.13）−（0.74a − 199.42）］

二、生产过程的税收政策应用

（一）生产过程税收政策应用的主要内容

企业的生产过程实际上就是各种原材料、人工工资和相关费用转移到产成品的全过程。生产过程中的企业需要注意以下税收问题。

1. 存货的税收政策应用

我国企业会计准则规定，存货的计价方法可分为先进先出法、加权平均法、个别计价法等。不同的计价方法为税收政策应用提供了可操作空间。如果企业处于盈利期间，且原材料价格不断上涨，则应选择加权平均法；若原材料价格不断下降，则应选择先进先出法。若企业处于减免税期间，则正好相反。

2. 固定资产的税收政策应用

企业对固定资产进行后续计量可以采用直线折旧法或加速折旧法，不同的折旧方法会影响当期费用和产品成本。如果采用直线折旧法，企业各期税负均衡；如果采用加速折旧法，企业生产前期利润较少，从而纳税较少，生产后期利润较多，从而纳税较多，这样加速折旧法起到了延期纳税的作用，充分利用了货币的时间价值。

3. 人工工资的税收政策应用

企业所得税法规定，企业实际发生的合理工资薪金支出，在企业所得税税前扣除时，不再受计税工资或工效挂钩扣除限额的限制，可以全额据实扣除。因此，企业在安排工资、薪金支出的同时，应当充分考虑工资、薪金支出对企业所得税和个人所得税的影响。另外，安置残疾人员的企业，在按照支付给残疾职工工资据实扣除的基础上，按照支付给残疾职工工资的 100% 加计扣除。

4. 费用的税收政策应用

不同的费用分摊方法会扩大或缩小产品成本，从而影响企业利润水平和税收，企业可以通过选择有利的分摊方法来进行税收政策应用。

（二）生产过程税收政策应用

案例分析：华顺公司 2009 年先后进货两批，数量相同，进价分别为 600 万元和 800 万元。2010 年和 2011 年各出售一半，售价均为 1 500 万元。所得税税率为 25%，假设折现率为 10%，且不存在纳税调整事项。现有加权平均法和先进先出法这两种存货计价方法可供选择。请对其进行税收政策应用。

在加权平均法和先进先出法下，营业成本、企业所得税和净利润的计算如表8－5所示。

表8－5　　不同计价方法影响税金情况表　　单位：万元

项　目	加权平均法			先进先出法		
	2010年	2011年	合计	2010年	2011年	合计
销售收入	1 500	1 500	3 000	1 500	1 500	3 000
销售成本	700	700	1 400	600	800	1 400
税前利润（应纳税所得额）	800	800	1 600	900	700	1 600
所得税费用	200	200	400	225	175	400
所得税费用现值（折现到2010年年初）	198. 02	196. 08	394. 1	222. 77	171. 57	394. 34
净利润	600	600	1 200	675	525	1 200

由此可见，虽然各项数据的两年合计数相等，但不同的计价方法对当年企业所得税和净利润影响不同。显然，在经济处于通货紧缩的时期，采用先进先出法比较合适，而在经济比较稳定的时期，采用加权平均法比较合适。

案例分析：圣荣企业购进一台生产设备，价格为400 000元，预计使用年限为5年，预计净残值率为5%，假设每年年末未扣除折旧的税前利润为400万元，不考虑其他因素，企业所得税税率为25%，假设折现率为10%，且不存在纳税调整事项。分别采用直线法、双倍余额递减法、年数总和法和缩短折旧年限法计算各年的折旧及其缴纳所得税，请对其进行税收政策应用。

方案一：采取直线法计提折旧，如表8－6所示。

表8－6　　直线法　　单位：元

①年数	②每年折旧额	③应纳税所得额＝4 000 000－②	④应纳所得税＝③×25%	⑤应纳所得税折现值＝④×（P/F，10%，*n*）
1	76 000	392 4000	981 000	891 827. 10
2	76 000	3 924 000	981 000	810 698. 40
3	760 00	3 924 000	981 000	737 025. 30
4	76 000	3 924 000	981 000	670 023. 00
5	76 000	3 924 000	981 000	609 102. 90
合计	380 000	19 620 000	4 905 000	3 718 676. 70

方案二：采取双倍余额递减法计提折旧，如表 8 – 7 所示。

表 8 – 7 双倍余额递减法 单位：元

①年数	②每年折旧额	③应纳税所得额 = 4 000 000 – ②	④应纳所得税 = ③ × 25%	⑤应纳所得税折现值 = ④ × （P/F，10%，n）
1	160 000	3 840 000	960 000	872 736.00
2	96 000	3 904 000	976 000	806 566.40
3	57 600	3 942 400	985 600	740 481.28
4	332 00	3 966 800	991 700	677 331.10
5	33 200	3 966 800	991 700	615 746.53
合计	380 000	19 620 000	4 905 000	3 712 861.31

方案三：采取年数总和法计提折旧，如表 8 – 8 所示。

表 8 – 8 年数总和法 单位：元

①年数	②每年折旧额	③应纳税所得额 = 4 000 000 – ②	④应纳所得税 = ③ × 25%	⑤应纳所得税折现值 = ④ × （P/F，10%，n）
1	126 666.67	387 333 3.33	968 333.33	880 311.83
2	101 333.33	389 866 6.67	974 666.67	805 464.54
3	76 000	3 924 000	981 000	737 025.30
4	50 666.67	3 949 333.33	987 333.33	674 348.66
5	25 333.33	3 974 666.67	993 666.67	616 967.64
合计	380 000	19 620 000	4 905 000	3 714 117.97

方案四：采取缩短折旧年限法计提折旧。

根据固定资产采取缩短折旧年限方法，最低折旧年限不得低于税法规定折旧年限 60% 的规定，我们采取最低折旧年限为 3 年，残值率仍为 5%，如表 8 – 9 所示。

表 8-9　缩短折旧年限法　单位：元

①年数	②每年折旧额	③应纳税所得额 = 4 000 000 - ②	④应纳所得税 = ③×25%	⑤应纳所得税折现值 = ④×（P/F，10%，n）
1	126 666.67	3 873 333.33	968 333.33	880 311.83
2	126 666.67	3 873 333.33	968 333.33	800 230.66
3	126 666.67	3 873 333.33	968 333.33	727 508.83
4	0	4 000 000	1 000 000	683 000.00
5	0	4 000 000	1 000 000	620 900.00
合计	380 000	19 620 000	4 905 000	3 711 951.32

由此可见，尽管在设备整个使用期间的企业所得税应纳税额是相同的，但不同的折旧方法在每一年度缴纳的企业所得税不同。需要注意的是，无论采用哪种方法，企业都必须取得税务机关的批准，并且不能擅自改变折旧方法。

三、销售过程的税收政策应用

（一）销售过程税收政策应用的主要内容

销售是企业经营管理中非常重要的环节，销售收入的多少不仅关系到当期流转税额，也关系到企业所得税额，是影响企业税收负担的主要因素。企业销售过程中需要注意以下税收问题：

1. 销售实现方式的税收政策应用

销售方式总体上主要有两种类型，现销方式和赊销方式。由于不同销售结算方式纳税义务的发生时间是不同的，因此，这就为企业进行税收政策应用提供了可能。企业在不能及时收到货款的情况下，可以采用委托代销、分期收款等销售方式，等收到货款时再开具发票、承担纳税义务，从而起到延缓纳税的作用，充分利用了货币的时间价值。

2. 促销方式的税收政策应用

让利促销是商业企业在零售环节常用的销售手段。常见的让利方式包括打折销售、买一赠一、返还现金等。对于消费者而言，对上述三种促销方式感觉差别不大，但对企业来讲，三种不同促销方式的税收负担却不相同。

3. 特殊销售行为的税收政策应用

企业多元化经营必然产生企业的兼营行为、混合销售行为以及视同销售行为，税法对兼营行为、混合销售行为以及视同销售行为等经营行为作了比较明确的规定，企业若能在经营决策前作出合理的税收政策应用，则可以减少税收支出。

（二）销售过程税收政策应用

案例分析：家乐福是一家大型商场，为增值税一般纳税人，企业所得税实行查账征收方式，适用税率25%。假定每销售200元（含税价，下同）的商品，其成本为120元，购进货物有增值税专用发票，为促销拟采用以下三种方案中的一种：方案一：商品8折销售（折扣销售，并在同一张发票上的金额栏中分别注明）；方案二：购物满200元，赠送40元的商品（成本24元）；方案三：购物满200元，返还40元现金。假定企业单笔销售了200元的商品，根据上述资料，应当选择哪种方案。请对其进行税收政策应用。

方案一：8折销售

这种方式下，企业销售价格200元的商品由于折扣销售，只收取160元，因此销售收入为160元，其成本为120元。

增值税情况：

应纳增值税额 = 160 ÷ （1 + 17%） × 17% − 120 ÷ （1 + 17%） × 17% = 5.81（元）

企业所得税情况：

销售利润 = 160 ÷ （1 + 17%） − 120 ÷ （1 + 17%） = 34.19（元）

应纳企业所得税 = 34.19 × 25% = 8.55（元）

税后净利润 = 34.19 − 8.55 = 25.64（元）

方案二：购物满200元，赠送40元商品

根据税法规定，赠送行为视同销售，应计算销项税额，缴纳增值税。视同销售的销项税由商场承担，赠送商品成本不允许在企业所得税前扣除。按照个人所得税制度的规定，企业还应代扣代缴个人所得税。其纳税及盈利情况如下：

增值税情况：

应纳增值税额 = 200 ÷ （1 + 17%） × 17% − 120 ÷ （1 + 17%） × 17% = 11.62（元）

按照增值税暂行条例规定，赠送40元商品应该视同销售，其增值税的计算如下：

应纳增值税额 = 40 ÷ （1 + 17%） × 17% − 24 ÷ （1 + 17%） × 17% = 2.32（元）

合计应纳增值税 = 11.62 + 2.32 = 13.94（元）

个人所得税情况：

根据个人所得税税法规定，为其他单位和部门的有关人员发放现金、实物等应按规定代扣代缴个人所得税，税款由支付单位代扣代缴。为保证让利顾客40元，商场赠送的价值40元的商品为不含个人所得税款的金额，该税应由商场承担。

商场需代顾客缴纳偶然所得的个人所得税 = 40 ÷ （1 - 20%） × 20% = 10（元）

企业所得税情况：

赠送商品成本不允许在企业所得税前扣除，同时代顾客交纳的个人所得税款也不允许税前扣除，因此：

企业利润总额 = 200 ÷ （1 + 17%） - 120 ÷ （1 + 17%） - 24 ÷ （1 + 17%） - 10 = 37.86（元）

应纳所得税额 = [200 ÷ （1 + 17%） - 120 ÷ （1 + 17%）] × 25% = 17.09（元）

税后净利润 = 37.86 - 17.09 = 20.77（元）

方案三：购物满200元，返还现金40元

在这种方式下，返还的现金属于赠送行为，不允许在企业所得税前扣除，而且按照个人所得税税法的规定，企业还应代扣代缴个人所得税。为保证让顾客得到40元的实惠，商场赠送的40元现金应不含个人所得税，是税后净收益，该税应由商场承担。因此，和方案二一样，商场在缴纳增值税和企业所得税的同时，还需为消费者代付个人所得税。

增值税情况：

应纳增值税税额 = 200 ÷ （1 + 17%） × 17% - 120 ÷ （1 + 17%） × 17% = 11.62（元）

个人所得税情况：

应代顾客缴纳个人所得税 = 40 ÷ （1 - 20%） × 20% = 10（元）

企业所得税情况：

企业利润总额 = 200 ÷ （1 + 17%） - 120 ÷ （1 + 17%） - 40 - 10 = 18.38（元）

应纳所得税额 = [200 ÷ （1 + 17%） - 120 ÷ （1 + 17%）] × 25% = 17.09（元）

税后利润 = 18.38 - 17.09 = 1.29（元）

因此，从税后净利润的角度分析，方案一最好。

案例分析：顺风有限责任公司（增值税一般纳税人）下设2个非独立核算的业务经营部门：零售商场、工程施工安装队。零售商场主要销售货物，工程安装施工队主要是对外承接供电线路的架设、改造和输电设备的安装、维修等工程作业。并且，此安装工程是包工包料式的安装。从工程安装施工队的包工包料安装收入看，其每一笔收入的构成，都是由货物销售（设备和材料价款）以及非增值税应税劳务两部分合成的。现假设公司2010年度取得包工包料安装收入600万元，其中设备及材料价款400万元，安装劳务费收入200万元，可抵扣进项税额34万元。企业为了实现专业化经营，有另一种方案是把工程安装施工队独立出来，单独办理营业执照，单独核算，使它成为公司所属的二级法人。从节税减负角度，请对其进行税收政策应用（建筑安装业营业税税率为3%）。

方案一：施工队独立前，应按混合销售行为缴纳增值税：

销项税额＝600÷（1＋17%）×17%＝87.18（万元）

则：应纳增值税＝87.18－34＝53.18（万元）

方案二：若施工队独立核算后，施工队只负责承接安装工程作业，只就安装劳务费收入200万元单独开票收款，并按营业税征税规定计税。此时，设备及价款400万元由原企业缴纳增值税，即：

应纳增值税＝400/（1＋17%）×17%－34＝24.12（万元）

而劳务费收入200万元，由新独立的施工企业缴纳营业税，即：

应纳营业税＝200×3%＝6（万元）

两税加在一起，则公司应纳税金额为：24.12＋6＝30.12（万元）

方案一与方案二相比，方案二可节省税款金额为：53.18－30.12＝23.06（万元）

由此可见，从节税减负的角度来看，应当选择方案二。

第四节　企业收益分配税收政策应用

一、企业所得税的税收政策应用

（一）企业所得税税收政策应用的主要内容

企业所得税的计税依据是应纳税所得额，应纳税所得额是指企业每一纳税年度的收入总额，减除不征税收入、免税收入、各项扣除以及允许弥补的以前年度亏损后的余额。其计算公式为：

应纳税所得额＝收入总额－不征税收入－免税收入－各项准予扣除项目－允许弥补的以前年度亏损　　（8－1）

应纳企业所得税＝应纳税所得额×企业所得税税率　　（8－2）

应纳税所得额的合理确定是企业所得税税收政策应用的关键。企业所得税税收政策应用需要注意以下问题：

（1）应税收入的税收政策应用。企业已经发生的销售业务，其销售收入应适时入账。对于不应该归入收入类账目的，不能入账；尚未发生的销售业务，不应预先入账。

（2）不征税收入和免税收入的税收政策应用。企业应充分利用不征税收入和免税收入的规定，降低税负。

（3）税前扣除项目的税收政策应用。对扣除项目进行税收政策应用是企业所得税筹划的重点。例如，企业应在税法允许的范围内，严格区分并充分列支业务招待费、广告费和业务宣传费等，做好各项费用的预算和检查，用足抵扣限额。

（4）企业所得税优惠政策的税收政策应用。企业应充分利用投资地点、投资方向等优惠领域进行税收政策应用，以获取税收优惠，降低税负。

（二）企业所得税税收政策应用

案例分析：祥和企业2010年预计可实现应纳税所得额（等于利润总额，未扣除捐赠支出）20 000万元，企业所得税税率为25%，企业为提高其产品知名度决定向灾区捐赠3 000万元。企业提出两种方案：方案一：通过境内非营利的社会团体、国家机关向灾区捐赠；方案二：直接向灾区群众进行捐赠。从节税减负角度，请对其进行税收政策应用。

方案一：按照规定企业发生的公益性捐赠支出在年度利润总额12%以内的部分，准予在计算应纳税所得额时扣除，超过部分不能扣除。企业应当缴纳所得税＝［20 000－（20 000－3 000）×12%］×25%＝4 490（万元）

方案二：直接捐赠不符合税法规定的公益性捐赠条件，所以捐赠支出不能税前扣除。

企业2010年应当缴纳的企业所得税＝20 000×25%＝5 000（万元）

方案一与方案二相比，方案一可少缴企业所得税510万元。

由此可见，企业应当选择方案一。

二、亏损弥补的税收政策应用

根据《企业所得税法》的规定，企业纳税年度发生的亏损准予向以后年度结转，用以后年度所得弥补，但弥补期限最长不得超过五年，五年内不论是盈利还是亏损，都作为实际弥补年限计算。

税法关于亏损弥补的规定为纳税人进行税收政策应用提供了空间，纳税人可以充分利用亏损结转的规定，尽可能早地弥补亏损，获得税收利益。

案例分析：正大企业2004年发生年度亏损200万元，假设该企业2004—2010年度应纳税所得额如表8－10所示。

表 8-10　　正大企业 2004—2010 年度应纳税所得额　　单位：万元

年度	2004 年	2005 年	2006 年	2007 年	2008 年	2009 年	2010 年
应纳税所得额	-200	30	50	30	30	15	50

根据税法关于亏损结转的规定，该企业 2004 年的 200 万元亏损，可分别用 2005—2010 年的 30 万元、50 万元、30 万元、30 万元和 15 万元来弥补，由于 2005 年到 2009 年的应纳税所得额为 155 万元，低于 2004 年的亏损。这样从 2004 年到 2009 年，该企业都不需要交纳企业所得税。

在 2010 年，该年度的应纳税所得额只能弥补 5 年以内的亏损，也就是说，不能弥补 2004 年度的亏损。由于 2005 年以来该企业一直没有亏损，因此，2010 年度应当缴纳企业所得税为 12.5 万元（50 万元×25%）。

从企业 2004 年到 2010 年的应纳税所得额来看，该企业生产经营一直朝好的方向发展，2009 年度应纳税所得额比较少，可能是因为增加了投资，或者增加了费用支出等造成。由于 2004 年仍有未弥补完的亏损，因此，若企业在 2009 年度进行税收政策应用，压缩成本和支出、增加企业收入，提高 2009 年度应纳税所得额到 60 万元，2010 年度的应纳税所得额为 5 万元，2010 年度应当缴纳企业所得税 1.25 万元（5 万元×25%），从而减少企业的应纳税额 11.25 万元（12.5 万元-1.25 万元）。

三、股利分配的税收政策应用

股利分配是公司向股东分派股利，是公司利润分配的一部分。股利分配常见的方式有现金股利和股票股利。

股利分配涉及的税收事项主要包括是否分配股利以及采取何种股利支付方式。对于公司来讲，它会影响公司的市场形象和未来价值，对于股东来讲，获得股利的股东需要缴纳个人所得税。因此，公司在分配股利时，财务管理人员应当合理选择股利支付方式，增加股东财富。

案例分析：凯航公司目前发行在外的普通股为 8 000 万股，每股市价 15 元。假设现有 12 000 万元的留存收益可供分配，公司拟采用下列方案中的一种：方案一：发放现金股利 12 000 万元，每股股利 1.5 元（12 000/8 000）。方案二：发放股票股利，每 10 股发放 1 股，股票面值 1 元，共 800 万股，除权价约等于每股 13.64 元［15/（1+0.1）］。请对其进行税收政策应用。

方案一：应纳个人所得税 = 12 000×20%×50% = 1 200（万元）

方案二：应纳个人所得税 = 800×20%×50% = 80（万元）

由此可见，对于股东来讲，更希望公司发放股票股利。因为其承担的税负相比发放现金股利的税负轻。当然股票股利除了能够节税之外，对于派发股利的企业而言，它能够起到保留现金、增加投资机会的作用。

案例分析：F公司为一家稳定成长的上市公司，2009年度公司实现净利润8 000万元。公司上市三年，一直执行稳定增长的现金股利政策，年增长率为5%，吸引了一批稳健的战略性机构投资者。公司投资者中，个人投资者持股比例占60%。2008年度每股派发0.2元的现金股利。公司2010年计划新增一投资项目，需要资金8 000万元。公司目标资产负债率为50%。由于公司良好的财务状况和成长能力，公司与多家银行保持着良好的合作关系。公司2009年12月31日资产负债表有关数据如表8－11所示：

表8－11　　F公司资产负债表　　金额单位：万元

货币资金	12 000
负债	20 000
股本（面值1元，发行在外10 000股普通股）	10 000
资本公积	8 000
盈余公积	3 000
未分配利润	9 000
股东权益总额	30 000

2010年3月15日公司召开董事会会议，讨论了甲、乙、丙三位董事提出的2009年度股利分配方案。

方案一：甲董事认为考虑到公司的投资机会，应当停止执行稳定增长的现金股利政策，将净利润全部留存，不分配股利，以满足投资需要。

方案二：乙董事认为既然公司有好的投资项目，有较大的现金需求，应当改变之前的股利政策，采用每10股送5股的股票股利分配政策。

方案三：丙董事认为应当维持原来的股利分配政策，因为公司的战略性机构投资者主要是保险公司，他们要求固定的现金回报，且当前资本市场效率较高，不会由于发放股票股利使股价上涨。请分别站在企业和投资者的角度，比较分析甲、乙、丙三位董事提出的股利分配方案的利弊，并指出最佳股利分配方案。(2010年中级会计资格考试财务管理真题)

（1）公司2009年度应当分配的现金股利总额：10 000×0.2×（1+5%）＝2 100（万元）

（2）甲董事提出的方案：个人所得税税额为0。

乙董事提出的方案：个人所得税税额＝10 000×50%×60%×20%×50%＝300（万元）

丙董事提出的方案：个人所得税税额 = 10 000 × 0.2 × （1 + 5%） × 60% × 20% × 50% = 126（万元）

（3）三位董事方案利弊分析。

①甲董事提出的方案：

从企业角度看，不分配股利的优点是不会导致现金流出。缺点是在企业资产负债率低于目标资产负债率且与多家银行保持着良好合作关系的情况下，使用留存收益满足投资需要，将会提高公司的平均资本成本；作为一家稳定成长的上市公司，停止一直执行的稳定增长的现金股利政策，将会传递负面信息，降低公司价值。

从投资者角度看，不分配股利的缺点是不能满足投资者获得稳定收益的要求（或不能满足战略性机构投资者所要求的固定现金回报），影响投资者信心。

②乙董事提出的方案：

从企业角度看，发放股票股利的优点是不会导致现金流出，能够降低股票价格，促进股票流通，传递公司未来发展信号。缺点是在企业资产负债率低于目标资产负债率且与多家银行保持着良好合作关系的情况下，使用留存收益满足投资需要，将会提高公司的平均资本成本。从投资者角度看，发放股票股利的优点是可能获得“填权”收益（或分配后股价相对上升的收益），缺点是不能满足投资者获得稳定收益的要求（或不能满足战略性机构投资者所要求的固定现金回报）。

③丙董事提出的方案：

从企业角度看，稳定增长的现金股利政策的优点是在企业资产负债率低于目标资产负债率且与多家银行保持着良好合作关系的情况下，通过负债融资满足投资需要，能够维持目标资本结构，降低资本成本，有助于发挥财务杠杆效应，提升公司价值和促进公司持续发展。缺点是将会导致公司现金流出，通过借款满足投资需要将会增加财务费用。从投资者角度看，稳定增长的现金股利政策的优点是能满足投资者获得稳定收益的要求（或能够满足战略性机构投资者所要求的固定现金回报），从而提升投资者信心。

④基于上述分析，鉴于丙董事提出的股利分配方案既能满足企业发展需要，又能兼顾投资者获得稳定收益的要求，因此，丙董事提出的股利分配方案最佳（或丙方案最佳；或公司应当采用稳定增长的现金股利分配政策）。

第五篇

税收政策应用风险研究

第九章
税收政策应用的风险与防范

第一节　税收政策应用风险的含义及特征

一、风险和税收政策应用风险的含义

（一）风险的含义

要给税收政策应用风险下定义，首先需要了解一下风险的内涵。目前，学术界对风险的内涵还没有统一和权威的定义，但归纳起来有以下几种代表性观点。

1. 损失可能性观

美国学者海恩斯（Haynes）于1895年在其所著的《经济中的风险》中最早提出风险的概念，他将风险定义为："损害或损失发生的可能性"。这个定义非常接近日常生活中使用的普通概念，主要强调风险可能带来的损失。这种观点认为，损失发生的可能性或者说概率越大，风险越大。

2. 损失不确定性观

美国学者威雷特（A H Willet）于1901在其博士论文《风险与保险的经济理论》中，为风险下了这样的定义："风险是关于不愿发生的事件发生的不确定性之客观体现"。这一定义强调了以下几点：第一，风险是与损失相关的；第二，风险的本质是"不确定性"，而非可能性；第三，风险是客观存在的；第四，风险被人厌恶，人们不愿其发生。

3. 预期结果与实际结果差异观

美国学者小阿瑟·威廉姆斯（C. Arthur Williams）将风险定义为："风险是结果中潜在的变化。风险是人们预期结果和实际结果的差异"①。这种观点认为，风险是在风险状态下，预期结果与实际结果之间的差异大小或差异的偏离程度。这种预期结果和实际结果之间的差异越小或偏离程度越小，则风险越小；反之，

① 小阿瑟·威廉姆斯等著．陈伟等译《风险管理与保险》，中国商业出版社，1990，P4

则风险越大。

后来，在对风险进行深入研究以后，人们发现风险不仅可以带来超出预期的损失，也可能带来超出预期的收益。所以广义的风险可定义为：由于事件的不确定性而导致发生损失或收益的可能性。

而在实际的风险管理中，人们更多关注的是风险的负面效应，即风险可能带来的损失。所以狭义的风险可定义为：由于事件的不确定性而导致发生损失的可能性。

（二）税收政策应用风险的含义

一般情况下应当从狭义的角度来理解风险更有意义，因此，在对税收政策应用风险管理进行探讨时，把侧重点往往放在“损失”上。

根据上述风险的含义可以总结出税收政策应用风险的含义：税收政策应用风险是指企业在进行税收政策应用时因各种不确定因素的存在，导致税收政策应用方案失败、税收政策应用目标落空、偷税等违法行为认定等而发生的各种损失的可能性。

二、税收政策应用风险的特征

（一）税收政策应用风险的客观性

一方面，税收政策应用风险是不可避免，但税收政策应用风险同样是遵循一定规律的，只要把握了这种规律，税收政策应用风险是可以降低的；另一方面，影响税收政策应用风险的各种因素，虽然具有不确定性，但也是客观存在的。

（二）税收政策应用风险的复杂性

税收政策应用风险的复杂性，体现在税收政策应用风险的形成原因、形成过程、表现形式、影响程度等都是复杂的。

（三）税收政策应用风险的可评估性

税收政策应用风险的可评估性是指税收政策应用风险是可度量的。虽然税收政策应用具有复杂性，但是税收政策应用风险可能造成损失的大小和损失发生的可能性可以参照经验数据、借助数理技术手段加以分析估算，并在此基础上采取相应策略加以应对。

（四）税收政策应用风险的潜在性

一方面，由于税收政策应用风险是客观存在的，不易作出精确的判断，税收政策应用人员只能在思想上认识到它的存在，依赖知识和经验作出专业判断；另一方面，税收政策应用风险可能造成的损失要有一个显化的过程，这一过程的长短因税收政策应用风险的内容、企业的经济环境、法律环境以及税收政策应用人员对风险的认识程度而异。

（五）税收政策应用风险的损失与收益的对立统一性

税收政策应用风险可以带来损失，但又可以带来收益，是损失与收益的对立统一。但由于税收政策应用风险的特殊性，税收政策应用风险往往会给企业带来损失，因此税收政策应用风险主要是针对损失来说的。

第二节　税收政策应用风险产生的原因

一、税收政策应用方案本身设计不合理

一般说来，税收政策应用方案本身设计合理是税收政策应用成功的前提，而这与税收政策应用人员的认知水平和业务素质息息相关，如果税收政策应用人员的认知水平和业务素质较高，对税收、管理、财务、会计、法律等方面的政策及相关业务熟悉，那么税收政策应用方案本身设计合理性就高，其成功的可能性也就高；相反，则失败的可能性就高。目前，税收政策应用在我国还属于起步阶段，既懂得相关知识，又有很强的实战经验的专业性人才很少，企业有时错误地设计税收政策应用方案，不仅节税不成，反而可能演变为偷税，从而引发税收政策应用风险。

二、税收政策应用方案操作不善

税收政策应用方案涉及企业的采购、生产、投资、筹资、销售等各项活动，这需要企业认真操作、严格实施，需要各个部门密切配合、充分协作。即使税收政策应用方案本身设计得很正确，但如果操作不善，整个方案失败的可能性也会很大。

三、税收政策应用方案实施的条件发生变化

一切税收政策应用方案都是在一定条件下选择与确定的，并且也是在一定条件下组织实施的。税收政策应用方案实施的条件变化至少包括以下两方面的内容。

一方面是企业自身条件的变化，主要是经济活动的变化。企业要获取某项税收利益，必须使企业的生产经营活动的某一方面符合所选择税收政策，而这往往制约着企业经营的灵活性。一旦企业预期经营活动发生变化，企业就会失去享受税收优惠和税收利益的必要特征和条件，导致筹划结果与企业主观预期存在偏差。

另一方面是企业外部条件的变化。一是政治方面的变化。比如战争爆发，企业正常的生产经营都难以保证，何况税收政策应用。二是税收政策的变化。在不同经济发展时期，国家出于总体发展战略要求，会使得税收政策处于不断的调整变化之中，这不仅增加了企业税收政策应用的难度，也增加了企业税收政策应用的风险。三是国内经济的波动。这是对税收政策应用风险制约度较大、较为直接的因素。例如，全国发生恶性通货膨胀，由于各种能源、原料、设备及劳动力成本上涨，与企业税收政策应用息息相关的成本费用大量增加，与企业相关的各种税负也会发生重大的变化，这样税收政策应用的效果就会难以预料，风险陡然增大。四是全球经济的波动，国外税收、金融政策的变化。比如，2008 年的美元贬值，全球范围的经济、金融危机，对于许多从事外贸的企业来说，在这一背景下设计的税收政策应用方案，其风险必然增大。五是自然灾害、突发事件的出现。自然灾害、突发事件会直接导致已设计好的税收政策应用方案无法实施，并由此带来风险。

四、征纳双方权利和义务并不对等

税务机关和纳税义务人都是税收法律关系的权利主体之一。双方的法律地位是平等的，但由于主体双方是行政管理者与被管理者的关系，其权利和义务并不对等。

一方面，税收政策应用方案究竟是否合法，很大程度上取决于税务机关对纳税人税收政策应用方案的认定。如果企业原本正确的税收政策应用方案被税务机关认定为偷税或恶意避税，那么，企业的税收政策应用不但得不到节税收益，还会因为其行为上的违法而受到处罚，从而导致税收政策应用失败。

另一方面，从征纳博弈的角度看，税务机关是税收政策应用“游戏规则”的制定者，主动权掌握在立法者手中。因此，一旦立法者修改、调整税法，纳税人如果不能及时进行应变调整，就难免要遭受损失，从而导致税收政策应用失败。

五、税收政策应用成本最终超过收益

前文中已经提到，在税收政策应用方案的制订和执行过程中，要充分考虑税收政策应用带来的收益与其耗费的成本，只有税收政策应用方案的成本小于取得的收益时，该税收政策应用方案才具有可行性。然而，由于有些成本和收益是预期估算值，无法准确度量，税收政策应用方案制定时，测算的收益大于成本的税收政策应用方案，最终实施的结果有可能是成本超过收益，从而产生税收政策应用风险。

第三节　税收政策应用风险的类型

一、按照税收政策应用风险产生的原因进行分类

按照税收政策应用风险产生的原因，可将其分为以下几种类型：

（一）纳税意识低下的风险

纳税意识，包括企业领导人的纳税意识和税收政策应用相关人员的职业道德，其中企业领导人的纳税意识是主要的。一方面，若企业领导人纳税意识弱，利用其职权指使或强迫税收政策应用人员完成其指定的纳税目标，而不计后果，这样无形中加大了税收政策应用风险。反之，若企业领导人依法纳税意识很强，进行税收政策应用的目的只是降低企业涉税费用和风险，实现合理优化纳税，那么只要税收政策应用人员依法严格按照规程精心筹划，风险一般不高。另一方面，若税收政策应用人员职业道德水平低下，会直接影响其工作态度和对风险的判断及筹划事项最终完成的结果，这在无形之中会带来潜在的风险。反之，若税收政策应用人员以坚持遵守税法为前提，保持必要的职业谨慎性和敏锐的专业判断力，依法严格按程序从事税收政策应用工作，就自然会降低风险。

（二）政策风险

政策风险又分政策变化风险和政策选择风险。

政策变化风险是指因政府政策在一定时期内发生改变而引起的风险。税收政策是国家对经济进行宏观调控的主要手段之一，为了适应市场经济的发展，优化产业结构，一个国家的税收政策不可能是固定不变的，总是要根据经济发展状况进行相应的调整，通过及时修订、补充或完善税收法律、法规，使旧的政策不断被取消和改变，而新的政策不断推出。这使得税收政策应用，尤其是长期税收政策应用会产生一定的风险。

政策选择风险，是指企业对政府的政策选择错误或不恰当而导致的风险。该种风险的产生主要是企业对税收法律、法规及政策精神认识不足、理解不

透、把握不准所致。也就是说，企业自认为其采取的税收政策应用方案符合国家的政策，但实际上却违背了国家的法律法规，由此导致税收政策应用活动的失败。

（三）经营活动变化风险

税收政策应用是一种合理合法的预先谋划行为，具有较强的计划性、事先性和时效性。一方面，税收政策应用是对未来企业所处环境的一种预期。税收政策应用方案的选择是在未来实际环境与税收政策应用方案的预期环境相一致的假设前提下作出的，如果两者不一致，将会容易导致税收政策应用活动失败。另一方面，税收政策应用是对不同的税收政策进行选择和利用的一个过程。税收政策应用一旦选定某项税收政策，企业日后的生产经营活动只有符合所选定税收政策要求的特殊性，才能够享受此税收政策的优惠。然而，在市场经济体制下，企业的生产经营活动并非一成不变，需要随着市场环境的变化和企业战略管理的要求而进行相应的调整。一旦经营活动本身发生变化，就很可能失去享受税收优惠的必要特征或条件，不仅无法达到预期财务目的，而且还有可能加重税负，从而导致税收政策应用活动失败。

（四）制定和执行不当风险

制订和执行不当风险是指税收政策应用方案在具体制订和执行过程中所产生的风险。制订和执行不当风险主要包含几个方面的内容：一是税收政策应用方案的制订本身存在问题，导致对其执行的结果只能是得不偿失；二是在税收政策应用方案的执行过程中，因相关部门及人员配合与协作不到位而产生税收政策应用风险；三是税收政策应用方案在执行过程中不彻底或半途而废，或执行的手段不恰当，或是某一环节衔接不上，都有可能造成整个税收政策应用方案前功尽弃，从而导致税收政策应用活动的失败。

（五）片面性风险

片面性风险，是指纳税人进行税收政策应用方案选择时，未全面、综合、长远考虑问题而产生的风险。片面性风险主要包含几个方面的内容：一是没有从战略的角度去进行全面的考虑和把握，只考虑个别税种税负的高低，而未着眼于整体税负的轻重。二是仅考虑了税负的减轻，而未考虑其他方面的成本，导致项目筹划后的税后净收益小于筹划前税后净收益。三是仅局限于短期目标的实现上，而未考虑企业的长远发展目标。四是税收政策应用方案的实施虽然获取了较少纳税上的收益，但是同时有可能要承担较多的其他方面的责任，如违约责任、担保责任、赔偿责任等。

（六）执法风险

税收政策应用中的节税筹划是符合立法者意图的，但这种合法性还需要税务行政执法部门的确认；税收政策应用中的避税筹划是违背立法者意图的，如果国家对某些避税措施坚决抵制和查处的话，将会大大增加其筹划的风险。执法风险是指因税务行政执法的偏差或实施反避税措施等原因而产生的风险。

执法风险主要包括以下几个方面：一是税收法律、法规的不完善导致税务行政执法部门税收政策执行偏差。很多税收政策只对有关税收的基本层面作出相应规定，具体的税收条款设置不完善，无法涵盖所有的税收事项，企业和税务机关对同一税收政策理解上很可能存在偏差。二是税法对具体的税收事项通常留有一定的弹性空间，在一定的范围内，税务机关拥有自由裁量权，客观上也为税务行政执法偏差提供了可能性。三是部分行政执法人员的专业素质低，从而将原本合法的税收政策应用方案错误地认定为偷（逃）税等违法行为。四是部分行政执法人员从思想上抵制税收政策应用，对税收政策的应用在认识上存在偏差。五是原本得到政府默认的避税措施突然得到坚决抵制和查处，导致企业避税筹划失败。

（七）纳税信誉风险

纳税信誉风险，是指税收政策应用一旦被认定为违法行为，企业所建立起来的信誉和品牌形象将受到严重影响，从而影响企业未来经营的风险。市场经济是信誉经济，强调品牌意识，而纳税信誉是企业重要的信誉之一。大多数企业不愿意与纳税信誉低的企业有业务往来，因为纳税信誉低的企业往往被认为在资金支付能力及合同履行能力等方面也都有较高的风险。纳税信誉风险是一种间接风险，能间接导致企业发生经济损失。

（八）心理风险

税收政策应用的心理风险是指企业在制定和实施税收政策应用方案时，由于所面临的预期结果具有不确定性，因而需要承受与此相关的心理负担和精神痛苦，由此可能给企业和个人造成损失。

最后，值得注意的是，税收政策应用人员的素质低而形成的风险也是非常重要的，之所以没有单独作为税收政策应用风险之一介绍，是因为它已被包含在纳税意识低下的风险、政策选择风险、制定和执行不当风险、片面性风险等之中。

二、按照税收政策应用风险是否可以直接度量进行分类

按照税收政策应用风险是否可以直接量化，可将其分为以下几种类型：

（一）定性的税收政策应用风险

定性的税收政策应用风险的特征是不容易直接度量（评估）风险的大小，一般只用“是否变化”“是否存在”等作为风险大小的度量指标。当然，这并不意味着绝对不能对这种风险进行度量。本节主要采用模糊测评法对定性的税收政策应用风险进行度量。这种方法主要涉及对前面所提到的政策变化风险、经营活动变化风险、制定和执行不当风险、执法不当风险等进行度量。

（二）定量的税收政策应用风险

定量的税收政策应用风险特征是能够直接度量风险的大小，且只能通过量化的数字来描述风险的大小，包括度量税收政策应用风险导致的显性损失的大小以及隐性损失的大小两大类。税收政策应用风险导致的显性损失比较直观，可以通过企业的财务数据表现出来，例如税收政策应用方案设计不合理而多交的税款、税收政策应用方案被认定为偷税行为而产生的罚款和滞纳金等。税收政策应用风险导致的隐性损失，是指纳税人由于实施所制定的税收政策应用方案而放弃的潜在利益，它是一种机会成本，它在税收政策应用实务中易被忽视。

第四节　税收政策应用风险的防范措施

一、提高税收政策应用相关人员的素质

一方面，要引进高素质的税收政策应用人才，将应聘人员的税收政策应用知识与能力的考核成绩、职业道德修养以及沟通和协作能力，作为人员录取的标准之一；另一方面，要加强对包括财会人员在内的从事税收政策应用工作的人员进行培训，以使他们较好地掌握税收、会计、财务、法律、企业管理、风险管理等各方面的知识，同时加强职业道德教育和沟通、协作能力的培训，使其既能制定正确的税收政策应用方案，又能正确地组织执行税收政策应用方案，还能有效地对税收政策应用风险进行防范。

二、加强企业各部门之间的沟通、协作与配合

一方面，在企业管理层的组织下，各业务部门应当定期进行交流，共享各自掌握的信息进行讨论，并协调税收政策应用与其他领域的管理活动，分享各自对税收政策应用风险的建议；另一方面，企业应当建立税收政策应用风险责任制，明确各部门和人员的职责，将其风险防范业绩与工资挂钩，以保证税收政策应用

风险降到最低。

三、密切关注税收政策应用方案实施的条件变化，不断调整完善筹划方案

一方面要密切关注企业自身条件的变化，主要是经济活动的变化。另一方面要密切关注企业外部条件的变化，包括政治方面的变化，税收政策的变化，国内经济的波动，全球经济的波动，国外税收、金融政策的变化，自然灾害、突发事件的出现等。有些时候甚至要预测、推断上述变化，以不断调整完善筹划方案，将税收政策应用风险降到最低。

四、加强与税务机关的沟通，协调好与税务机关的征纳关系

企业应当积极加强与税务机关的诚心交流和沟通，处理好和税务机关的关系，主动适应税务机关的管理，及时争取税务机关的指导，努力寻求税务机关的支持与帮助，树立良好的纳税信誉和形象，甚至在实施每一项新的筹划方案时，诚心地向税务机关咨询，获取其批准和认可，以实现企业与税务机关的“双赢”。

五、合理利用税务代理的专业化服务

一方面，不能盲目信赖税务代理的专业化服务，在将税收政策应用方案外包出去的同时，企业自身仍要加强对税收政策应用风险的防范，避免外包的税收政策应用失败而产生的损失。另一方面，对税收政策应用方案的复杂程度和企业税收政策应用人员的专业胜任能力进行合理的评价，应该外包税收政策应用方案外包给税务代理机构，不必外包的就不外包。

六、尽量避免税收政策应用成本最终超过收益

企业应当较为保守地预计税收政策应用成本和收益，同时不能忽略税收政策应用隐性损失（机会成本），合理运用成本收益分析法，谨慎地选择及实施税收政策应用方案。

第十章 税收政策应用风险管理研究

税收政策应用作为企业财务管理的一个重要组成部分，其结果同样具有不确定性。也就是说，税收政策应用在带来节税利益的同时，也存在着相当的风险。如果企业忽视这些风险，而盲目地进行税收政策应用，其结果往往得不偿失，不但节税不成，反而可能演变成偷税，不仅造成企业相关资源浪费，而且会影响其社会声誉和长远发展。所以，加强税收政策应用风险管理是极为必要的。然而，在众多税收政策应用的书籍及论文中，对税收政策应用风险问题的研究不多，而且不够深入。现有的研究也往往只是对税收政策应用风险的定义、分类、防范措施进行简单的文字性概括，而对于具体如何进行税收政策应用风险管理的研究还相对薄弱。由于企业对如何识别、评估和应对税收政策应用风险的需求非常迫切，因此，加强对税收政策应用风险及其管理的研究已经势在必行。

第一节 税收政策应用风险管理的流程框架

要确定税收政策应用风险管理的流程，首先需要了解风险管理的流程。

美国项目管理协会 PM 在 2000 年版的 PMBOK 中将风险管理分为六个阶段：风险管理计划、风险识别、风险估计、风险量化、风险处理、风险监控。

COSO 发布的《企业风险管理——总体框架》虽然未直接指出风险管理的流程，但它所提出的企业风险管理的八个构成要素事实上就构成了风险管理的流程。它们分别是：内部环境、目标设定、事项识别、风险评估、风险应对、控制活动、信息沟通、监控。

国资委颁布的《中央企业全面风险管理指引》将风险管理基本流程分为以下五个阶段：收集风险管理初始信息、进行风险评估、制定风险管理策略、提出和实施风险管理解决方案、风险管理的监督与改进。

“3C 框架”将全面风险管理流程设计为管理准备、管理实施、管理报告、监督改进四个基本流程。具体来说，管理准备包括选择项目、确定目标、成立小组、收集信息、初步了解、制订计划、编制方案、下发倡议。管理实施包括风险识别、风险评估、风险应对、风险控制。管理报告包括风险报告、风险预警、监督报告和审计报告等，监督改进包括风险监督、风险审计、管理改进。

参照风险管理的流程的多种说法，结合税收政策应用风险管理的自身特点，可以将税收政策应用风险管理的流程确定如下：第一，税收政策应用风险管理的准备。具体包括，确定税收政策应用风险管理目标、成立税收政策应用风险管理小组、收集税收政策应用风险管理信息、制订税收政策应用风险管理计划。第二，税收政策应用风险管理的实施。具体包括，税收政策应用风险识别、税收政策应用风险评估、税收政策应用风险应对。第三，税收政策应用风险管理的监控。具体包括，税收政策应用风险管理的监督与评价、税收政策应用风险管理的总结与改进。

上述各项风险管理流程顺序总体来说是固定的，但有时并不一定按顺序发生，有可能交叉进行。例如，进行风险评估时，可能发现对某一具体风险的评估还缺少部分信息，则又需要收集相关信息。

第二节　税收政策应用风险管理的准备

一、确定税收政策应用风险管理目标

清晰地界定税收政策应用风险管理目标，可为税收政策应用风险管理指明方向。

（一）税收政策应用风险管理的总体目标

税收政策应用风险管理是企业税收政策应用活动的一部分，企业税收政策应用风险管理的目标，也是为了实现企业税收政策应用。而企业税收政策应用的最终目标又是为了实现企业价值最大化，因此，税收政策应用风险管理的总体目标应当是实现企业价值最大化。

（二）税收政策应用风险管理的具体目标

税收政策应用风险管理的具体目标，分为税收政策应用风险管理损前目标和税收政策应用风险管理损后目标。

1. 税收政策应用风险管理损前目标

税收政策应用风险管理损前目标就是在税收政策应用风险导致的损失发生前的风险管理目标。它主要是为了避免或减少税收政策应用风险事故的发生，从而降低税收政策应用风险。具体内容包括：建立健全税收政策应用风险管理机制，提高税收政策应用风险意识，准确核算纳税金额，正确运用税收法律法规，选择合适的税收政策应用人员等。

2. 税收政策应用风险管理损后目标

税收政策应用风险管理损后目标，就是在税收政策应用风险导致的损失发生后的风险管理目标。它主要是努力使损失的标的恢复到损失前的状态，包括维持企业的持续经营、保持稳定的收入等。具体内容包括：尽量进行补救，承担应尽的经济责任和社会责任，尽量维护自己的纳税形象，为自身营造良好的继续生存发展环境；同时，进一步处理和税务机关的关系，将税收政策应用风险损失额尽量降到最低。

针对税收政策应用风险的特点，应将第一个目标即“税收政策应用风险管理损前目标”作为税收政策应用风险管理的主要目标。

二、成立税收政策应用风险管理小组

成立税收政策应用风险管理小组，主要是成立税收政策应用风险管理的核心小组。企业在确定了明确的目标后，应根据项目需要组成税收政策应用风险管理项目核心小组，选定组长和工作人员。税收政策应用风险管理小组的构成，因具体税收政策应用项目的不同而不同，但至少应该由企业税务、财务和审计等部门人员组成。必要时，可邀请其他部门相关人员参加税收政策应用风险管理小组的工作。同时确定税收政策应用风险管理小组各成员的权利、任务和责任，作为绩效考核的依据。

三、收集税收政策应用风险管理信息

企业至少应当收集的税收政策应用风险管理信息主要有以下三个方面。

（一）外部信息

1. 税收环境信息

企业涉及的税种及各税种的具体规定，特别是税收优惠规定，各税种之间的相关性，税收征纳程序和税务行政制度，税收环境的变化趋势、内容。

2. 政府涉税行为信息

税收政策应用博弈中，企业先行动，因此，在行动之前，必须预测政府可能对自身行动产生的反应。这主要包括：政府对税收政策应用的态度、政府的主要反避税法规和措施、政府反避税的运作规程。

（二）内部信息

1. 实施主体信息

任何税收政策应用方案必须基于企业自身的实际经营情况。因此，在制订方案时，必须充分了解企业自身的相关信息。这主要包括：企业财务管理目标、企业税收政策应用目标、企业经营及财务状况、管理人员对税收政策应用风险的态度、税收政策应用人员素质等。

2. 企业涉税问题调查与评估

在实施税收政策应用风险管理之前，应当对企业进行涉税问题进行调查和评估。该项工作应重点分析、整理、调查、评估以下涉税资料：税收政策应用内部控制制度、纳税会计处理、主要税种及税负率、近三个年度纳税情况分析、主要涉税问题、税收处罚记录、税企关系情况等。

（三）内、外部信息的反馈信息

对内、外部信息的收集应当是一个动态的过程，企业在实施税收政策应用风险管理的过程中，还会不断获取新的信息。同时，实施结果需要及时反馈相应部门，以便对税收政策应用风险管理的实施进行调整和完善。

四、制订税收政策应用风险管理计划

制订税收政策应用风险管理计划，是对税收政策应用风险管理实施的全过程所作的综合安排。税收政策应用风险管理计划涉及的内容是全局性的，是对税收政策应用风险管理目的、范围、重点、流程等基本内容进行规划，是进行税收政策应用风险管理的基础和依据，也是进行有效沟通和协调的手段。

第三节　税收政策应用风险管理的实施

一、税收政策应用风险识别

（一）税收政策应用风险识别概述

税收政策应用风险识别是指企业运用有关的知识和方法，系统、全面和连续地感知和分析企业税收政策应用风险。它是税收政策应用风险管理实施的首要步骤。

税收政策应用风险的识别，可以从以下几方面来理解①：第一，税收政策应用风险识别是一项复杂的系统工程；第二，税收政策应用风险识别是一个连续、不间断的过程；第三，识别税收政策应用风险，重点是识别其产生的因素或原

① 杜莹芬. 企业风险管理—理论、实务、案例［M］. 经济管理出版社，2008，2.

因；第四，识别税收政策应用风险是评估税收政策应用风险的前提，是有针对性地应对税收政策应用风险的基础。

（二）税收政策应用风险识别的方法

风险识别有多种不同的方法，比较常用的有流程图分析法、问卷调查法、环境分析法、财务分析法、情景分析法、事故树分析法以及风险因素分析法等。其中，税收链分析法（属于流程图分析法中的一种）和问卷调查法是较为适合识别税收政策应用风险的方法，下面对这两种方法进行探讨。

1. *税收链分析法*

税收链分析法，属于流程图分析法中的一种。流程图分析法，是将企业的各项生产经营活动按照其内在的逻辑关系建立一系列的流程图，针对流程图中的每一个环节逐一进行调查、研究和分析，从中发现潜在风险的一种风险识别方法。通过对流程图分析，可以较为直接地揭示企业业务管理活动中的薄弱环节，识别企业存在的各种风险。流程图可以用来描绘公司内任何形式的流程，如产品生产流程、服务流程、财务会计流程、市场营销流程、分配流程等。企业因纳税而形成的税收链也可作为流程的一种，通过对纳税流程的研究，可识别出与税收政策应用相关的风险。

“3C 框架”认为：“根据价值链理论，把企业的风险识别延伸到价值链，也就是从价值链的视角考虑风险是越来越重要了[①]。”而税收链正是价值链的一种。企业生产经营活动是多样的，因此，与之相关的税收问题也是多样的，涉及的税种可能包括增值税、消费税、营业税、企业所得税、契税、土地增值税、印花税等。若从企业的生产经营流程来看，其经营活动主要可分为采购、生产、销售、投资、筹资等环节。所有这些环节都创造价值或实现价值，因此从总体来看就构成了产品的价值链。在这条产品的价值链中，有一部分价值是以税收的形式流入国库。企业所承担的税收，如果沿着价值流转的路径观察，也形成了一个链条，即所谓的税收链[②]。税收链如图 10－1 所示：

在税收链中，税收的实现过程与价值的流转过程是同步的。企业可以从采购、筹资、投资、生产、销售、产权重组等各个流程来识别税收政策应用风险。具体来说：

在采购环节，企业可能识别到的税收政策应用风险主要有：购货方选择失误的风险、购货价格测算失误的风险、购货时机把握失误风险、购货合同条款设定失误风险等。

---

① 李三喜，徐荣才．3C 框架—全面风险管理标准［M］．中国市场出版社，2007，8.

② 蔡昌．企业税收政策应用方案设计技巧［M］．中国经济出版社，2008，1.

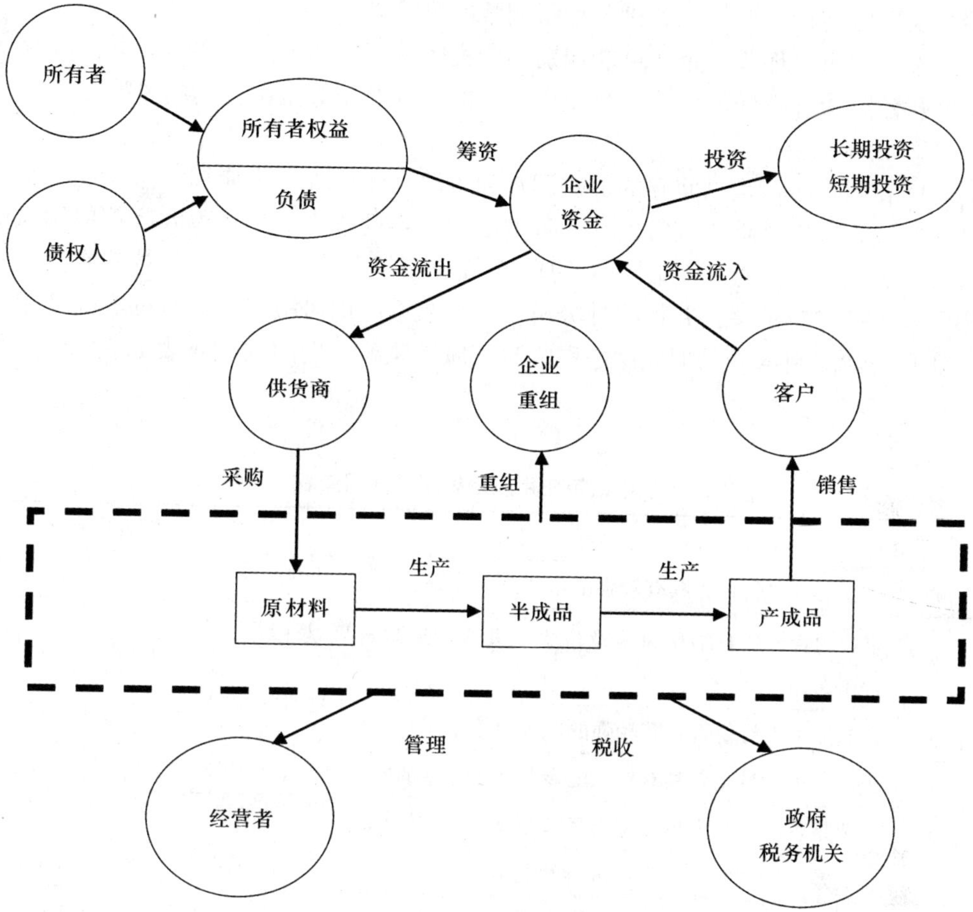

图 10－1　税收链①

在筹资环节，企业可能识别到的税收政策应用风险主要有：股权筹资与债券筹资比例不当产生的风险、因过度追求债务利息抵税效应而扩大债务筹资引起的财务风险等。

在投资环节，企业可能识别到的税收政策应用风险主要有：因追求税收利益而选择的投资项目经营不善而导致的风险、投资于低税率区但后来因政策变化而引起的风险等。

在生产环节，企业可能识别到的税收政策应用风险主要有：固定资产折旧方法选择失误风险、存货计价方法选择失误风险等。

在销售环节，企业可能识别到的税收政策应用风险主要有：促销方式选择失误风险、代销方式选择失误风险、混合销售或兼营行为不被税务机关认可的风

---

① 图表来源：作者参照蔡昌．企业税收政策应用方案设计技巧［M］．中国经济出版社，2008，1．绘制

险、关联方转让定价被税务机关重新调整的风险等。

在产权重组环节，企业可能识别到的税收政策应用风险主要有：并购中存在的承担连带债务责任的风险、分立中存在的开办费用等支出过高的风险等。

2. 问卷调查法

问卷调查法，是以问卷的形式调查和了解企业税收政策应用风险情况，是识别税收政策应用风险比较常用的一种方法。问卷调查主要针对税收政策应用风险管理相关人员，通过设计围绕对税收政策应用风险问题的提问，对其看法、希望、建议等进行了解，并作统计分析。税收政策应用风险识别调查问卷需要根据企业自身情况制定，以下提供的税收政策应用风险识别问卷调查表如表 10－1 所示：（仅供参考）

表 10－1　　税收政策应用风险识别问卷调查表

序号	问题	是否	有何看法和建议？
1	企业的管理层是否具有较强的依法纳税意识？		
2	企业的管理层对纳税风险及税收政策应用风险管理是否重视？		
3	企业涉税人员是否具有较强的职业道德素质？		
4	企业涉税人员是否具有较强的专业能力或素质？		
5	企业是否对涉税人员在招聘环节测试过税收知识？		
6	企业是否经常对涉税人员进行专业培训？		
7	企业是否对业务人员进行发票事项的培训？		
8	对外签订合同中的付款条件、方式等条款是否考虑对纳税的影响？		
9	企业的业务合同是否经过企业税务部门审核？		
10	新颁布的有关税务法律法规政策，企业是否在 30 日内完整得到？		
11	企业涉税人员是否知道所从事行业的税收优惠政策，并能充分获取相关资料以享受该优惠？		
12	企业所处行业或产品税收政策变动后，是否立即采取措施应对？		
13	新业务发生时是否咨询过企业涉税人员？		

续表

序号	问题	是否	有何看法和建议？
14	企业是否为日常纳税申报建立流程文件并且按时完成日常申报？		
15	企业是否为涉税资料建立起专门的档案或索引目录，并按保密责任和权限进行控制？		
16	企业是否建立起税务事项的内部控制？		
17	企业是否与当地税务机关建立了良好关系，如有困难，企业是否能得到当地税务机关的支持或帮助？		
18	企业是否就税务事项与税务机关进行过听证、行政复议或诉讼？		
19	税务机关在通知查账时，企业是否知道查账的重点？		
20	企业是否定期聘请财税专家进行税收政策应用风险检测？		
21	企业管理者决策是否经常有急功近利、忽视长期效益而注重短期成绩的行为？		
22	企业涉税人员是否因税收政策应用预期结果的不确定而承受较重的心理和精神上的负担和痛苦？		
23	企业的涉税人员流动性是否超过预期？		
24	企业所处行业或产品相关税务政策是否频繁变动？		
25	有关税收优惠政策运用和执行是否经常不到位？		
26	企业预期经营活动是否频繁变动？		
27	相关部门及人员配合与协作是否经常不到位？		
28	税收政策应用方案在实施过程中是否不彻底或半途而废？		
29	企业是否曾经有过被罚款、缴纳滞纳金的情况发生？		
30	企业是否经常受到税务机关的调查？		
31	当地税务机关执法水平是否存在偏差（主要是由税务机关在执法时未按相关法律、法规或法定程序进行或自身素质差引起的）？		

续表

序号	问题	是否	有何看法和建议？
32	当地税务机关是否有不良倾向（主要是从思想上抵制税收政策应用，认为税收政策应用行为就是偷税，或担心企业进行税收政策应用后税源减少，自身无法完成税收任务）？		

（注：表中的涉税人员包括企业会计人员、税务人员和税收政策应用人员等，被调查者包括企业各相关部门领导、人力资源管理人员、会计人员、税务人员和税收政策应用人员等）

表中第1至20项若回答“否”，则表示该被调查者认为此项存在税收政策应用风险；表中第21至32项若回答“是”，则表示该被调查者认为此项存在税收政策应用风险。

通过统计某项回答“是”与“否”的人数及比例，可以总结出该项是否存在风险或存在风险的大与小。举例说明：若对10人进行问卷调查，对于第一项“企业的管理层是否具有较强的依法纳税意识”问题，若10人全回答“是”，则表明此项不存在税收政策应用风险；若10人全回答“否”，则表明此项存在的税收政策应用风险非常大；若5人回答“是”，另5人回答“否”，则表明此项存在一定的税收政策应用风险。

通过对“有何看法和建议”的整理和研究，可以更加深入地分析产生此项风险的原因以及寻求其解决措施。这些对于税收政策应用风险管理人员识别风险是很有帮助的。

二、税收政策应用风险评估

（一）税收政策应用风险评估概述

税收政策应用风险评估就是对识别出的税收政策应用风险进行度量和分析的过程，以便为应对税收政策应用风险提供依据。税收政策应用风险评估是税收政策应用风险管理的一个重要步骤，是税收政策应用风险应对的前提。

（二）税收政策应用风险评估方法

税收政策应用风险评估方法包括定性方法和定量方法，在税收政策应用风险评估过程中，最好将定性方法和定量方法结合起来进行。比较常用的风险评估定性方法主要有：模糊测评法、标杆分析法、集体讨论法、问卷调查法等；比较常用的风险评估定量方法主要有：概率分析法、情景分析法、压力测试法、敏感性分析法等。其中，模糊测评法和概率分析法是较为适合评估税收政策应用风险的方法，下面对这两种方法进行探讨。

1. 税收政策应用风险评估的定性方法之模糊测评法[①]

模糊测评法，是通过专家模糊测评税收政策应用风险的频率来对税收政策应用风险进行评估的一种方法。税收政策应用风险频率，就是指税收政策应用风险发生可能性的高低。由于风险具有不确定性，精确测量风险的频率是很困难的，因此，对税收政策应用风险频率的测量可以采用模糊测评法。模糊测评法是指通过引入模糊数学理论，建立企业税收政策应用风险的模糊集合、企业税收政策应用风险的隶属函数和评价企业税收政策应用风险因素的模糊矩阵，来测量企业税收政策应用风险。

模糊测量的公式：$\boldsymbol{B} = \boldsymbol{A} \cdot \boldsymbol{R}$　（10－1）

其中，$\boldsymbol{A}$：模糊集合，这一集合反映了税收政策应用风险因素的重要性；

$\boldsymbol{R}$：模糊矩阵，矩阵中的元素表示税收政策应用风险因素可能的风险等级及发生的概率；

$\boldsymbol{B}$：模糊评价矩阵，矩阵中的元素表示税收政策应用风险的各种风险等级发生的概率。

案例分析[②]：甲企业为了测量企业的税收政策应用风险，聘请了 20 位专家，对企业的税收政策应用风险发生的可能性进行测量，该企业的税收政策应用风险主要有税收政策变化风险、经营活动变化风险、制定执行不当风险和执法不当风险。依据风险因素对企业税收政策应用风险的影响程度，将上述 4 个风险因素的重要性进行了划分。其中，假定税收政策变化风险的重要性为 0.2，经营活动变化风险的重要性为 0.2，制定和执行不当风险的重要性为 0.4，执法不当风险的重要性为 0.2。20 位专家对甲企业税收政策应用风险识别结果如表 10－2 所示。

对于税收政策变化风险，有 7 人认为高，4 人认为较高，5 人认为一般，2 人认为较低，2 人认为低；

对于经营活动变化风险，有 5 人认为高，6 人认为较高，5 人认为一般，3 人认为较低，1 人认为低；

对于制定和执行不当风险，有 10 人认为高，4 人认为较高，5 人认为一般，1 人认为较低，0 人认为低。

对于执法不当风险，有 2 人认为高，3 人认为较高，4 人认为一般，5 人认为较低，6 人认为低。

---

① 胥朝阳. 企业并购的风险管理［M］. 中国经济出版社，2004，10.

② 参考：于岩. 税收筹划风险及风险控制研究［R］. 东北财经大学硕士学位论文，2007.

表 10－2 专家税收政策应用风险识别统计表

风险等级 风险因素	高		较高		一般		较低		低	
	人数	百分比/%	人数	百分比/%	人数	百分比/%	人数	百分比/%	人数	百分比/%
税收政策变化	7	35	4	20	5	25	2	10	2	10
经营活动变化	5	25	6	30	5	25	3	15	1	5
制定执行不当	10	50	4	20	5	25	1	5	0	0
执法不当	2	10	3	15	4	20	5	25	6	30

则根据模糊测量法

$$\boldsymbol{A} = (0.2,\ 0.2,\ 0.4,\ 0.2)$$

$$\boldsymbol{R} = \begin{bmatrix} 0.35\ 0.2\ 0.25\ 0.1\ 0.1 \\ 0.25\ 0.3\ 0.25\ 0.15\ 0.05 \\ 0.5\ 0.2\ 0.25\ 0.05\ 0 \\ 0.1\ 0.15\ 0.2\ 0.25\ 0.3 \end{bmatrix}$$

$$\boldsymbol{B} = \boldsymbol{A} \cdot \boldsymbol{R} = (0.2,\ 0.2,\ 0.4,\ 0.2) \begin{bmatrix} 0.35\ 0.2\ 0.25\ 0.1\ 0.1 \\ 0.25\ 0.3\ 0.25\ 0.15\ 0.05 \\ 0.5\ 0.2\ 0.25\ 0.05\ 0 \\ 0.1\ 0.15\ 0.2\ 0.25\ 0.3 \end{bmatrix}$$

$$\boldsymbol{B} = (0.34,\ 0.21,\ 0.24,\ 0.12,\ 0.09)$$

测算结果表明，34%的专家认为企业税收政策应用风险高，21%的专家认为企业税收政策应用风险较高，24%的专家认为企业税收政策应用风险一般，12%的专家认为企业税收政策应用风险较低，9%的专家认为企业税收政策应用风险低。综合比较可知，该企业税收政策应用风险是相对偏高的。

2. 税收政策应用风险评估的定量方法之概率分析法

概率分析法，就是用概率论、数理统计的方法，对税收政策应用风险进行评估。首先，计算税收政策应用方案成本收益率的期望值；其次，计算税收政策应用方案成本收益率的分散程度，即方差和标准差；最后，计算标准离差率，并根据标准离差率来判断风险程度，标准离差率越大，风险越大，标准离差率越小，风险越小。

(1) 概率分布

在现实生活中，某一事件在完全相同的条件下可能发生也可能不发生，既可能出现这种结果，又可能出现那种结果，这类事件被称为随机事件。任何一项随机事件的发生，说明可能有某种“机会”，即“概率”。概率就是用百分数或小数来表示随机事件的发生可能性及出现某种结果可能性大小的数值。

概率通常必须符合以下两条规则：一是各个随机变量的概率最小为0，最大为1，即$0\leqslant P_i\leqslant 1$；二是全部概率之和应等于1，即$\sum_{i=1}^{n} P_i = 1$。

概率一般可分为“客观概率”和“主观概率”两种。凡事件出现的概率可通过客观事实加以验证的或者其出现的概率能根据大量历史资料加以确定的，都叫作“客观概率”。而主观概率则是人们的经验和积累的知识，对某一事件可能出现的机会和频率的主观判断。

（2）期望值

期望值是一个概率分布中的所有可能结果，以各自相应的概率为权数计算的加权平均值，通常用符号E表示，其计算公式如下：

$$E = \sum_{i=1}^{n} X_i P_i \tag{10-2}$$

税收政策应用方案的期望收益值或期望成本收益率反映预计收益的平均化，在各种不确定性因素影响下，它代表着税收政策应用者的合理预期。

（3）离散程度

离散程度是用以衡量风险大小的统计指标。一般说来，离散程度越大，风险越大；离散程度越小，风险越小。反映随机变量离散程度的指标包括方差、标准离差、标准离差率等。

a. 方差

方差是用来表示随机变量与期望值之间的离散程度的一个数值。其计算公式为：

$$\sigma^2 = \sum_{i=1}^{n} (X_i - \bar{E})^2 \cdot P_i \tag{10-3}$$

b. 标准离差

标准离差也叫均方差，是方差的平方根。其计算公式为：

$$\sigma = \sqrt{\sum_{i=1}^{n} (X_i - \bar{E})^2 \cdot P_i} \tag{10-4}$$

标准离差以绝对数衡量税收政策应用方案的风险。在期望值相同的情况下，标准离差越大，风险越大；反之，标准离差越小，则风险越小。虽然标准差能够表示出样本值对期望值的离散程度，从而达到度量风险的目的，但是标准差是一个绝对数值，当与伴随税收政策应用风险同时出现的税收政策应用收益不同时，人们就难以运用标准差在不同的税收政策应用方案中作出比较。因此，需要运用标准差率来衡量税收政策应用风险。

c. 标准离差率

标准离差率是标准离差同期望值之比，通常用符号V表示，其计算公式为：

$$V = \frac{\sigma}{E} \times 100\% \qquad (10-5)$$

标准离差率是一个相对指标，它以相对数反映纳税筹划方案的风险程度。方差和标准离差作为绝对数，只适用于期望值相同的纳税筹划方案风险程度的比较。对于期望值不同的纳税筹划方案，评价和比较其各自的纳税筹划风险程度只能借助于标准离差率这一相对数值。在期望值不同的情况下，标准离差率越大，纳税筹划风险越大；反之，标准离差率越小，纳税筹划风险越小。

下面通过举例来说明这一方法：

案例分析：假定某企业在一定时期对某项经济活动的税收政策应用只受政策变化这一风险因素影响，现有 A、B 两种税收政策应用方案可供选择，其成本收益率及其概率分布情况如表 3 所示，请用概率分析法计算这两种税收政策应用方案的期望值、方差、标准离差、标准离差率，并比较其税收政策应用风险的大小。如表 10－3 所示：

表 10－3　两种税收政策应用方案成本收益率及其概率分布情况表

筹划效果	税收政策应用方案的成本收益率		该种筹划效果出现的概率	
	方案 A	方案 B	方案 A	方案 B
好	15%	20%	0.2	0.3
一般	10%	15%	0.6	0.4
差	0	－10%	0.2	0.3

分析过程：首先，计算两种纳税筹划方案的期望值。

方案 A 的期望成本收益率 $=0.2\times15\%+0.6\times10\%+0.2\times0=9\%$

方案 B 的期望成本收益率 $=0.3\times20\%+0.4\times15\%+0.3\times(-10\%)=9\%$

其次，计算两种纳税筹划方案的方差、标准离差。

方案 A 的方差 $\sigma^2=\sum_{i=1}^{n}(X_i-\bar{E})^2\cdot P_i$

$=0.2\times(0.15-0.09)^2+0.6\times(0.10-0.09)^2+0.2\times(0-0.09)^2=0.0024$

方案 A 的标准离差 $\sigma=\sqrt{\sum_{i=1}^{n}(X_i-\bar{E})^2\cdot P_i}=\sqrt{0.0024}=0.049$

方案 B 的方差 $\sigma^2=\sum_{i=1}^{n}(X_i-\bar{E})^2\cdot P_i$

$=0.3\times(0.20-0.09)^2+0.4\times(0.15-0.09)^2+0.3\times(-0.10-0.09)^2=0.0159$

方案 B 的标准离差 $\sigma = \sqrt{\sum_{i=1}^{n}(X_i - \bar{E})^2 \cdot P_i} = \sqrt{0.0159} = 0.126$

最后，计算标准离差率。

方案 A 的标准离差率 $V_A = 0.049/0.09 \times 100\% = 54.44\%$

方案 B 的标准离差率 $V_B = 0.126/0.09 \times 100\% = 140\%$

由于 $V_B > V_A$，因此方案 B 的税收政策应用风险要高于方案 A 的税收政策应用风险。

需要注意的是，本例中方案 A 和方案 B 的期望成本收益率是相等的，可以直接根据标准离差的大小来比较两个方案的税收政策应用风险水平。但如果比较方案的期望成本收益率不同，则一定要计算标准离差率后，根据标准离差率的大小来比较两个方案的税收政策应用风险水平。

通过上述方法将税收政策应用方案的风险加以量化（评估）后，税收政策应用人员便可据此作出决策。对于单个方案，税收政策应用人员需要通过看此方案的标准离差（率）是否在可接受的最高限值之内，来作出取舍。对于多个方案选择，税收政策应用人员应当选择标准离差率相对较低的方案，具体来说，应当选择低风险、高收益的方案，即标准离差低，而期望收益高的方案。然而现实中，高收益方案往往伴随着高风险，低收益方案其风险程度往往也较低，究竟选择何种方案，就要综合权衡期望收益与风险，而且还要视决策者对风险的态度而定。对风险比较反感的人可能会选择期望收益较低，同时风险也较低的税收政策应用方案，喜欢冒风险的人则可能选择风险虽高但同时收益也高的税收政策应用方案。

三、税收政策应用风险应对①

（一）税收政策应用风险应对概述

税收政策应用风险应对，是指企业在税收政策应用风险识别和评估的基础上，根据自身条件和外部环境，围绕企业发展战略，制定和执行税收政策应用风险的应对策略的过程。税收政策应用风险应对是税收政策应用风险管理实施阶段的重要环节，它具体包括税收政策应用风险应对策略的制定（选择）和税收政策应用风险应对策略的执行（实施）。

（二）税收政策应用风险应对策略的制订

税收政策应用风险应对策略具体可以分为六种，即避免税收政策应用风险、

① 梁文涛．纳税筹划风险的五种应对策略［J］．财会月刊．会计（上），2010（4）．

降低税收政策应用风险、分散税收政策应用风险、转移税收政策应用风险、保留税收政策应用风险和利用税收政策应用风险。企业应当根据自身条件、外部环境、发展战略，以及税收政策应用方案的具体情况的不同，来制定或选择适合自己的税收政策应用风险应对策略。下面分别对以下六种税收政策应用风险应对策略制定（选择）进行探讨。

1. 避免税收政策应用风险

避免税收政策应用风险，又叫规避税收政策应用风险，是指为了免除税收政策应用风险的威胁，主动放弃和拒绝可能导致风险损失的税收政策应用方案。

避免税收政策应用风险是消除风险最彻底的方法，但也是一种比较消极的风险应对策略，具有一定的局限性。对于避免税收政策应用风险，应从以下几方面理解：第一，避免税收政策应用风险会使企业丧失从风险中可能取得收益的机会。第二，避免税收政策应用风险方法并不是一定可行的。第三，避免某一种税收政策应用风险可能会产生另一种税收政策应用风险，而另一种税收政策应用风险可能大于原税收政策应用风险。第四，当税收政策应用风险导致的损失的可能性和损失金额极高，而税收政策应用的收益又很小，或采用其他税收政策应用风险应对策略而付出的成本极高，超出企业可能获得的收益时，避免税收政策应用风险是应当的。一般来说，企业最好是在制定税收政策应用方案阶段或税收政策应用方案实施的早期阶段，考虑是否选用避免税收政策应用风险策略。

案例分析：建设单位甲欲出包一项建筑工程，共有两项工程项目 A 和 B 组成，施工合同总造价为 6 000 万元。乙公司承包其中的工程项目 A，造价为 3 000 万元。在乙公司的组织协调下，丙公司中标工程项目 B，造价为 3 000 万元。建设单位甲支付给乙公司 200 万元的中介服务费。乙公司与建设单位甲签订承包合同，合同金额为 3 000 万元，丙公司与建设单位甲签订承包合同，合同金额也为 3 000 万元。在这种情况下，乙公司应纳建筑业营业税 $=3\ 000\times3\%=90$（万元），乙公司缴纳印花税 $3\ 000\times0.3‰=0.9$（万元），乙公司应纳服务业营业税 $=200\times5\%=10$（万元），丙公司应纳建筑业营业税 $=3\ 000\times3\%=90$（万元），丙公司缴纳印花税 $3\ 000\times0.3‰=0.9$（万元）。

为了减轻税负，乙公司打算针对其经营活动进行税收政策应用。税收政策应用人员首先研究和学习了如下两条税法规定：一是国家税务总局国税函（1995）156 号通知明确规定，工程承包公司承包建筑工程安装业务，即工程承包公司与建设单位签订承包合同的建筑工程业务，无论其是否参与施工，均应按“建筑业”税目征收营业税。工程承包公司不与建设单位签订承包建筑安装工程合同，只是负责工程的组织协调业务，对工程承包公司的此项业务按“服务业”的税目征收营业税。二是营业税暂行条例第五条第三款规定，纳税人将建筑工程分包给其他单位的，以其取得的全部价款和价外费用扣除其支付给其他单位的分包款后的余额为营业额。

接着，税收政策应用人员提出如下税收政策应用方案：乙公司与建设单位甲直接签订合同，合同金额为6 200万元，然后，乙公司与丙公司签订分包合同，合同金额为3 000万元，即乙公司把工程B分包给丙公司，由乙公司向丙支付工程款3 000万元。乙公司的行为属于分包行为。

税收政策应用后，丙公司的营业税 =3 000×3% =90（万元），由乙公司代扣代缴，丙公司缴纳印花税 =3 000×0.3‰ =0.9（万元），改变合同的签订方式在税负上对丙公司无影响。乙公司应纳营业税 =（6 200 -3 000）×3% =96（万元），比税收政策应用前少交营业税4万元（90+10-96），营业税节税效果明显。然而，乙公司与建设单位甲直接签订合同，合同金额为6 200万元，乙公司还要为此缴纳印花税 =6 200×0.3‰ =1.86（万元），乙公司与丙公司签订分包合同，还要再缴纳印花税 =3 000×0.3‰ =0.9（万元），比税收政策应用前多交印花税1.86万元（1.86+0.9-0.9）。这使它的税收政策应用节税额减少为2.14万元（4-1.86），同时，使得甲建设单位多交印花税 =（6 200 -6 000）×0.3‰ =0.06（万元）。这些使得这一税收政策应用方案的减税效果大大地打了折扣。

另外，乙公司究竟应否采用这种税收政策应用方案，还要认真考虑，如果为了少缴2.14万元的税款，就与建设单位甲签订了承包合同，乙公司还要为此承担很大的风险，有可能给自己带来很大的麻烦，例如丙公司不能按期按质完成工程项目B的任务，以及建设单位甲不能及时支付给丙公司工程款等的责任和风险会由乙公司承担。所以，这属于收益不大，但是风险很高的税收政策应用方案，乙公司税收政策应用人员最终应该放弃这种税收政策应用方案，以避免由此产生的风险。

2. 降低税收政策应用风险

降低税收政策应用风险，是指使得税收政策应用风险发生的可能性和程度达到最小的风险应对策略。降低税收政策应用风险是一种积极主动的风险应对策略，包括损失预防和损失抑制。

损失预防是指税收政策应用损失发生前采取积极控制措施，努力消除产生税收政策应用风险的各种因素，竭力减少致损事故发生的概率或损失程度。主要包括：及时、准确、全面地收集税收政策应用必需的信息；加强对涉税人员的管理，提升税收政策应用人员的素质；加强对国家新政策的关注和学习，灵活应对国家政策的变化，及时调整税收政策应用方案；把税收政策应用项目的规模缩小，使其风险相对降低；放慢税收政策应用方案的实施进度和速度，以便有充足的时间对其进行调整、监督和改进等。

损失抑制是指在税收政策应用损失发生时或发生后，采取果断措施，防止损失扩大，缩小损失范围，减轻损失的严重程度。主要包括：企业的税收政策应用方案在没有得到税务机关的认可，受到处罚后，及时缴纳税款、罚款及滞纳金，并尽快协调好与税务机关的关系，尽力减少对企业形象和纳税信用的不良影响；

税收政策应用方案在实施过程中因政策变化、企业经营活动变化、操作不当等原因而失败后，及时采取措施来减少由此带来的损失等。

由于税收政策应用具有事先性，因此对降低税收政策应用风险主要侧重于损失预防。

案例分析：甲酒厂主要生产粮食白酒，产品销售给全国各地的批发商，每年销售 50 000 箱（每箱 12 瓶，每瓶 1 斤），每箱 2 000 元（不含增值税价格）。

由于消费税实行一次课征制，只有生产企业在应税消费品出厂销售时才缴纳消费税，应税消费品进入流通领域后就不再缴纳消费税了。因此，企业可以设立一个独立核算的门市部（规模较大的门市部可称为销售公司，有的又称为结算中心），生产企业和销售公司之间形成购销关系，生产企业以适当低的价格将应税消费品出售给销售公司，销售公司再以正常价格对外出售，这样生产企业就可以适当地少缴消费税了。因此，为了减轻零售白酒的税负，甲酒厂税收政策应用人员制定税收政策应用方案如下：

甲酒厂在本市设立了一个独立核算的白酒销售公司，酒厂先按照每箱 1 200 元的价格（不含税价）与销售公司结算，销售公司再以每箱 2 000 元的价格（不含税价）批发给全国各地的批发商。

转让定价前应纳消费税 $=50\ 000\times2\ 000\times20\%+50\ 000\times12\times0.5=2\ 030$（万元），转让定价后应纳消费税 $=50\ 000\times1\ 200\times20\%+50\ 000\times12\times0.5=1\ 230$（万元），转让定价使酒厂少缴消费税 800 万元（$2\ 030-1\ 230$）。

国家税务总局制定的《白酒消费税最低计税价格核定管理办法（试行）》，将对计税价格偏低的白酒核定消费税最低计税价格。有关管理办法于 2009 年 8 月 1 日起实施：①白酒生产企业销售给销售单位的白酒，生产企业消费税计税价格高于销售单位对外销售价格 70%（含 70%）以上的，税务机关暂不核定消费税最低计税价格。②白酒生产企业销售给销售单位的白酒，生产企业消费税计税价格低于销售单位对外销售价格 70% 以下的，消费税最低计税价格由税务机关根据生产规模、白酒品牌、利润水平等情况在销售单位对外销售价格 50% ~70% 范围内自行核定。其中生产规模较大，利润水平较高的企业生产的需要核定消费税最低计税价格的白酒，税务机关核价幅度原则上应选择在销售单位对外销售价格 60% ~70% 范围内。

对于本案例来说，一方面，甲酒厂销售给其独立核算的销售公司的价格应当尽量高于销售单位对外销售价格 70%（含 70%）以上，例如酒厂先以高于但接近于 $2\ 000\times70\%=1\ 400$（元）（为降低税收政策应用风险，最好选择 1 450 元或再高一些的价格，而非正好等于 1 400 元）的价格与销售公司结算，销售公司再以每箱 2 000 元的价格批发给全国各地的批发商。这样便降低了税收政策应用风险，减少了被税务机关纳税调整的可能性。

3. 分散税收政策应用风险

分散税收政策应用风险是将税收政策应用风险分散成若干个较小的，且价值较低的独立单位，以减小因税收政策应用风险而产生损失的幅度。

分散税收政策应用风险的思想来源于投资组合理论。投资组合理论认为，若干种证券组成的投资组合，其收益是这些证券的加权平均数，但其风险不是这些证券风险的加权平均风险，而是一般要低于至少是等于这些证券风险的加权平均风险，也就是说，投资组合能降低风险。

对于税收政策应用方案来说，也是如此。企业不能只对一种业务、一个税种、一种产品或一个环节进行税收政策应用，要进行全方位的税收政策应用，形成不同的税收政策应用方案组合，以分散税收政策应用风险。从概率统计学原理来分析，不同的税收政策应用方案的成本收益率是独立的或不完全相关的。如果企业将精力和资金只用于一种业务、税种、产品或环节的税收政策应用，一旦失败，损失将比较严重；如果企业将精力和资金用于风险不同、成本收益率不相关的多种业务、税种、产品或环节的税收政策应用。例如既对增值税进行税收政策应用，又对企业所得税或其他税种进行税收政策应用，这样，一旦有一个业务、税种、产品或环节的税收政策应用失败，而其他业务、税种、产品或环节的税收政策应用往往不会全都失败，成功的税收政策应用方案获取的收益，就可弥补失败的税收政策应用方案的损失，从而分散税收政策应用风险。

案例分析：甲企业生产多种产品，均为销售利润率比较高的产品，有较大的降价空间。为及时收回资金，应对金融危机，对 A、B 两种产品进行促销。现有两种方案可供选择：一是满 1 000 元，8 折销售，其产品成本为 500 元，其他成本 20 元；二是满 1 000 元，并可免费获得一次抽奖机会，假设人均税后奖金为 200 元，其产品成本为 500 元，其他成本 20 元。

若采取方案一，满 1 000 元，8 折销售。

应纳增值税 $=800\div(1+17\%)\times17\%-500\div(1+17\%)\times17\%=43.59$（元）

应纳城建税和教育费附加 $=43.59\times(7\%+3\%)=4.36$（元）

应纳税所得额 $=800\div(1+17\%)-500\div(1+17\%)-4.36-20=232.05$（元）

应纳企业所得税 $=232.05\times25\%=58.01$（元）

应纳税额合计 $=43.59+4.36+58.01=105.96$（元）

税后利润（净利润）$=800\div(1+17\%)-500\div(1+17\%)-4.36-20-58.01=174.04$（元）

若采取方案二，满 1 000 元，并可免费获得一次抽奖机会，假设人均税后奖金为 200 元

销售 1 000 元产品应纳增值税 $=1\,000\div(1+17\%)\times17\%-500\div(1+$

17%）×17%=72.65（元）

应纳城建税和教育费附加=72.65×（7%+3%）=7.27（元）

其应代扣代缴个人所得税额=200÷（1-20%）×20%=50（元）

应纳税所得额=1 000÷（1+17%）-500÷（1+17%）-7.27-20=400.08（元）

应纳企业所得税=400.08×25%=100.02（元）

应纳税额合计=72.65+7.27+50+100.02=229.94（元）

税后利润（净利润）=1 000÷（1+17%）-500÷（1+17%）-7.27-20-200-50-100.02=50.06（元）。

由此可见，方案二税负要重于方案一，税后利润要小于方案一。然而，是否所有的促销方案都选择方案一，还要看促销效果。如果仅仅从税负角度考虑而没有完成促销任务的话，便得不偿失，也就是说，形成了税收政策应用风险。很明显，为得到一次抽奖机会，方案二促销效果要好于方案一，而方案一节税效果要好于方案二。这时就需要在两种方案之间进行权衡，在不同的地方、针对不同的购买者、不同的时点分别采取方案一和方案二，来分散税收政策应用风险。通过不断调整方案一和方案二的比例，在适当节税的同时来完成促销任务。也就是说，一方面采取方案一达到节税的目的；另一方面采取方案二来完成促销的目的，从而分散单纯采取方案一而完不成促销任务的税收政策应用风险。

4. 转移税收政策应用风险

转移税收政策应用风险，是指企业将税收政策应用风险转嫁给他人。转移风险与避免风险相比，转移风险是将风险转嫁到他人身上，而避免风险最终的结果是没有任何人需要承受风险。转移税收政策应用风险分为保险转移和非保险转移。

保险转移就是通过购买保险，将自身面临的风险转移给保险公司，由保险公司来承担风险，将不确定的损失转化为确定的费用。目前我国没有专门针对税收政策应用方案的保险项目，所以在税收政策应用中保险的作用范围是比较有限的，主要集中在自然灾害保险、意外事故保险、信用保险以及一些责任保险中。有些税收政策应用风险导致的损失可通过这些险种得到补偿。

非保险转移即通过签订合同的方式将税收政策应用风险转移给对方当事人承担，该承担者不但接受税收政策应用的法律责任，也承担企业因税收政策应用风险而遭受的损失。如企业可以聘请税务顾问，寻求专业支持，利用税务代理的专业化服务，将税收政策应用风险转移出去。

案例分析：对于一个项目的税收政策应用有两种方案可供选择，方案一是企业自行进行税收政策应用，方案二是企业将此项目的税收政策应用外包给某税务师事务所。具体的收支情况如表 10-4 所示，请对其进行选择。（假设税收政策应用收益只考虑节税额，税收政策应用成本不考虑心理成本和非税成本，且不考虑时间价值因素）。

表 10－4　　自行与外包税收政策应用收支情况表　　单位：万元

比较项目＼可选方案		方案一：自行筹划	方案二：外包筹划
节税额		200	300
税收政策应用方案设计成本		40	80
税收政策应用方案执行成本（含机会成本）		20	20
纳税成本		10	5
风险成本及概率	若被认定为偷（逃）税需补税额	200	300
	加征滞纳金 假设一年后被认定为偷（逃）税	36.5	54.75
	罚款	400（被税务机关确定为偷税额的 2 倍）	300（被税务机关确定为偷税额的 1 倍）
	被认定为偷税的概率/%	30	20

分析过程：

方案一：税收政策应用总成本 =40 +20 +10 + （200 +36.5 +400） ×30% =260.95（万元），税收政策应用总收益 =200（万元）

由于 260.95 >200，因此选择自行筹划的风险程度是不能接受的。

方案二：税收政策应用总成本 =80 +20 +5 + （300 +54.75 +300） ×20% =235.95（万元），税收政策应用总收益 =300（万元）

由于 235.95 <300，因此选择外包筹划的风险程度是可以接受的。

对于此例，税务代理机构可以充分利用自身多方面的优势，一方面通过专业优势使得节税额更多，降低税收政策应用行为被认定为偷税的概率，另一方面利用与税务机关关系相对于企业来说比较密切、沟通更为有效的优势，来降低被认定为偷税后罚款的倍数。而如果企业签订的外包税收政策应用协议中体现了“外包税收政策应用方案产生的所有相关损失由接受外包的代理机构承担”之类的条款，则企业将外包税收政策应用的风险基本上全部转移给了税务代理机构，一旦外包的税收政策应用失败，企业被收取的滞纳金及罚款等损失将会由税务代理机构承担。

5. 保留税收政策应用风险

保留税收政策应用风险，又叫接受税收政策应用风险，是指企业保留可能发生的税收政策应用风险及其影响，容许一定风险的存在，避免对风险的过多管理。保留风险并不是不采取任何措施的保留，只是在权衡成本和收益之后无意过多地采取其他的风险应对策略而已。对于那些造成损失小、重复性较高的风险最适合于保留。

保留税收政策应用风险分为主动的税收政策应用风险保留和被动的税收政策应用风险保留。其中主动的税收政策应用风险保留是企业可以经常采用的。

主动的税收政策应用风险保留即有意识、有计划地保留。企业在识别和评估税收政策应用风险的基础上，觉察到风险存在，明确风险的性质及其后果，并采取了相应的预防损失发生的措施，这种保留风险是主动的。对于主动的税收政策应用风险保留，由于事先已经对税收政策应用风险做好了相应的财务准备，因此一般不会给企业造成严重的财务后果。主动保留税收政策应用风险并不等于放任自流、任其发展，而仍然应当适当地采取一些措施以降低税收政策应用风险的产生，例如及时与当地税务机关进行沟通，使税收政策应用方案得到税务机关的认可等。

被动的税收政策应用风险保留即无意识、无计划地保留。当企业没有觉察到所面临的风险，或者觉察到风险的存在，但思想上不重视，没有做出任何预防措施，这种保留风险是被动的。导致被动的税收政策应用风险保留的主要原因有：缺乏风险意识、风险识别失误、风险评估失误、风险应对策略执行不当等。在某些情形下，被动的税收政策应用风险保留会造成严重的财务后果。

保留税收政策应用风险策略可以起到促进资金周转、降低风险管理成本的好处，但同时有可能使企业面临程度更大的风险，甚至影响持续的生产经营。保留税收政策应用风险一旦出现损失，其财务补偿方式主要有：用当年净利润直接补偿、设立意外损失准备金、从外部借入资金以及建立专业自保公司等。

案例分析：甲公司欲在外地设立乙公司，由于新设乙公司需要开辟当地市场、适应当地环境等因素，预计2011年乙公司一般情况下将亏损4 000万元，而甲企业自身一般情况下将盈利10 000万元。假设没有纳税调整项目。那么，现在有两个方案可供选择，一是将乙公司设立为子公司，二是将乙公司设立为分公司。根据《企业所得税法》规定，以具有法人资格的企业或组织为纳税人。也就是说，子公司作为具有法人资格的企业或组织，应当单独缴纳企业所得税；而分公司不具有法人资格，应当与总公司汇总缴纳企业所得税。因此，若将乙公司设立为子公司，则甲公司应纳企业所得税 = 10 000 × 25% = 2 500（万元），乙公司不纳税，其亏损额4 000万元待以后年度弥补，对于整个企业集团来说，应纳企业所得税为2 500万元。若将乙公司设立为分公司，则乙公司应汇总到甲公司统一纳税，整个企业集团应纳企业所得税 = （10 000 − 4 000） × 25% = 1 500（万元）。这样一来，虽然将乙公司设立为子公司其亏损额4 000万元也可以待以后年度弥补，但对于整个企业集团来说，设立分公司要比子公司在2011年少交1 000万元（2 500 − 1 500）的企业所得税，这充分利用了资金的时间价值，当年少交的1 000万元可以作为流动资金使用。

最终，企业决定设立分公司。然而设立分公司的税收政策应用方案存在着一定的风险，首先，分公司与子公司相比，有较小的独立经营和决策的权力，使得在一些重要合同的签订、决策的制定上有赖于母公司，将会对其资本流动及运营带来很多不利的影响。其次，由于中国的行政体制因素的存在，分公司的所得不在当地缴纳企业所得税，地方政府可能不欢迎在当地设立分公司，投资政策方面也不给与其很多优惠。最后，万一分公司当年盈利，使得汇总纳税失去了节税效应。但由于设立分公司的税收政策应用方案一般情况下会使整个集团企业当年少交1 000万元的企业所得税，可以将其作为流动资金使用，对企业来说非常重要；另外，即使分公司当年盈利，通过汇总纳税仍可降低企业的办税成本，提高管理效率。因此设立分公司的方案属于风险小、收益大的方案，企业对此风险应当保留。但与此同时，企业应做好相关的公关工作，争取地方政府政策上的支持。

6. 利用税收政策应用风险

利用税收政策应用风险是指把税收政策应用风险当作机遇，利用税收政策应用过程中遇到的不利之处，迎难而上，化险为夷。利用税收政策应用风险是一项非常积极的风险应对策略，同时也符合风险管理既要应对风险又要把握机会的理念。例如，企业通过重组、合并、分立等手段充分利用税收政策，获取税收政策应用收益；在合法的前提下，通过游说与公共关系活动影响税务机关的决策。

案例分析：甲公司最终可认定为增值税一般纳税人，生产并销售高科技产品，同时由公司下设技术部门的为客户提供上门技术指导服务。2011 年预计取得销售及技术指导总收入为200万元，该公司为生产高科技产品而购进材料支付款项60万元（含增值税）。该公司销售高科技产品的增值税适用税率为17%，技术指导服务的营业税适用税率为5%。企业年货物销售额（高科技产品销售额）与非应税劳务营业额（技术指导服务收入）的合计数中，预计年货物销售额为51%（即销售高科技产品收入=200×51%=102（万元），技术指导服务收入=200×49%=98（万元）。根据税法规定，此混合销售行为是以增值税业务为主业，所以应当一并缴纳增值税。经计算，

应纳增值税=200÷（1+17%）×17%－60÷（1+17%）×17%=20.34（万元）。甲公司税收政策应用人员对其进行税收政策应用如下：

通过调整企业年货物销售额与非应税劳务营业额的比例，使年货物销售额占49%（即销售高科技产品收入=200×49%=98（万元），非应税劳务营业额占51%（即技术指导服务收入=200×51%=102（万元），从而变为以营业税业务为主业的混合销售行为，一并缴纳营业税。则应纳营业税=200×5%=10（万元）。由此可见，缴纳营业税比缴纳增值税要少缴10.34万元（20.34－10）。于是，由此可节税10.34万元。

但是这其中存在几项税收政策应用风险：一是调整企业年货物销售额与非应

税劳务营业额的比例后，使年货物销售额占49%，非应税劳务营业额占51%，以营业税业务为主业很牵强，未必能获取税务机关的认可。二是一旦以后高科技产品销售价格升高，技术指导服务收入降低，勉强保持非应税劳务营业额占51%更牵强。三是税法规定，纳税人的销售行为是否属于混合销售行为，由国家税务总局所属征税机关确定。这是税务机关拥有自由裁量权的具体表现。也就是说，税务机关可能将其认定为混合销售行为，也可能不认定为混合销售行为；可能将其认定为应交增值税的混合销售行为，也可能将其认定为应交营业税的混合销售行为（即便是非应税劳务营业额占51%）。面对此项税收政策应用风险，企业当积极应对、迎难而上，充分利用此税收政策应用风险，以达到节税的目的。甲公司可把技术部门分立出来，并成立独立核算的技术咨询公司。这样，销售高科技产品缴纳增值税，提供技术指导服务不管什么情况都不再缴纳增值税，改为按服务业缴纳营业税。此时，应纳税额 = 102 ÷ （1 + 17%） × 17% − 60 ÷ （1 + 17%） × 17% + 98 × 5% = 11（万元），这样，可节税 9.34 万元（20.34 − 11）。当然企业还要考虑成立独立核算的技术咨询公司所要额外发生的成本，若当年额外发生的成本小于9.34万元，则是可行的，否则不可行。

总之，企业在选择或制定税收政策应用风险应对策略时，要综合考虑企业自身条件、外部环境、发展战略，以及税收政策应用方案本身的特点，具体问题具体分析，以便做出合理的选择。上述六个案例在一定程度上，为企业选择或制定税收政策应用风险应对策略提供了借鉴和参考。

（三）税收政策应用风险应对策略的执行

要保证税收政策应用风险应对策略得到正确、有效的执行，需要企业针对上述税收政策应用风险应对策略来实施以下具体的风险应对措施：一是健全并有效实施税收政策应用内部控制；二是建立税收政策应用风险管理激励机制；三是要有高层管理人员的参与和大力支持；四是提升税收政策应用风险管理人员的素质；五是加强各部门之间的沟通、协作与配合，将税收政策应用风险应对融入到企业各个部门、各个业务流程中。

第四节　税收政策应用风险管理的监控

一、税收政策应用风险管理的监督与评价

（一）税收政策应用风险管理的监督与评价的含义

税收政策应用风险管理的监督与评价，是指对税收政策应用风险管理的健全

性、合理性及有效性进行监督、检查和评价，以保证税收政策应用风险管理的实施效果，并通过监督与评价活动对税收政策应用风险管理的薄弱环节提出修正意见，为税收政策应用风险管理的总结与改进提供依据。

（二）税收政策应用风险管理的监督与评价的内容

1. 税收政策应用风险管理的持续监督与评价

税收政策应用风险管理的持续监督与评价，是对企业税收政策应用风险管理的整体情况所进行的连续、全面、系统的监督、检查与评价。

2. 税收政策应用风险管理的个别监督与评价

税收政策应用风险管理的个别监督与评价，是对企业税收政策应用风险管理的某一方面或者某些方面的情况所进行的不定期的、专门的、有针对性的监督、检查与评价。

（三）税收政策应用风险管理的监督与评价的途径

1. 各部门自查

企业各有关部门应定期对本部门的税收政策应用风险管理工作进行自查，看是否遗漏风险因素，决策是否合理，采用措施是否恰当，环境变化是否产生了新的风险因素。其自查报告应及时报送税收政策应用风险管理小组。

2. 税收政策应用风险管理小组的监督与评价

税收政策应用风险管理小组应定期或不定期地对各部门的税收政策应用风险管理工作实施情况和有效性进行检查和检验，并对单个部门及跨部门的税收政策应用风险管理工作进行评估，提出调整或改进建议，出具监督与评价报告，及时报送高层管理人员或税收政策应用风险管理小组负责人。

3. 审计机构的监督与评价

税收政策应用风险管理审计是指审计机构采用一种系统化、规范化的方法来进行以测试风险管理信息系统、各业务循环以及相关部门的税收政策应用风险识别、评估、应对等为基础的一系列审核活动。审计机构对相关部门的税收政策应用风险管理工作进行监督与评价，有利于提高过程效率，帮助企业实现目标。

4. 外部评价和改进建议

企业可聘请有资质、信誉好、风险管理专业能力强的中介机构或顾问对企业税收政策应用风险管理工作进行评价，出具税收政策应用风险管理评估和建议专项报告。

（四）税收政策应用风险管理结果的评价

上述税收政策应用风险管理的监督与评价里面已经包含了对税收政策应用风险管理过程的评价，下面主要探讨对税收政策应用风险管理结果的评价。

对税收政策应用风险管理结果的评价，一般可以采用“成本与收益分析法”。在运用的时候，类似于前面章节的税收政策应用成本与收益分析中使用的“成本与收益分析法”，只是这里的“成本”是指税收政策应用风险管理成本，而“收益”是指税收政策应用风险管理收益。

税收政策应用风险管理成本，是指纳税人因对税收政策应用风险进行管理所付出的所有成本，包括显性成本、隐性成本和风险成本。显性成本是企业在税收政策应用风险管理过程中所发生的人力、财力、物力的耗费。例如，由企业自己的财务人员进行税收政策应用风险管理时，这笔成本体现为相应人员的工资或奖金；聘请税务专家或通过税务代理进行税收政策应用风险管理时，这笔成本体现为支付给税务专家或税务代理机构的咨询或代理费。隐性成本是指由于进行税收政策应用风险管理而放弃的潜在利益。风险成本主要是指企业因风险应对策略制定失误或执行不当而造成税收政策应用风险管理目标落空的经济损失。在税收政策应用风险管理中，显性成本、风险成本是较容易确定的，而隐性成本却是一个不容易量化的因素，但在效果评价时又必须加以考虑。

税收政策应用风险管理收益，是指纳税人因对税收政策应用风险进行管理所获取的所有收益，包括直接收益和间接收益。前者主要是指因税收政策应用风险管理而使企业减少的纳税方面的成本或损失等；后者是指由于进行税收政策应用风险管理而为企业带来的良好的纳税信誉，企业因顺应税收政策导向，优化了资源配置，为企业长期发展提供良好外部环境有利因素等。

根据“成本与收益分析法”，只有税收政策应用风险管理成本小于税收政策应用风险管理收益时，该税收政策应用风险管理方案才是可行的；反之，不可行。

根据监督和评价情况，企业要总结经验教训，及时调整税收政策应用风险管理计划，以利于下一步税收政策应用风险管理工作的进行。企业必须定期对税收政策应用风险管理结果进行评价及反馈，重新检查和审视税收政策应用风险管理的目标和实际效果，分析差距，为税收政策应用风险管理的总结和改进打下基础。

二、税收政策应用风险管理的总结与改进

（一）税收政策应用风险管理的总结与改进的含义

税收政策应用风险管理的总结与改进，是根据在税收政策应用风险管理监督与评价过程中发现的问题、不足与缺陷进行持续不断总结与改进的动态过程，是一次税收政策应用风险管理的结束，又是下次税收政策应用风险管理的开始。

（二）税收政策应用风险管理的总结与改进的内容

1. 解决税收政策应用风险管理中出现的问题

从税收政策应用风险管理的流程看，包括税收政策应用风险管理的各个流程中出现的问题。从税收政策应用风险管理中出现问题的原因看，包括税收政策应用人员的素质不高、各部门沟通协调不利、领导不重视等。

2. 应对税收政策应用风险管理中出现的变化

这主要包括应对税收政策的变化、企业自身经营活动的变化、企业其他环境条件的变化等。

3. 税收政策应用风险管理总结与改进的途径

这主要包括：加强主管领导对税收政策应用风险管理的重视程度；加强对税收政策应用人员乃至全体工作人员的教育培训，提高其工作人员的相关素质；加强各部门沟通、协作与协调；改进税收政策应用风险管理方法与手段等。

第五节 我国企业税收政策应用风险管理当前存在的问题

一、税收政策应用风险管理意识不强，对税收政策应用风险管理重视程度不高

很多企业一谈到税收政策应用，往往将注意力集中在能为企业直接带来多大的经济利益，甚至单纯地以能节税多少万元或节税百分比作为评价税收政策应用方案优劣的标准，而忽视了税收政策应用在带来经济利益的同时蕴藏着相当大的风险。对于税收政策应用风险管理，缺乏高层管理人员的重视和大力支持，同时税收政策应用人员缺乏对税收政策应用风险管理的重视。

二、税收政策应用风险管理整个流程的可操作性差

由于对税收政策应用风险的研究起步较晚，系统阐述整个税收政策应用风险管理流程的著作和论文十分罕见，并且现有的研究也不够深入。对于税收政策应用风险管理的流程分为哪些阶段，每个阶段有哪些具体任务，以及对于税收政策应用风险的识别、评估方法的选择、风险应对策略的制定和执行等问题仍存在很多争议，这一切使得税收政策应用风险管理在现实中缺乏可操作性。

三、税收政策应用人员及税收政策应用风险管理人员的总体素质不高

从事税收政策应用的人员需要具备扎实的理论基础和丰富的实践经验，但真正意义上的税收政策应用人才并不多见。而税收政策应用风险管理人员，除了要精通税收政策应用本身的技能外，还要精通风险管理知识，这种要求就更高了，真正意义上的税收政策应用风险管理人才更是少之又少。从事税收政策应用及其风险管理的人员总体素质不高，制约了税收政策应用风险管理的发展。

四、企业各部门之间的沟通、协作与配合不利

企业各部门之间往往出于对自身局部利益的考虑，容易出现扯皮、拖拉、不愿承担责任的工作作风，导致相关部门和人员沟通不顺畅，或不能密切协作和配合，即使企业推行税收政策应用风险管理，但是由于上述原因，也会使得税收政策应用风险管理不能及时、有效地实施，从而使其实施效果不理想。

五、未能正确地与税务机关处理好征纳关系

由于许多税收政策应用活动是在法律的边界运作，税收政策应用人员很难准确把握其确切的界限，同时，我国各地的税务机关征管的特点、方式和具体要求都有所不同，加之税收机关拥有较大的自由裁量权，因此，能否得到税务机关的认可，是税收政策应用方案能否顺利实施的一个重要环节。而部分企业在未和税务机关协商的情况下，盲目地实施自以为正确的税收政策应用方案，最终以被税务机关认定为偷税而告终。另有一些企业盲目注重人情税、关系税，通过送红包等手段，可能会侥幸过关，但为以后埋下了隐患，更不用谈税收政策应用的风险管理了。

六、税收政策应用的内部控制制度存在缺陷

企业的税收政策应用风险很多是暴露在业务流程中的，通过流程梳理与改造可以解决，这时的税收政策应用风险管理则主要落实到内部控制上。从风险管理角度来说，税收政策应用内部控制，是指围绕税收政策应用风险管理目标，针对企业的战略、规划、研发、投资、融资、分配、运营、财务、内审、法律事务、人力资源、采购、生产、销售、物流、质量、安全、环境保护等各项业务及其重要业务流程的税收政策应用事项，通过执行税收政策应用风险管理基本流程，制

定并执行的规章制度、程序和措施。而现实中很多企业或是根本就没有建立税收政策应用的内部控制制度，或是建立了但未实施，或是实施了但未有效实施，这些都不利于企业税收政策应用的风险管理。

七、不能恰到好处地利用税务代理的专业化服务

一方面，盲目信赖税务代理的专业化服务，认为只要把税收政策应用方案外包出去了，就万事大吉了，于是企业自身疏忽了对税收政策应用风险的管理，而由于税务代理机构毕竟是局外人，对企业很多情况不是很了解，一旦最终外包的税收政策应用失败，虽然企业可获得其赔偿，但对企业自身的负面影响有些是不能弥补的，例如纳税信誉的损失等。另一方面，未能对自身的胜任能力进行合理的评价，应该外包的税收政策应用方案未外包，不必外包的反而外包了。

第六节 改进我国企业税收政策应用风险管理的措施

一、树立税收政策应用风险管理意识，建立税收政策应用风险管理文化

把风险意识融入到自己的企业文化中，建立企业风险管理文化是非常必要的。企业税收政策应用风险管理是企业内每一个税收政策应用相关人员的责任，成功实施税收政策应用风险管理的关键在于企业税收政策应用相关人员全面接受新的态度、知识与行为模式，使得从最高管理层到普通税收政策应用人员，都把税收政策应用风险管理作为自己的一项职责和习惯。企业可以通过开展宣传教育工作，使税收政策应用相关人员深刻认识到开展税收政策应用风险管理的目的、意义和重要性，以统一思想，保证税收政策应用风险管理的顺利实施。

二、加强对税收政策应用风险及其管理的研究，使税收政策应用风险管理更加具有可操作性

加大对税收政策应用风险及其管理的理论研究力度，将风险管理的前沿理论与税收政策应用风险相结合，探索出一般的税收政策应用风险管理的流程框架，并在此基础上探索出适合税收政策应用的风险识别、评估方法，以及风险应对策略。同时，及时通过企业具体实践来进行验证和修正，以尽快总结出切实可行的

税收政策应用风险管理的全程操作模式。

三、大力提高税收政策应用人员及税收政策应用风险管理人员的素质

一方面，要引进高素质的税收政策应用及其风险管理人才，将应聘人员的税收政策应用及其风险管理的知识与能力的考核成绩、职业道德修养以及沟通和协作能力，作为人员录取的标准之一；另一方面，要加强对包括财会人员在内的从事税收政策应用及其风险管理工作的人员进行培训，以使他们较好地掌握税收、会计、财务、法律、企业管理、风险管理等各方面的知识，同时加强职业道德教育和沟通、协作能力的培训，使其既能制定正确的税收政策应用方案，又能正确地组织执行税收政策应用方案，还能有效地对税收政策应用风险进行管理。

四、加强企业各部门之间的沟通、协作与配合

一方面，税收政策应用风险管理小组应当在企业管理层的组织下，定期与各业务部门进行交流，共享各自掌握的信息并进行讨论，并协调税收政策应用风险管理与其他领域的管理活动，分享各自对税收政策应用风险管理以及其他方面风险管理的建议；另一方面，企业应当建立税收政策应用风险管理的责任制，明确各部门和人员的职责，将其风险管理业绩与工资挂钩，以保证税收政策应用风险管理的顺利实施。

五、加强与税务机关的沟通，协调好与税务机关的征纳关系

企业应当积极加强与税务机关的诚心交流和沟通，处理好和税务机关的关系，主动适应税务机关的管理，及时争取税务机关的指导，努力寻求税务机关的支持与帮助，树立良好的纳税信誉和形象，甚至在实施每一项新的筹划方案时，诚心地向税务机关咨询，获取其批准和认可，以实现企业与税务机关的“双赢”。

六、建立和有效执行税收政策应用的内部控制制度

税收政策应用的内部控制制度主要包括：税收政策应用内部控制岗位授权制度、审批制度、报告制度、绩效考核制度、控制责任制度、重大税收政策应用风险预警制度、与税收政策应用相关的法律顾问制度、与税收政策应用相关的重要

岗位权力制衡制度等。通过建立和有效执行税收政策应用的内部控制制度，可将很多暴露在企业业务流程中的税收政策应用风险，通过流程梳理与改造加以解决。

七、合理利用税务代理的专业化服务

一方面，不能盲目信赖税务代理的专业化服务，在将税收政策应用方案外包出去的同时，企业自身仍要加强对税收政策应用风险的管理，避免外包的税收政策应用失败而产生的损失。另一方面，对税收政策应用方案的复杂程度和企业税收政策应用人员的专业胜任能力进行合理的评价，应该外包的税收政策应用方案就外包给税务代理机构，不必外包的就不外包。

可以根据税收政策应用方案的复杂程度，将税收政策应用分为一般性税收政策应用、综合性税收政策应用、系统性税收政策应用。对于一般性税收政策应用，企业税收政策应用人员应当能够胜任；对于综合性税收政策应用，企业税收政策应用人员操作会存在一定风险，这需要合理评价自身胜任能力后，选择自行筹划或外包；对于系统性税收政策应用，最好是外包给税务代理机构，同时企业自身也不能松懈对税收政策应用风险的管理。①

---

① 庄粉荣，税收政策应用实战精选百例［M］. 机械工业出版社，2007，6.

参考文献

[1] 定军.《上海增值税改改变长三角物流格局？江浙徽有望先行“扩围”》[J].21世纪经济报道.2012（5）.

[2] 潍坊保税区网站.网址：//www. weifangepz. com/index. asp.

[3] 郑俊田，等.《中国保税监管区域的制度创新与政策选择》[M].对外经济贸易大学出版社.2010.

[4] 侯君邦.会计政策选择对企业税负的影响分析——以存货计价方法的选择为例[J].财会通讯.综合（上），2011（10）.

[5] 侯君邦.企业投资决策中的税务筹划策略探讨[J].财会通讯.综合（中），2012（2）.

[6] 梁文涛.《纳税筹划实务》[M].北京：清华大学出版社，北京交通大学出版社，2012.

[7] 梁文涛.高新技术企业纳税筹划的基本思路[J].财会月刊.会计（上），2011（11）.

[8] 梁文涛.经济合同签订的相关纳税筹划[J].财会月刊.会计（中），2011（11）.

[9] 梁文涛.新税法下工资薪金个人所得税的纳税筹划[J].财会月刊.会计（上），2011（10）.

[10] 梁文涛.出口退税的纳税筹划[J].财会月刊.会计（上），2011（12）.

[11] 梁文涛.企业技术创新的纳税筹划[J].商业会计，2012（11）.

[12] 梁文涛.与商品房装修相关的土地增值税纳税筹划[J].财会月刊.会计（上），2012（1）.

[13] 梁文涛.营业税节税的六种技巧[J].财会月刊.会计（中），2012（2）.

[14] 梁文涛.税务筹划方法例解[J].财会通讯.综合（中），2012（5）.

[15] 财政部会计资格评价中心.财务管理[M].中国财政经济出版社，2011.